HISTOIRE

DE

L'ALGÉRIE

1830-1878

PAR

V.-A. DIEUZAIDE

TOME II

ORAN
IMPRIMERIE DE L'ASSOCIATION OUVRIÈRE
HEINTZ, CHAZEAU ET Cie
16, boulevard Malakoff, 16
—
1883

HISTOIRE

DE

L'ALGÉRIE

HISTOIRE

DE

L'ALGÉRIE

1830-1878

PAR

V.-A. DIEUZAIDE

TOME II

ORAN
IMPRIMERIE DE L'ASSOCIATION OUVRIÈRE
HEINTZ, CHAZEAU ET Cⁱᵉ
16, boulevard Malakoff, 16

1882

HISTOIRE DE L'ALGÉRIE

Gouvernement du maréchal Clauzel

I

NOMINATION DU MARÉCHAL CLAUZEL COMME GOUVERNEUR DES POSSESSIONS FRANÇAISES DU NORD DE L'AFRIQUE. — MOTIFS QUI AVAIENT DÉTERMINÉ LE GOUVERNEMENT A FAIRE CE CHOIX. — ÉTAT DE LA COLONIE A L'ARRIVÉE DU MARÉCHAL. — MESURES DIVERSES. — NOMINATIONS DE BEYS. — EXPÉDITION DE MASCARA. — ENTRÉE DE NOS TROUPES DANS LA VILLE, QUI EST LIVRÉE AUX FLAMMES. — ORGANISATION DE LA PROVINCE D'ORAN.

Les tendances autoritaires du roi, son égoïsme profond, devenu manifeste par l'abandon ingrat du ministère Lafitte et du général Lafayette, avaient déjà fait tomber bien des illusions. Dès l'origine, les luttes inévitables des partis s'étaient maintenues sur le

terrain de la constitution, et les attaques les plus
hardies n'avaient guère dépassé les sphères ministé-
rielles. Mais les discussions ne tardèrent pas à changer
de nature. Les partisans fanatiques du gouvernement
représentatif, soutenus par des journalistes de talent,
n'hésitèrent pas à mettre en jeu le monarque lui-même
et à défendre, avec une vigueur qui ne fut pas toujours
exempte de déclamation, les prérogatives parlementaires contre les empiètements du pouvoir personnel.
Ces luttes ardentes, de la tribune et de la presse avaient
causé une émotion d'autant plus vive que la plupart des
grandes villes de commerce étaient dans la gêne et les
ouvriers sans travail et sans pain. C'était sans doute
suffisant pour occasionner des émeutes, mais trop peu
pour une révolution. La monarchie était donc sortie
triomphante de nos discordes civiles ; mais elle avait,
fort maladroitement, dépassé les bornes d'une juste et
légitime répression, et fait perdre au chef de l'État le
peu de popularité qui lui restait encore. Toutefois, les
événements accomplis avaient bien leur signification.
Ils auraient dû faire comprendre à Louis-Philippe que
le gouvernement absolu, quelles que soient les formes
qui le déguisent, n'était plus de notre époque, et qu'il
ne pouvait imposer ses vues personnelles au pays légal
sans violer, tout à la fois, l'esprit et la lettre de la
constitution. Il n'en persista pas moins dans cette voie,
où une lutte, pleine de périls pour la monarchie, était
fatale. Mais, aveuglé par le souvenir de ses faciles
triomphes, il se persuada, aisément, qu'il en sortirait

victorieux avec l'appui de l'élément militaire et l'adhésion de la majorité des deux Chambres.

J'ai dû constater cette nouvelle disposition du roi parce qu'elle exerça une influence considérable sur les destinées de l'Algérie et qu'elle permet de se rendre raison de certains actes du pouvoir, qui, au premier coup d'œil, paraissent contradictoires, et sont néanmoins en parfait accord avec la politique courante. En effet, la plupart de ces actes n'auront, désormais, qu'un seul et même but: mettre le gouvernement personnel sous la sauvegarde de l'armée et intéresser à son maintien tous les députés influents.

Après avoir signalé le but, indiquons rapidement les moyens employés pour l'atteindre.

Le chef de l'État savait, par expérience, que, pour s'assurer le concours aveugle et persévérant des troupes, il devait les préserver, dans la mesure du possible, de tout contact avec les hommes de parti, et, surtout, satisfaire l'ambition des chefs. Il savait également que les députés devaient être l'objet de faveurs spéciales; qu'il fallait, en outre, agir sur les électeurs bien pensants, afin de rendre certaines leurs réélections. La France offrait, il est vrai, de grandes ressources pour l'accomplissement de ces desseins. Mais l'avancement, dans l'armée, était soumis à des règles hiérarchiques et à des traditions qu'on n'eût pas violées impunément. De même pour les emplois civils, la nécessité de fournir, dans bien des cas, des preuves d'aptitude, forçait souvent l'administration à rejeter des demandes qu'elle avait le regret de ne pouvoir accueillir. En Algérie, au contraire, il était bien plus facile de récompenser tous les dévouements. Ainsi, sans parler des corps indigènes, où le ministre de la guerre ne se faisait pas faute de faire entrer ses favoris pour leur donner un avancement plus rapide, toutes ces expéditions partielles, qui donnaient lieu à des bulletins fantaisistes, laissaient la plus grande place à l'arbitraire et permettaient de distribuer à volonté des grades et des croix. Enfin, ce luxe de fonctionnaires civils, hors de proportion avec les besoins du pays, créés par l'organisation de 1834, était une nouvelle ressource mise à la disposition du pouvoir pour lui permettre de tenir un certain nombre d'emplois en réserve pour les fruits secs de la Métropole.

Ce système déplorable que le chef de l'État fit appliquer jusqu'à la fin de son règne, n'impliquait certes pas la nécessité d'une population civile nombreuse; mais il avait pour conséquence l'augmentation de l'effectif de l'armée et des opérations militaires incessantes qui amenèrent, à leur tour, la conquête intégrale du sol de l'Algérie. Nous verrons, sans doute encore, se produire certains faits, tels que le traité de la Tafna, qui paraissent être le fruit de la politique de l'occupation restreinte; mais cette triste politique s'évanouira devant la force des événements, et la colonisation, dont Louis-Philippe fut toujours l'adversaire systématique, deviendra, après beaucoup de temps perdu, maîtresse de la situation.

Lorsque le pouvoir eut résolu de faire de l'armée un

instrument de compression, on songea à lui redonner le prestige qui ne s'acquiert, aux yeux des peuples, que par l'éclat des victoires. Il fallait dès lors, avant tout, effacer les tristes effets, produits par la faiblesse, sans égale, du comte d'Erlon, et rétablir l'honneur du drapeau singulièrement atteint par le désastre de la Macta. Cette tâche fut dévolue au maréchal Clauzel.

La nomination de M. Clauzel au poste de gouverneur général des possessions françaises du nord de l'Afrique, même en l'absence de toute autre preuve, ne permet guère de supposer que le pouvoir central eut alors le dessein de fonder en Algérie un établissement colonial de quelque importance. Le maréchal était, sans nul doute, un militaire énergique, fort capable de faire face aux éventualités qui pouvaient se produire sur un champ de bataille ; mais, lors de son premier commandement, il avait laissé, comme administrateur, de bien tristes souvenirs. Au surplus, il me paraît nécessaire d'entrer dans quelques détails, afin d'apprécier ses divers actes, à ce double point de vue, et de bien établir la pensée du gouvernement.

Bertrand Clauzel, né à Mirepoix, département de l'Ariège, en 1772, volontaire en 1791, avait gagné ses premiers grades, de 1792 à 1795, à l'armée des Pyrénées-Orientales. De 1796 à 1799, il se distingua au delà des Alpes, à Mondovi, à Arcole, à Rivoli, à Lodi, et devint général de brigade. De 1800 à 1804, il prend part à l'expédition de Saint-Domingue et s'élève au commandement d'une division. De 1805 à 1809, on le voit aux armées de Prusse, de Pologne, d'Allemagne et d'Autriche. De 1810 à 1812, il passe en Espagne et remplace le maréchal Marmont, blessé à la bataille de Salamanque. De 1813 à 1815, il combat en Russie, en Saxe et en France. Après les Cent Jours, il fut proscrit par la Restauration et ne rentra dans ses foyers qu'en 1825. En 1830, il vint remplacer M. de Bourmont dans le commandement de l'armée d'Afrique, et fut promu au grade de maréchal à sa rentrée en France.

Ces beaux états de service donnaient, sans doute, l'espérance que les affaires militaires prendraient bientôt une meilleure tournure ; mais les antécédents administratifs du maréchal étaient loin de présenter les mêmes garanties. La confiscation arbitraire des propriétés particulières des Turcs et des biens des corporations religieuses, dont il n'avait pas craint d'assumer la responsabilité, malgré les termes, si précis, de la capitulation, avait été flétrie et signalée au ministère par la Commission gouvernementale de 1833. D'un autre côté, ses accointances avec des gens d'une moralité plus que douteuse, notamment avec le mameluk Youssouf, étaient connues et appréciées. Il était, en effet, difficile d'expliquer les relations intimes du commandant en chef de l'armée française avec un si piètre personnage, et quand on considère, de près, les circonstances diverses et les faits publics rapportés précédemment pour établir la nature de ces relations, on est porté à croire que les deux traités du maréchal Clauzel, avec le Bey de Tunis, contenaient une de ces clauses secrètes, qui mettent les parties contractantes, pour si élevée que soit leur situation, à la merci des individus qui en ont été les intermédiaires, ou simplement les confidents.

Quoi qu'il en soit, ces faits que la malveillance avait commentés dans un sens peu favorable au maréchal, étaient connus du pouvoir central; s'il eût exigé chez le titulaire du gouvernement général, des garanties autres que l'énergie et le sang-froid au moment du danger, il est certain que M. Clauzel n'aurait pas été appelé à remplir ces fonctions. Du reste, un fait significatif vient à l'appui de ces assertions et démontre que la colonisation était reléguée au second plan.

Par arrêté du 29 juillet 1835, le ministre de la guerre concéda à un refugié polonais, le prince Théophile de Mir Mirski, un lot de trois mille hectares, dans la plaine de la Mitidjah. Cette concession, dont le haouch (ferme) de Ras-Southa formait le centre, embrassait haouch Mered, haouch Meridjah, haouch El--Rey-el-Cherck et haouch Ben-Zerga. Il tombe sous les sens que si on avait eu, en haut lieu, le dessein de coloniser les environs d'Alger, le domaine n'ayant, en ce moment, que fort peu de terres disponibles, on se fût bien donné de garde, de faire à un spéculateur étranger la concession de terres très propres à l'établissement d'un centre de population européenne important. Cet acte, dont il ne serait pas juste de rendre le maréchal Clauzel responsable, était, en outre, une insigne violation de droits légitimement acquis. Ces terres avaient été concédées par le général Voirol à la tribu des Aribs, avec l'autorisation du gouvernement. Sous l'administration de M. d'Erlon, les Aribs furent dépouillés, sans aucun sujet de plainte, et le ministre de la guerre donna au prince de Mir, au mépris des arrêtés précédents, cette belle propriété, franche de toute redevance pendant dix ans, à charge par le concessionnaire de payer, à l'expiration du terme, une rente annuelle et perpétuelle de quinze cents francs, correspondant à quinze mille francs de capital. De pareils faits n'ont pas besoin de commentaires.

Ainsi, il ne faut chercher le motif principal de la nomination du maréchal Clauzel, que dans le besoin de mettre à la tête des troupes un capitaine habile, capable de combattre l'ennemi avec succès, et de relever l'honneur du drapeau. Bien que sa nomination portât la date du 8 juillet 1835, M. Clauzel ne se rendit à son poste que le 10 août suivant. Les fortes chaleurs de la saison ne lui permettaient pas d'entrer immédiatement en campagne; il était, en outre, résolu d'attendre l'arrivée d'une grande partie des renforts considérables dont on lui avait fait la promesse positive. Telles furent les causes de son peu d'empressement pour se rendre à Alger, où sa présence, pendant tout le mois d'août, était encore sans objet. A son arrivée, il dut voir les tristes effets de la politique, dont il avait été l'agent, et peut-être le promoteur, en écrivant que l'armée d'Afrique pouvait être, sans danger, réduite des deux tiers. L'influence française était anéantie. Abd-el-Kader, triomphant, régnait depuis Médéah jusqu'à Tlemcen. Blidah, si rapprochée de nos avant-postes, recevait un hakem de sa main, et Koléah n'était contenue que par les camps de Douéra et de Mahelma. La Mitidja était sillonnée, en tout sens, par des cavaliers ennemis, et les colons fugitifs du Sahel n'osaient plus se montrer au-delà de nos lignes. Dans le beylick de Tittery, les partisans d'Hadj-Hamet, et les koulouglis eux-mêmes, si attachés à notre cause, étaient sur le point de céder aux intrigues de l'émir, qui, du reste, avait tiré un admirable parti de nos fautes politiques.

Nonobstant la gravité de la situation, le maréchal dut retarder, pendant un certain temps, son entrée en campagne. L'apparition du choléra, et la grande mortalité, qui en fut la suite, avaient fait suspendre l'envoi des troupes promises. La prudence conseillait, d'ailleurs, de ne pas mettre des colonnes nombreuses en mouvement, pour ne pas augmenter l'intensité du fléau. Il employa les loisirs que lui faisait ce repos forcé, à l'étude des différentes modifications, proposées par les chefs de service, à l'administration intérieure. Il importe surtout de mentionner, qu'à cette époque, le conseil d'administration fut saisi du projet de l'ordonnance du 11 novembre 1845, qui vint asseoir le régime douanier en Algérie sur des bases uniformes. Je dirai, en peu de mots, le but de l'administration algérienne et les moyens de l'atteindre. Les inspirateurs de l'ordonnance pensèrent que, pour amener le développement ultérieur de la colonie, il fallait favoriser l'exportation des produits algériens; accueillir en franchise certains produits étrangers que la France pouvait fournir, mais qui étaient d'une absolue nécessité pour l'agriculture et pour les constructions; consacrer la liberté du commerce des grains et des farines; appeler les populations indigènes aux avantages de la navigation sur les côtes; admettre les produits étrangers, sans prohibition, et sous la seule condition d'un droit protecteur pour les fabriques de la Métropole; telles furent les bases de la nouvelle législation commerciale. Voici les moyens :

« A l'importation, aucune prohibition : droit dit d'octroi de mer, fixé à quatre pour cent sur les marchandises; franchise absolue : 1° pour toutes les marchandises françaises; 2° pour celles des marchandises étrangères dont la France ne produit pas les similaires, ou celles qui sont nécessaires à la vie animale, aux travaux de l'agriculture et aux constructions. Les autres marchandises étrangères furent frappées d'un droit de quinze pour cent de leur valeur, quand elles sont prohibées en France; d'un droit du quart ou du cinquième des droits portés au tarif français, quand elles n'y sont pas prohibées.

» A l'exportation : franchise pour les sorties à destination de la Métropole, et paiement des droits, d'après le tarif français, pour les marchandises allant à l'étranger. En ce qui concerne la navigation : franchise pour les bâtiments français ; droit de 2 francs, par tonneau, sur les navires étrangers ; cabotage d'un port à un autre des possessions françaises, autorisé seulement par navires français ou sandales indigènes ne dépassant pas trente tonneaux de jauge. »

Il était important de faire connaître cette ordonnance, non-seulement parce qu'elle réalisait un grand progrès, mais afin de constater combien les vues de l'administration locale différaient des tendances du pouvoir central. Pendant qu'à Paris on en était encore à l'occupation restreinte, Alger, ainsi qu'on l'a vu, proclamait notre souveraineté sur la totalité du territoire soumis avant la conquête à l'autorité du Dey et de ses lieutenants, que ce territoire fut ou non occupé par les troupes françaises. Par suite, l'arrêté du 27 novembre 1834 prohibait les importations et les exportations de toutes marchandises dans les ports et rades autres que ceux occupés par les autorités françaises. Sans doute, pour pousser la Métropole dans cette voie, le Conseil d'administration avait fait insérer dans l'ordonnance de 1835 l'art. 21, qui confirmait, en termes exprès, l'arrêté du 27 novembre 1834.

Mais revenons un peu sur nos pas. Avant de raconter les évènements graves qui devaient se produire dans la province d'Oran, je dois exposer succinctement quelques faits secondaires, qui établiront jusqu'à l'évidence combien nous avions perdu du terrain dans la province d'Alger. Par arrêté du 9 septembre, le maréchal Clauzel avait nommé Ben-Omar bey de Milianah et de Cherchel; et par un autre arrêté du, 15 du même mois, il créa bey de Tittery Mohammed-ben-Hussein, ancien janissaire, échappé aux proscriptions de 1830. Ben-Omar, conduit à Cherchel, sur un bateau à vapeur, par M. de Rancé, aide-de-camp du maréchal, ne voulut pas débarquer dans la crainte d'être massacré par les Arabes. Quelques habitants de la ville, qu'on eut beaucoup de peine à faire monter à bord du bateau, déclarèrent, en effet, qu'il serait fort mal accueilli par les populations voisines, si même il ne s'exposait à de graves dangers. M. de Rancé ramena donc Ben-Omar à Alger, où il continua de toucher, paisiblement, la pension de six mille francs, que lui conservait la singulière munificence du Gouvernement.

Le général Rapatel avait été chargé par le Gouverneur de se rendre à Médéah avec Mohammed-ben-Hussein pour l'installer dans ses nouvelles fonctions. Le général partit, au commencement d'octobre, à la tête d'une colonne, pour accomplir sa mission. Mais à peine arrivé à la ferme de Mouzaïa, au pied de l'Atlas, il trouva les tribus soulevées et résolues à lui disputer le passage. La colonne expéditionnaire était très-faible; le général était convaincu de son impuissance pour refouler les Arabes. Néanmoins, avant de prendre une décision définitive, il réunit les chefs de corps en conseil, et, après une mûre délibération, on prit le parti de battre en retraite. La colonne rentra le 5 à Alger, après avoir essuyé quelques attaques à l'arrière-garde, dans l'une desquelles le sous-lieutenant Bro, du 1er chasseurs d'Afrique, fut blessé grièvement et ne dut son salut qu'au dévouement du commandant Lamoricière et des capitaines Grand et Bonorand.

Le lieutenant-colonel Marey, agha des Arabes, fut laissé à Boufarik avec mission de faire des razzias. Ce mode de répression barbare, dont le moindre défaut était d'engendrer des haines éternelles, a été, sans contredit, un des plus grands obstacles à la prompte pacification de la régence. Voici, à ce sujet, les réflexions, pleines de sens, du capitaine d'état-major Leblanc de Prébois :

« Le système des razzias, qui a pris faveur, est, à mon avis, une chose ignoble et monstrueuse, plus propre à déshonorer l'armée qu'à la couvrir de gloire. Qu'on se représente une colonne débouchant, au point du jour, sur une tribu, sans rencontrer aucune résistance. Elle surprend, dans ses buissons, quelques centaines de femmes et de vieillards, d'enfants nus, la plupart à la mamelle. Elle les rassemble, comme des troupeaux, non sans joncher le terrain des cadavres de ces malheureux, que nos soldats, abusés par la ressemblance des vêtements des deux sexes, se sont hâtés de tuer ; on complétera ce tableau par l'effroyable cohue causée par des bœufs, des ânes, des moutons et des chèvres, errant çà et là et poussant d'affreux hurlements, par l'aspect de nos spahis, de nos soldats assis, entourés des entrailles fumantes des bestiaux qu'ils ont égorgés. Tout cela se termine par la marche en retraite de notre colonne, traînant, à sa suite, de malheureuses femmes chargées de deux ou trois petits enfants, et d'autres enfants marchant péniblement en poussant des cris douloureux. »

Cependant Mohammed-ben-Hussein, qui avait à cœur de prendre possession de son beylick, voulut se rendre à Médéah avec quelques cavaliers. Il franchit l'Atlas pendant la nuit; mais, au premier coup de feu, son escorte l'abandonna. Il eut beaucoup de peine à se réfugier chez son beau-père, qui dut le cacher dans un silos pour le soustraire aux poursuites de ses ennemis.

Ces fausses manœuvres étaient d'un bien triste augure pour l'avenir. Elles indiquaient que le maréchal était singulièrement déchu. Au lieu de frapper un grand coup, qui aurait très-certainement calmé l'effervescence des tribus, il venait de donner l'affligeant spectacle d'une colonne française, commandée par un général de division, réduite à éviter le combat et à battre en retraite devant des troupes d'Arabes sans discipline et mal armés.

Voulant faire taire les critiques dont ces actes étaient l'objet, le maréchal sortit d'Alger le 17 octobre, avec une colonne de cinq mille hommes. Après avoir annoncé le projet de marcher sur Milianah, il passa quatre jours dans la plaine, brûlant les habitations et les meules de foin des Hadjoutes, qui s'étaient dispersés après une faible résistance. Le 21, il visita Blidah, revint coucher à Boufarik, et rentra, le lendemain, à Alger, où le bruit s'était répandu que les Hadjoutes avaient été exterminés. Les colons et l'intendant civil se portèrent à sa rencontre pour lui adresser des félicitations qu'il eut l'orgueilleuse faiblesse d'accepter. Le soir, une illumination générale célébra cette prétendue victoire; mais un événement, fâcheux pour M. Clauzel, vint bientôt apprendre à tout Alger combien la conduite du gouverneur avait été frivole en cette circonstance. La veille même du jour où il avait respiré l'encens d'une ovation si peu méritée, les Hadjoutes étaient venus brûler, près du pont de l'Oued-el-Kerma, la ferme de Baba-Ali, dont il était propriétaire.

Ces divers incidents, d'une importance secondaire, furent bientôt effacés par les événements graves dont la province d'Oran allait être le théâtre. Après l'arrivée des troupes de France, attendues avec tant d'impatience, l'expédition de Mascara fut résolue. Il était grand temps de prendre un parti. Abd-el-Kader ayant fait courir le bruit que la France était sur le point d'être engagée dans une guerre continentale, cette fausse nouvelle avait causé la défection de plusieurs de nos tribus alliées. Celles qui nous restaient se virent forcées de reculer jusqu'à la ligne de nos avant-postes. La garnison du Méchouar de Tlemcen, commandée par Mustapha-ben-Ismael, était réduite aux abois. A la fin d'octobre, le maréchal Clauzel fit occuper l'île de Rachgoun, située à la hauteur de Tlemcen, en face de l'embouchure de la Tafna, dans l'espérance de faire passer, par cette voie, du secours aux assiégés, et également dans le but de surveiller cette partie du littoral. Mais les Arabes, comme s'ils eussent deviné nos projets, se portèrent, en grand nombre, sur le bord de la mer, de façon à s'opposer à toute sorte de débarquement.

Le 21 novembre, le maréchal débarqua à Oran, en compagnie du fils aîné du roi, le duc d'Orléans, qui avait désiré faire la campagne. Le corps expéditionnaire, y compris les Douairs et les Smelas, qui se joignirent à nos troupes, était fort de onze mille hommes. Il fut divisé en quatre brigades, commandées par les généraux Oudinot, Perrégaux, d'Arianges et le colonel Combes. La réserve était sous les ordres du lieutenant-colonel de Beaufort, du 47e de ligne. Par une aberration inexplicable, l'homme qui avait le plus contribué à l'agrandissement de l'émir, le général Desmichels, avait été renvoyé en Afrique, pour prendre part à l'expédition. Mais le maréchal, comprenant combien il serait impolitique de le mettre en présence des Douairs et des Smelas, qu'il avait indignement sacrifiés, refusa de lui donner un commandement, lors de la composition de la colonne. Il fut laissé à Alger. Le 26, le quartier général s'établit au camp du Figuier; le 27, le général Oudinot se porta sur le ruisseau le Tlélat, avec sa brigade, celle du colonel Combes et le bataillon d'Afrique de la 3me; le 29, toute l'armée, réunie sur ce point, se dirigea vers le Sig, marchant en carré, l'artillerie, les bagages, le convoi et la réserve au centre. Elle traversa la forêt de Muley-Ismael, sans avoir à combattre, et arriva le soir au bord du Sig, à une lieue au-dessous du point où la route de Mascara coupe cette rivière. Le maréchal, instruit des difficultés de terrain qu'il aurait à surmonter, fit construire, le 30, un camp retranché, pour y laisser les voitures et l'artillerie de campagne, sous la garde de mille hommes pris dans les différents corps de l'armée.

Abd-el-Kader, averti, par ses émissaires, des préparatifs de l'expédition, comptant peu sur la position de Mascara, s'était empressé, dès le mois de septembre, d'envoyer sa famille et ses objets les plus précieux du côté du désert. Maintenant placé à une lieue et demie au-dessus du camp, il se tenait sur l'expectative ; enfin, il finit par envoyer un de ses officiers avec la mission, assez délicate, d'amener le maréchal à faire des ouvertures pacifiques. Le parlementaire fut bien accueilli, mais renvoyé sans réponse.

Le 1er décembre, le général en chef poussa, lui-même, une reconnaissance du côté des Arabes avec sa cavalerie, les zouaves et quelques compagnies d'élite. A son approche, l'ennemi plia ses tentes et gagna la montagne, en perdant beaucoup de monde sous le feu de nos obusiers. Mais bientôt après, s'étant rallié, il nous chargea à son tour, sans beaucoup de vigueur. Le but du maréchal étant rempli, il rentra au camp. Nos troupes, pendant la retraite, furent harcelées par une nuée de tirailleurs que les obus éloignaient avec peine.

Le 3, au matin, l'armée, ayant abandonné le camp du

Sig, se dirigea tout entière vers l'Habra. L'arrière-garde, occupée à relever les ponts après le passage, dut soutenir un combat très vif et ne rejoignit le gros de l'armée que fort tard. Les Arabes suivaient le flanc des montagnes sur une ligne parallèle à la nôtre. Le maréchal forma alors ses trois brigades en échelons, les porta vers la droite, et ordonna d'aborder les hauteurs au pas de course, pendant que la 4me brigade continuait sa route. Après avoir refoulé l'ennemi, la colonne reprit sa direction primitive. Ne pouvant plus nous attaquer de flanc, Abd-el-Kader se porta rapidement sur une ligne perpendiculaire à notre marche, dans un lieu resserré, d'où il lui était facile de battre en retraite. Arrivées aux quatre marabouts situés en avant de cette ligne, nos troupes furent assaillies par une vive fusillade de l'infanterie arabe. Nos auxiliaires hésitèrent un instant; mais la 2me et la 3me brigade forcèrent le passage, malgré le feu des canons de l'émir qui se trouvaient assez bien servis. Le général Oudinot ayant été blessé dans l'action, le colonel Menne, du 2me léger, prit le commandement de la 1re brigade. L'ennemi, culbuté, chercha un refuge dans les montagnes à l'exception de quelques tirailleurs et cavaliers qui continuèrent de tirer sur nos troupes, mais à une assez grande distance. L'armée alla camper sur les rives de l'Habra. Dans la nuit, des feux nombreux, allumés sur les collines environnantes, indiquaient la présence des Arabes.

Le 4, la colonne ayant passé la rivière, l'arrière-garde

fut attaquée, suivant la coutume des indigènes. Du reste, l'ennemi la suivait de fort loin par derrière et sur son flanc droit. Le feu de nos obusiers le tenait à distance. Après avoir marché quelques temps à l'est, le maréchal tourna brusquement à droite. Il donna au général Marbot, de la suite du prince, le commandement de la 1re brigade avec mission d'occuper les crêtes, à droite de la route, pendant que la 2me brigade devait s'emparer de celles de gauche. Les deux autres brigades et le convoi s'arrêtèrent dans la plaine. Les Arabes, nous voyant maîtres du passage, se débandèrent successivement. Un grand nombre regagnèrent leurs tribus. Abd-el-Kader disparut, avec un certain nombre de cavaliers des Hachems, du côté de Mascara, qu'il espérait encore défendre.

Le 9, au point du jour, après avoir bivouaqué au milieu des montagnes, l'armée continua son mouvement sans rencontrer d'autres ennemis que des partis peu nombreux qui fuyaient à son approche. Mais les difficultés du terrain se multipliaient à chaque pas et retardaient sa marche, malgré l'activité merveilleuse des travaux du génie, dirigés habilement par le colonel Lemercier. Cependant, le maréchal, ne voulant pas donner à l'émir le temps de rassembler des troupes nombreuses autour de Mascara, prit les devants, le 6, avec les deux premières brigades, laissant au général d'Arlanges le soin de conduire les deux autres et le convoi. Parvenu sur le plateau d'Aïn-Kebira, qui s'étend de l'est à l'ouest jusqu'à Mascara, un cheik du village d'El-Bordj vint le trouver avec une suite peu nombreuse pour le supplier d'épargner sa tribu. M. Clauzel proposa alors à ce cheik et aux Arabes qui l'accompagnaient une somme de trente mille francs pour la tête d'Abd-el-Kader. Avait-il le dessein, par cette offre, si contraire aux traditions de l'honneur français, de connaitre les vrais sentiments des Arabes à l'égard de l'émir, ou bien songea-t-il à se débarrasser d'un ennemi dangereux? je l'ignore. Nous aurons, hélas! assez d'autres méfaits à signaler à l'encontre du maréchal pour laisser de côté celui-ci. Quoi qu'il en soit, un silence glacial ayant accueilli cette étrange proposition, il continua sa marche en avant. Un peu plus loin, les soldats arrêtèrent un Juif qui donna la nouvelle que l'émir avait fait évacuer la ville. M. Clauzel, laissant, aussitôt, derrière lui, ses brigades, courut au galop, avec son escorte, jusqu'à Mascara. Grave imprudence qui, si le fait annoncé par le Juif eût été inexact, pouvait exposer le général en chef et le prince royal à tomber dans les mains des Arabes; car les brigades n'arrivèrent en ville qu'à la nuit close, deux heures après l'état-major du général en chef.

Si cet acte atteste hautement avec quelle déplorable légèreté le maréchal Clauzel agissait dans certaines circonstances, le fait, qui va suivre, indiquera combien il se faisait illusion sur la portée des évènements. Ainsi, pour être entré, après un combat sans importance, dans une bicoque qui n'avait même pas été défendue, il crut avoir accablé Abd-el-Kader et entièrement ruiné sa puissance, puisque, par un arrêté pris à Mascara, sous la date du 8 décembre, il s'empressa d'organiser toute la province d'Oran. Je ferai connaître cette singulière organisation dans tous ses détails. Je vais auparavant raconter, en quelques mots, la fin étrange de l'expédition de Mascara.

Au lieu de profiter de la prise de Mascara et de l'effet moral qu'elle devait produire sur les tribus voisines, le maréchal en avait ordonné, le 8 au soir, l'évacuation et la retraite. Mais, le lendemain, avant son départ, poussé par une rage de destruction insensée, il fit mettre le feu aux quatre coins de la ville, où la négligence de l'état-major abandonna cent cinquante mille cartouches, qui durent tomber en partie dans les mains des Arabes. L'armée reprit le chemin d'Oran, en poussant devant elle quelques centaines de Juifs, qui n'avaient pas émigré et que ce barbare procédé réduisait à la misère. Il est superflu de faire remarquer que cette incroyable destruction, opérée sous les yeux du prince royal, qui ne fit, sans doute, rien pour l'empêcher, circonstance qui établit la nullité de son rôle, fut une grande faute. Dans une contrée, où le manque de villes est le principal obstacle aux progrès de la civilisation, où la création d'un village est une œuvre d'une certaine importance, car c'est le premier pas à faire pour substituer des habitudes sédentaires à la vie nomade, un administrateur intelligent aurait compris qu'il fallait avant tout pousser les indigènes à la construction de demeures fixes, et se serait abstenu de livrer aux flammes une ville qui devait, quelques années plus tard, tomber dans nos mains. Mais le maréchal Clauzel ne songeait, à ce moment, qu'à tirer une vengeance éclatante du malheureux échec de la Macta. Il était, d'ailleurs, l'agent dévoué de cette politique néfaste qui devait s'opposer, pendant un certain temps encore, à l'occupation intégrale de l'Algérie.

La retraite de l'armée s'accomplit au milieu d'épais brouillards et de pluies continuelles. Une nuée d'Arabes suivait nos soldats à une assez grande distance, et se jetait comme des corbeaux dévorants, sur ceux que les difficultés des chemins, augmentées encore par un temps affreux, forçaient de ralentir leur marche. Enfin la colonne, qui avait pris la direction de Mostaganem, arriva dans cette ville le 12 décembre. Le duc d'Orléans, accablé de fatigue et en proie à la fièvre, due à l'inclémence de la saison, s'embarqua, le 18, pour retourner en France.

La prise de Mascara et sa destruction avaient porté un coup funeste à l'influence d'Abd-el-Kader. Elles avaient une fois de plus constaté, aux yeux des indigènes, son impuissance pour résister à nos colonnes et sa profonde nullité sur le champ de bataille. Si le maréchal s'était attaché à le poursuivre, il est probable qu'il aurait obtenu la soumission définitive de la province, en très peu de temps, et anéanti sa puissance. Quoi qu'il en soit, à partir de ce moment, plusieurs de nos alliés revinrent à nous, et un personnage considérable, très fin et très rusé, El Mezary, neveu de Mustapha-ben-Ismael, qui avait, comme son oncle, rempli les fonctions d'agha, du temps des Turcs. Il était très brave et fort influent parmi les Douairs. Il nous rendit plus tard de bons et utiles services. Le maréchal Clauzel le nomma, immédiatement, kalifa de notre bey de Mostaganem, et, quelque temps après, agha de la plaine d'Oran. Ceci nous amène à exposer l'organisation qui eut pour conséquence la nomination de ce bey.

J'ai dit, tantôt, que le maréchal Clauzel, le surlendemain de son entrée à Mascara, avait pris un arrêté, pour organiser la province d'Oran. Cet arrêté est tellement extraordinaire, qu'il est impossible de le passer sous silence. Il est conçu en ces termes :

« Nous, maréchal de France, gouverneur général des » possessions françaises dans le nord de l'Afrique, » arrêtons ce qui suit :

» Article premier. — La province d'Oran est divisée » en trois beylicks et un arrondissement, savoir : Le » beylick de Tlemcen, le beylick de Mostaganem, le » beylick du Chélif et l'arrondissement d'Oran.

» Art. 2. — Le beylick de Tlemcen s'étendra au nord, » jusqu'à la mer; au sud, vers le désert; à l'ouest, » jusqu'à l'empire du Maroc, et, à l'est, jusqu'à » l'Oued-el-Malah, ou Rio-Salado.

» Le beylick de Mostaganem sera limité : au sud, par » le désert; à l'ouest, par l'Oued-el-Malah ; à l'est, par » l'Oued-Djidouia et le cours inférieur du Chélif.

» Le beylick du Chélif aura pour limites : au sud,
» le désert ; à l'ouest, le cours du Djidiouia, et l'Oued-
» Fedda ; à l'est, il comprendra le territoire de Ténez.
» La ville de Mezouna sera la résidence du bey.

» Art. 3. — L'arrondissement d'Oran sera ultérieure-
» ment fixé et aura une administration particulière.

» Sont nommés beys : de Tlemcen, N*** ; de Mosta-
» ganem, Ibrahim (dit Buchenah) ; du Chélif, N***.

» Fait à Mascara, le 8 décembre 1835.

» *Signé* : CLAUZEL. »

Par cet arrêté, le maréchal Clauzel ne nommait que le bey de Mostaganem, Ibrahim Buchenah, qui prit, deux jours après, le commandement de la ville. Quelque temps après, les fonctions de bey de Tlemcen furent conférées à Mustapha Mukallech. Si je rapproche de cette organisation et des deux actes qui en furent la suite : la nomination de Ben-Omar comme bey de Millanah et de Cherchel, celle de Mohamed-ben-Hussein de Tittery, la qualité de bey de Bône confiée à Youssouf, en attendant celle de bey de Constantine, après l'expédition contre cette ville, dont le maréchal caressait déjà l'idée, on verra qu'il en revenait à peu de chose près à ses fameux traités avec le bey de Tunis, dont le gouvernement avait refusé la ratification.

Il n'est pas nécessaire de rappeler notre situation, en ce moment, fort difficile, et la double mésaventure de Ben-Amar et de Mohamed-ben-Hussein, pour faire comprendre que cette ridicule organisation devait, en grande partie, demeurer sur le papier. Comment une pareille idée avait-elle pu se loger dans le cerveau de M. Clauzel ? Les temps et les circonstances étaient bien changés depuis son premier commandement. En 1830, il était venu administrer l'Algérie, en qualité de général en chef de l'armée expéditionnaire, sans attributions précises et définies, ce qui ouvrait une large carrière à son omnipotence. Il n'avait trouvé qu'une ébauche d'organisation, établie par un arrêté de son prédécesseur, qu'il s'était empressé de faire disparaître, en prenant un arrêté nouveau. Mais, à défaut de son titre de gouverneur des possessions françaises du nord de l'Afrique, qui aurait dû lui faire comprendre qu'il n'avait que des attributions administratives, et que ces attributions, quant à leur objet, étaient limitées aux points occupés par nos troupes, l'organisation de 1834 ne pouvait laisser aucun doute dans son esprit, sur l'étendue de son pouvoir. Nous avons déjà fait remarquer que, d'après l'article 4 de l'ordonnance du 22 juillet 1834, les possessions françaises du nord de l'Afrique étaient, désormais, soumises au régime des ordonnances, et, comme conséquence de ce principe, l'article 1er de l'ordonnance du 1er septembre avait dû restreindre le pouvoir du gouverneur aux attributions nécessaires pour l'exercice du commandement et la direction supérieure de l'administration. Le droit que les généraux s'étaient arrogé antérieurement, de prendre des arrêtés de toute nature, était donc circonscrit dans un cercle très étroit.

Je reconnais, néanmoins, que si le maréchal, après une expédition heureuse, avait ajouté de nouvelles contrées à nos possessions, il aurait dû pourvoir à l'administration provisoire de ces contrées, en attendant les mesures définitives du pouvoir central. Mais de là, à prendre des arrêtés organiques pour créer un mode spécial d'administration, sur des points qu'il n'avait ni les moyens ni l'intention d'occuper, il y a un abîme. Par des actes de cette nature, le maréchal se mettait en opposition flagrante avec la politique avérée du gouvernement, et courait surtout, en cas d'insuccès, au devant d'un second désaveu. En effet, nommer, sous l'autorisation du gouvernement français, des beys chargés de l'administration de tous les indigènes des provinces d'Alger et d'Oran, en attendant l'expédition de Constantine, dont il avait promis le beylick à Youssouf, n'était-ce pas dépasser les ordres du gouvernement, l'engager, dans un moment inopportun, à la conquête de l'Algérie, pendant qu'il en était encore à la politique de l'occupation restreinte ?

Cette conduite du maréchal paraît d'autant plus difficile à expliquer qu'il n'ignorait pas que l'effectif, dont il avait la disposition momentanée, devait être considérablement réduit après la campagne. C'est pour ce motif que, ne se trouvant pas en mesure d'occuper la ville de Mascara, il l'avait livrée aux flammes. Et pourtant, l'occupation permanente de Mascara était le seul moyen de porter un coup fatal à l'influence de l'émir. Mascara était le berceau de sa puissance, le centre de plusieurs grandes tribus qui lui fournissaient ses plus fermes partisans, et qu'on ne pouvait détacher de sa cause, sans une surveillance continuelle et la possibilité de les frapper à tous les instants. Il est d'ailleurs inadmissible que M. Clauzel ait pu se méprendre sur la portée réelle de l'expédition et sur l'incendie de Mascara. Il savait fort bien que l'émir n'avait pas été sérieusement atteint; qu'il avait conservé ses adhérents, ses armes, ses canons; que nous n'avions pas fait un seul prisonnier; que la mort de quelques Arabes et la destruction de quelques masures ne lui occasionnaient que des pertes insignifiantes qui seraient promptement réparées, et qu'après le départ de nos troupes, il reparaîtrait, plus puissant que jamais. Dans ces conditions, diviser les deux provinces d'Alger et d'Oran en cinq beylicks, et préposer cinq fonctionnaires indigènes à leur administration avant d'avoir réduit Abd-el-Kader à l'impuissance, c'était une lourde faute; car M. Clauzel engageait moralement la France à installer ces beys et à les maintenir dans leurs commandements. Mais, pour atteindre ce résultat et faire en même temps l'expédition de Constantine, qui était déjà arrêtée dans son esprit, c'est-à-dire pour combattre à la fois toutes les populations indigènes de la régence, que ces fausses mesures devaient en même temps lui jeter sur les bras, il aurait fallu au maréchal une armée très nombreuse et des crédits considérables, que ni le gouvernement, ni les chambres, n'auraient consenti à mettre à sa disposition.

La faute était encore aggravée par le mauvais choix

du personnel. Bien qu'il fut démontré, par des exemples concluants, que les chefs des grandes familles arabes exerçaient seuls une certaine influence sur les tribus, et que, seuls, ils pouvaient maintenir la tranquillité parmi les populations indigènes, le maréchal venait de nommer un Maure incapable et trois Turcs. Nous avons déjà vu Ben-Omar et Mohamed-ben-Hussein à l'œuvre. Essayons de faire connaissance avec Ibrahim-Bouchenah et Mustapha-Mukallech.

Ibrahim-Bouchenah était allié avec la famille des Osman, qui, depuis le départ des Espagnols, avait fourni les différents beys qui avaient exercé le pouvoir à Oran. Il avait rempli, sous le bey Hassan, les fonctions de grand chaouch, qui consistaient à accompagner le bey dans ses sorties et à présider aux exécutions, quand il n'exécutait pas lui-même; en autres termes, il remplissait l'office de *bourreau*. Certes, ces fonctions n'avaient rien d'infamant, aux yeux des indigènes, puisque le grand chaouch était un des officiers dignitaires du bey. Il faut, néanmoins, reconnaître qu'elles n'étaient pas de nature à lui attirer la sympathie des populations.

Mustapha-Mukallech était un membre de la même famille des Osman; mais c'était un homme sans valeur, vieilli longtemps avant l'âge par l'abus immodéré des plaisirs des sens. Il n'était désigné, parmi les Arabes, grands donneurs de surnoms, que par le sobriquet injurieux de Mukallech, que l'un de ses auteurs devait à des mœurs infâmes qui le conduisirent à une fin tragique. Mais le maréchal aurait eu beau choisir, dans cette catégorie, des personnages recommandables à tous les titres, que les Arabes n'auraient vu en eux que des ennemis. Il suffit, pour s'en convaincre, de rappeler que, lors de la prise de Mascara, les Turcs avaient été massacrés, et qu'à Tlemcen, Turcs et Coulouglis luttaient, depuis plusieurs années, avec l'énergie du désespoir, contre Abd-el-Kader et ses adhérents. Il est d'ailleurs établi, par des données historiques indiscutables, que les populations turbulentes de l'Ouest avaient, toujours, supporté le joug ottoman avec la plus vive impatience et qu'elles n'avaient cédé qu'à la force.

Il n'y avait donc qu'un parti à prendre : concentrer toutes les troupes disponibles dans la province d'Oran, poursuivre Abd-el-Kader sans trêve ni merci, le refouler au besoin dans le désert, et faire, ainsi, toucher du doigt aux Arabes désillusionnés le néant de sa puissance. C'est ainsi, du reste, qu'un militaire, d'une grande valeur, avait apprécié la situation. Le ministre de la guerre, le maréchal Maison, s'exprimait de la manière suivante, dans une lettre du 5 janvier 1836 :

« J'ai vu, par votre dépêche télégraphique du 18 sep-
» tembre, que vous vous disposiez à faire l'expédition
» de Tlemcen, si la saison ne contrarie pas vos projets.
» Le moment d'abattre *complètement* Abd-el-Kader
» semble, en effet, devoir être celui où vous venez de
» détruire son pouvoir à Mascara. J'attends, avec impa-
» tience vos premières dépêches pour savoir le résultat
» de vos opérations. »

Il faut ajouter que le maréchal Clauzel disposait, en ce moment, de troupes suffisantes pour réaliser, dans une ou deux campagnes, les vues du ministre. Nous avons indiqué qu'il avait fait l'expédition de Mascara avec un effectif de onze mille hommes. Il avait, en outre, laissé à Alger des troupes, notamment, une cavalerie nombreuse, sans aucune utilité, dans les mains de généraux incapables. Enfin, les Douairs et les Smelas, ainsi que les Koulouglis de Tlemcen, avec leur énergique commandant Mustapha-ben-Ismael, allaient bientôt augmenter les forces disponibles. Avec de pareils éléments, il n'y avait pas à douter du succès: l'émir était perdu.

Il est même permis de croire que la prompte pacification de la province d'Alger eût été la conséquence de sa chute, car, dans cette province, il n'y avait pas un seul chef de renom, qui pût rallier, sous ses drapeaux, un millier d'indigènes, et la fermentation croissante et les hostilités des tribus étaient le résultat évident des intrigues des émissaires d'Abd-el-Kader. D'ailleurs, l'émir vaincu, ses troupes détruites ou dispersées, son matériel de guerre, encore peu considérable, anéanti, la province organisée, en intéressant à notre domination, non des Turcs, mais des grandes familles arabes, Mustapha-ben-Ismael, avec ses Douairs et Smelas, aidé par la garnison d'Oran, aurait parfaitement maintenu la tranquillité.

Dans cette hypothèse, le maréchal serait retourné à Alger avec des troupes victorieuses, et le prestige d'un succès définitif. Il aurait eu, d'autant plus facilement raison des tribus révoltées, que, d'après leurs croyances religieuses, les événements de moindre importance sont dus à l'intervention incessante de la divinité dans les affaires humaines. Les Arabes auraient, dès lors, attribué la chute d'Abd-el-Kader et la domination française à la volonté immuable du destin. Ainsi, les provinces d'Alger et d'Oran, pacifiées pour ainsi dire du même coup, M. Clauzel aurait eu le loisir de faire les préparatifs nécessaires, et de choisir la bonne saison pour l'expédition de Constantine, sans demander de nouveaux renforts au gouvernement. Il est probable qu'il serait entré dans cette voie, la seule raisonnable, s'il n'avait, encore cette fois, subi l'ascendant néfaste d'un personnage qui devait le conduire à sa perte, du mameluck Youssouf, que nous avons laissé à Bône chef d'escadrons au 2ᵉ chasseurs d'Afrique. Il était accouru à Alger, immédiatement après l'arrivée du maréchal. Des faits précis et indéniables, que nous raconterons bientôt, permettent d'affirmer que l'ex-mameluck fut encore le promoteur des actes regrettables tant reprochés à M. Clauzel. Je me bornerai à remarquer, ici, que dès le début de son premier commandement, le maréchal s'était montré fort prévenu contre les Turcs, à tel point, qu'il n'avait pas craint de confisquer arbitrairement leurs propriétés. Mais Youssouf sort de prison, devient capitaine par le bon plaisir de M. Clauzel, et des négociations sont entamées avec le bey de Tunis, pour mettre ses deux frères, c'est-à-dire deux Turcs, à la tête des provinces d'Oran et de Constantine. Malgré le désaveu qui lui fut infligé à cette occasion, et bien que, d'après les instructions du gouvernement, il dut préposer à l'administration des indigènes des hommes connus par leur influence sur les tribus, par l'organisation actuelle, trois beys nouveaux sont nommés, et ces trois fonctionnaires sont encore des Turcs. Il tombe d'ailleurs sous les sens, qu'en cette circonstance, Youssouf avait un intérêt pressant à dévoyer le gouverneur, car, si le maréchal avait eu la conviction que les membres des grandes familles arabes pouvaient seuls exercer une influence considérable sur les indigènes et maintenir la tranquillité dans les tribus, Youssouf eût dû abandonner ses plus chères espérances, et renoncer au beylick de Constantine, qui était à ce moment l'objet de ses plus ardentes convoitises. En outre, on conçoit que, dans une pareille disposition d'esprit, Youssouf se serait assez mal accommodé du long retard indispensable pour réduire Abd-el-Kader, et étouffer les révoltes de la province d'Alger; qu'il dût user de tout son crédit près du maréchal, pour le détourner de ce dessein, et le pousser promptement à l'expédition contre le bey Hadj-Hamet.

II

EXPÉDITION DE TLEMCEN. — DÉLIVRANCE DES TURCS ET COULOU-
GLIS ASSIÉGÉS DANS LE MÉCHOUAR. — CONTRIBUTION IMPOSÉE A
LA VILLE. — SÉVICES EXERCÉS CONTRE LES HABITANTS POUR
RECOUVRER LA CONTRIBUTION. — AUTEURS PROBABLES DE CES
SÉVICES. — PLAINTE DES HABITANTS. — MESURES PRISES PAR
LE GOUVERNEMENT.

Les événements accomplis pendant le mois de décembre démontraient jusqu'à l'évidence que le maréchal Clauzel, avec les ressources mises à sa disposition, ne pouvait faire la guerre offensive dans les trois provinces à la fois. Pendant la campagne de Mascara, le colonel Marey, ayant été attaqué plusieurs fois par les Hadjoutes, dans les environs d'Alger, n'était parvenu à les repousser qu'avec le secours du 1er chasseurs d'Afrique et les spahis. Le 31 décembre, le général Desmichels, sorti contre les insurgés, avec une cavalerie nombreuse et une colonne d'infanterie, obtint d'abord quelques succès, mais il s'égara bientôt dans les broussailles autour de Boufarik, et les Arabes lui reprirent une grande partie des troupeaux qu'il leur avait enlevés. Ces combats partiels, sans résultat possible, ne faisaient qu'encourager les Arabes, dans leur rébellion, par la preuve manifeste de notre impuissance.

A la même époque, l'émir, fort légèrement atteint par l'expédition de Mascara, ainsi que nous l'avons déjà dit, reparut devant Tlemcen avec de nombreux contingents pour combattre les Arabes du désert d'Angad, qui étaient venus au secours des Koulouglis bloqués dans le Méchouar. Le maréchal Clauzel dut songer alors à tenir la promesse faite, précédemment, aux Koulouglis de conduire la colonne expéditionnaire à Tlemcen afin de les délivrer de leurs ennemis. Pour l'intelligence des faits qui vont suivre, il est indispensable de faire connaître dans quelles conditions avait été pris cet engagement.

Pendant le cours de l'expédition de Mascara, les Koulouglis étaient parvenus à communiquer avec un négociant maure, étranger à la lutte qu'ils soutenaient depuis plusieurs années contre les partisans d'Abd-el-Kader. Ce Maure accepta la mission de venir trouver le maréchal pour lui demander de prompts secours au nom des malheureux assiégés. Le maréchal répondit que ses crédits étaient limités, que cette expédition n'ayant pas été prévue avant son départ de France, il ne pouvait, malgré son vif désir, aller avec une colonne au secours des Koulouglis, s'ils ne consentaient à payer les frais de la campagne. Le Maure, qui connaissait la détresse profonde des assiégés, souscrivit, avec empressement, aux conditions posées par le maréchal. Néanmoins, M. Clauzel, avant d'entreprendre l'expédition, avait cru devoir demander l'assentiment du ministre de la guerre par une dépêche télégraphique, datée du 18 décembre. Le 4 janvier 1836, l'autorisation demandée lui fut transmise par la même voie, et le lendemain, 9, le maréchal Maison lui écrivit la lettre explicite que j'ai déjà mentionnée. Dès lors, l'expédition, étant non-seulement tolérée, mais même recommandée par le Gouvernement, il n'est pas douteux qu'il entendait en supporter la charge. Quoi qu'il en soit, le maréchal Clauzel partit d'Oran, le 8 janvier, avec sept mille hommes divisés en trois brigades, commandées par les généraux Perrégaux, d'Arlanges et le colonel Vilmorin, du 11me de ligne.

La 1re brigade était composée du 2me chasseurs d'Afrique, des zouaves, de deux compagnies de sapeurs, d'un bataillon d'élite formé avec quatre compagnies du 2me léger, du 17me léger, des Douairs et Smelas, et de deux obusiers; la 2me ne comprenait que le 1er bataillon d'infanterie légère d'Afrique, le .. ^{e} de ligne et deux obusiers; enfin, le 11me de ligne et deux obusiers formaient la 3me brigade.

J'ai cru devoir indiquer la composition de la colonne

expéditionnaire, afin de bien faire comprendre que, toutes ces troupes étant concentrées à Oran à la suite de la campagne de Mascara, les frais d'une pointe sur Tlemcen ne pouvaient être bien considérables ; et, d'ailleurs, le ministre de la guerre, ayant décidé que le moment d'abattre la puissance d'Abd-el-Kader était venu, il n'eût pas été juste de mettre les dépenses de cette expédition à la charge des habitants de Tlemcen, comme si elle n'avait été faite que dans leur intérêt exclusif.

Le 13 janvier, après cinq jours de marche, la colonne arriva dans la plaine de Tlemcen. Abd-el-Kader s'étant retiré à son approche, sans échanger un coup de fusil, le maréchal Clauzel dut éprouver une immense satisfaction de délivrer les assiégés du Méchouar à si bon compte, et d'avoir vu l'émir, convaincu de notre incontestable supériorité sur le champ de bataille, laisser échapper sa proie sans faire la moindre résistance. 775 Turcs ou Koulouglis, ainsi que leur intrépide chef Mustapha ben-Ismael, sortirent de la forteresse. Sur ce nombre, 343 n'étaient pas armés. 432 combattants avaient donc résisté, pendant cinq années, à tous les efforts des Arabes et à plusieurs attaques dirigées par Abd-el-Kader. Ce fait avait une grande signification. Du reste, Mustapha-ben-Ismael, dont le dévouement nous fut irrévocablement acquis, à partir de ce jour, essaya, dans plusieurs entretiens, de faire comprendre au maréchal qu'il fallait profiter de l'impression produite par la prise de Mascara et par notre entrée triomphale à Tlemcen pour détruire la puissance de l'émir.

Ces conseils étaient fort sages; ils étaient, d'ailleurs, en concordance parfaite avec les instructions du ministre de la guerre. M. Clauzel parut, tout d'abord, décidé à les mettre à exécution. Le 15, les deux premières brigades, auxquelles se joignirent les cavaliers d'El-Mazary, kalifa du bey de Mostaganem, et les Turcs et Koulouglis de Mustapha, se lancèrent à la poursuite d'Abd-el-Kader, taillèrent en pièce son infanterie, et rentrèrent, le 17, avec deux mille prisonniers, presque tous femmes et enfants.

Tout conviait le maréchal à persister dans cette voie, afin de ne pas laisser son œuvre incomplète. Il serait donc incompréhensible qu'il eût, par une retraite immédiate, perdu bénévolement le fruit de la campagne, en laissant à l'émir le temps et les moyens de réparer ses revers, si des actes publics n'étaient venus révéler le mobile de ses actes. Par un arrêté, du 2 février, qui ne fut point inséré au *Bulletin oficiel*, il avait nommé Mukallech bey de Tlemcen et Youssouf *bey de Constantine*. Cette dernière nomination, qui attestait l'irrésistible influence de l'ex-mameluk de Tunis sur le maréchal, faisait, en même temps, pressentir que M. Clauzel userait, désormais, de tout son crédit auprès du gouvernement, afin d'obtenir l'autorisation et les ressources nécessaires pour l'expédition de Constantine, et que toute sa conduite serait subordonnée à l'exécution de ce projet. Il tombe, en effet, sous les sens que M. Youssouf devait avoir hâte de prendre possession de son beylick. En conséquence, le maréchal s'empressa de prendre les dispositions nécessaires pour quitter la ville de Tlemcen et la province d'Oran, sans nul souci des intérêts les plus pressants de la France. Il songea, tout d'abord, à mettre Tlemcen à l'abri d'un coup de main, en laissant un bataillon dans le Méchouar, sous les ordres du capitaine Cavaignac. Il se porta, de sa personne, au confluent de l'Isser et de la Tafna, afin d'y établir un camp retranché, dans le double but de maintenir les communications de Tlemcen avec la mer et de prévenir un retour offensif du caïd d'Abd-el-Kader, Bou-Noua, qui, à l'approche de la colonne, s'était retiré chez les Kabyles des montagnes de la rive gauche.

Je ne puis croire que le maréchal ait pu compter un instant sur l'efficacité de ces mesures. Il rencontra, sur son chemin, de nombreux ennemis : les Hachems, les Beni-Amers, réunis aux Kabyles et à des aventuriers marocains qui, ayant passé la frontière, vinrent, par deux fois, attaquer l'armée. Il dut aussi livrer deux combats assez vifs, afin de pouvoir faire tracer l'enceinte du camp. Dans une pareille situation, laisser derrière soi un ou deux petits corps isolés, c'était commettre une grave imprudence et les exposer à un échec certain. Du reste, une preuve évidente que M. Clauzel était convaincu que la ville de Tlemcen serait, de nouveau, promptement attaquée, après le départ des troupes françaises, c'est qu'il fit convoquer, le 6 février, une assemblée générale des principaux habitants de Tlemcen, sous la présidence du colonel du génie Lemercier, afin d'arrêter, en commun, les moyens de défense.

Il est important de connaître le rapport de cet officier supérieur :

« Les notables koulouglis et maures de Tlemcen ayant été réunis, par ordre de M. le maréchal Clauzel, pour se prononcer sur leurs moyens de défense à l'époque où l'armée française viendrait à se retirer, je reçus l'ordre de me rendre au conseil et d'assister aux délibérations. A mon arrivée, Mustapha-ben-Mukallech, bey de Tlemcen, et Mazary, khalifa de Mostaganem, m'annoncèrent, au nom du conseil, que, comptant sur le bataillon que le maréchal leur avait promis, Koulouglis et Maures venaient de se jurer sur le Coran, qui était sous mes yeux, une union éternelle ; que, désormais, il n'y aurait plus de distinction entre eux ; qu'ils se regardaient comme frères et combattraient ensemble, jusqu'à la mort, pour empêcher que leur ville ne tombât au pouvoir des ennemis de la France.

» Je leur ai répondu que le maréchal apprendrait avec joie la réconciliation des habitants d'une même ville, dont les intérêts étaient inséparables ; que le gouvernement français n'abandonnerait jamais des alliés fidèles comme les Koulouglis et comme leur brave chef, Mustapha-ben-Ismael, qui avait fait preuve, tout récemment encore, d'un courage et d'un dévouement admirés de l'armée entière ; qu'en conséquence, ils pouvaient compter sur la protection de la France et sur le bataillon qui leur avait été promis. J'engageai les Maures à prendre pour exemple les Koulouglis, les Smelas et les

Douairs, qui venaient de contribuer si puissamment à nos succès, et de mériter, à la première occasion, la confiance que nous avions en eux. Ils répondirent en renouvelant leurs serments et en protestant de leur dévouement.

» Ne pouvant plus douter de leurs intentions, je voulus connaître leur opinion sur leurs propres forces, et je leur demandai si, avec le bataillon qu'on allait leur laisser, ils se proposaient de défendre toute la ville ou de n'en occuper qu'une partie seulement. Leur réponse a été celle de gens de cœur : ils m'ont assuré qu'ils défendraient tout ; qu'ils seraient assez forts pour cela avec des Français. J'ai beaucoup applaudi à cet acte de courage, et, pour suppléer au nombre dans une aussi grande ville qui n'a encore recouvré qu'une faible partie de ses habitants, je me suis engagé à relever les portions de muraille les plus délabrées de l'enceinte.

» La seule inquiétude que le conseil m'ait manifestée, c'est de ne pouvoir toujours entretenir le bataillon qu'on mettait à leur charge, parce qu'ils craignaient d'être *bloqués longtemps et de ne pouvoir vendre leurs denrées*. Mais les habitants donnaient au maréchal l'assurance de partager en frères leurs ressources avec les Français et de ne rien acheter au marché qu'après qu'ils se seraient approvisionnés. Je ne pouvais répondre, à ce sujet, d'une manière positive, parce que mes instructions n'étaient pas assez étendues. Je me suis borné à dire au conseil qu'il faudrait probablement consulter le gouvernement français, mais que notre grande nation était trop généreuse pour tenir à l'entretien d'un bataillon, quand il s'agissait d'assurer la tranquillité d'une des plus belles provinces de ses possessions en Afrique; que j'avais la presque certitude qu'elle n'exigerait rien de ses fidèles Koulouglis de Tlemcen, sitôt que le maréchal aurait fait connaître leur situation *malheureuse*, depuis six ans que les habitants les tenaient bloqués dans le Méchouar.

» Je les ai tous engagés à faire connaître dans le pays leur réconciliation franche avec les Maures, et à employer toute leur influence pour accélérer l'établissement d'une communication prompte avec le littoral, c'est-à-dire avec l'île de Rachgoun, qui n'est qu'à deux journées de marche; que, s'ils réussissaient dans cette *négociation* déjà entamée, leur fortune serait assurée, à cause du débouché qu'auraient leurs grains et leurs grandes récoltes d'huile; que, d'ailleurs, le maréchal était prêt à se montrer reconnaissant de ce qu'ils feraient dans cette circonstance, de manière à ne leur plus rien laisser à désirer.

» Le conseil, satisfait de l'avenir qui lui était offert et des intentions bienveillantes du maréchal, n'a plus demandé que le respect de la religion musulmane et des mœurs du pays. J'ai répondu que ce qu'il demandait était conforme aux ordres les plus sévères du gouvernement français, qui nous faisait un devoir impérieux de respecter la religion et les mœurs des Mahométans, comme ce que nous avons nous-mêmes de plus sacré. »

J'ai cru devoir reproduire ce document *in extenso* parce qu'il permet d'apprécier à sa juste valeur la conduite du maréchal. La déclaration de l'agha Mazary et de Mustapha-ben-Ismael, si habitués aux luttes africaines, qu'avec un bataillon français les habitants de Tlemcen pourraient être bloqués pendant longtemps dans la ville, était un aveu significatif et indiscutable de la puissance d'Abd-el-Kader. Et pourtant, M. Clauzel, sans tenir le moindre compte de cette éventualité à peu près certaine, allait follement courir de périlleuses aventures. Comment n'avait-il pas compris que laisser, derrière soi l'émir omnipotent dans l'Ouest, pour faire l'expédition de Constantine, pendant que les tribus de la province d'Alger résistaient encore à nos armes; qu'engager la France dans les hasards d'une guerre générale, qui devait nécessiter l'envoi d'une armée nombreuse, au lieu de combattre nos ennemis, successivement et en détail, sûr moyen de les anéantir, c'était plus qu'une faute, c'était presque de la trahison ?

La conduite du maréchal Clauzel était d'autant plus étrange, qu'il n'ignorait pas que, par suite de la fausse politique qui avait prévalu depuis la conquête, l'Algérie était, pour la France, une source de sacrifices sans compensation; qu'il existait, dans les deux chambres, un groupe d'opposants qui n'accordaient, qu'à contre-cœur, les crédits demandés par les ministres; de là, la nécessité de faire rentrer, après chaque campagne, plusieurs régiments, afin de restreindre les dépenses de l'occupation dans les limites budgétaires. Dans ces circonstances, former une entreprise téméraire, sans moyens suffisants, c'était forcer le cabinet, dans l'hypothèse d'un échec grave, à faire partir, d'urgence, des troupes nombreuses, pour réparer une situation compromise, et l'exposer à un vote de censure, d'où pouvait sortir l'abandon de l'Algérie. Il est à peine croyable que le maréchal ait consenti à lui faire courir de pareils risques dans l'unique dessein de satisfaire les âpres convoitises d'un affreux pillard dont je vais raconter les scandaleux excès.

Il résulte, du rapport du colonel Lemercier, que les habitants de Tlemcen s'étaient soumis à l'obligation de pourvoir à l'entretien du bataillon français qui devait occuper le Méchouar, mais qu'ils avaient manifesté la crainte de ne pouvoir longtemps supporter cette charge. Il était, en effet, de la dernière évidence que des malheureux qui, pendant près de six ans, avaient été bloqués dans une forteresse, devaient être à bout de ressources. Néanmoins, M. Clauzel, sans tenir compte de cette situation, prit un arrêté, afin de poursuivre le recouvrement des dépenses occasionnées par la colonne expéditionnaire depuis son arrivée de France. Cet arrêté, après l'autorisation du pouvoir central de faire la campagne, n'était qu'un abominable abus de la force, et les exécutions violentes qui en ont été la suite ne furent que des vols odieux justement flétris par l'opinion. Une plainte ayant été adressée au gouvernement par les victimes, M. Baude, conseiller d'État et membre de la chambre des députés, fut envoyé en Afrique, au mois d'août 1836, avec le titre de commissaire du roi, pour faire une enquête sur les faits contenus dans la plainte. Elle était formulée de la manière suivante :

« En un clin d'œil, nous avons été dépouillés de nos biens, de nos bijoux et de nos vêtements. On nous mit en prison avec nos enfants, dont il s'en trouvait qui n'avaient pas encore six ans. Nous sommes sûrs que le spectacle de nos misères vous arracherait des larmes, car nous n'avons plus que l'apparence d'hommes. — Le commandant Youssouf, le juif Lasry et Mustapha-ben-Mukallech, étaient les agents dans cette affaire. »

Les plaignants s'étaient abstenus d'accuser le maréchal. Cette réticence s'explique par la crainte bien naturelle d'attaquer un personnage aussi puissant que le commandant en chef de l'armée française. Je ne les imiterai point. Un historien véridique ne saurait affranchir, de la responsabilité d'une si lamentable extorsion, l'auteur principal, pour la rejeter tout entière sur les comparses. Il a le devoir rigoureux de préciser le rôle spécial de chacun des agents.

Cet arrêté répandit la consternation dans la ville de Tlemcen. Mustapha-ben-Ismael, espérant faire revenir le maréchal sur sa décision, lui écrivit en ces termes, au nom des malheureux qu'on s'apprêtait à dépouiller :

« Voilà six ans que nous sommes en guerre contre les Arabes, en ville et au dehors. Dieu ne nous avait pas éclairés sur la conduite que nous devions tenir jusqu'au jour où il nous a inspirés de nous réfugier sous les drapeaux de la France. Vous êtes venu, avec votre armée victorieuse, attaquer et repousser nos ennemis et nos oppresseurs. Vous nous demandez, aujourd'hui, le remboursement des dépenses qu'a faites cette armée depuis son arrivée de France. Cette demande est hors de proportion avec nos ressources: il est même au-dessus de notre pouvoir de payer une partie de ces dépenses. En conséquence, nous implorons *votre compassion,* votre sensibilité et vos bons sentiments, pour nous qui sommes vos enfants, et ne pouvons supporter cette charge; car il n'y a, parmi nous, ni riches, ni hommes faisant le commerce, mais bien des hommes faibles et pauvres. Nous reconnaissons, tous, le service que vous nous avez rendu, et nous prions Dieu qu'il vous en récompense. Pour nous, nous vous donnerons tout ce dont nous pourrons disposer, c'est-à-dire les maisons que nous habitons en ville, nos maisons de campagne et autres immeubles que nous possédons; mais nous vous prions de nous accorder un délai, car nous sommes vos sujets et vos enfants; vous êtes notre sultan, et nous n'avons que Dieu et vous pour soutiens. Nous sommes sous vos ordres et disposés à vous servir, comme soldats, partout où vous voudrez. »

Cette lettre, si touchante, était de nature à faire réfléchir le maréchal. Il aurait dû considérer, en outre, que les Koulouglis, que sa décision allait surtout frapper, s'étaient spontanément donnés à la France; que leur fidélité nous assurait la possession de la ville de Tlemcen et privait l'émir d'un point de ravitaillement qui lui eût permis de correspondre plus facilement avec le Maroc, pour en tirer des armes, des munitions et des subsides; qu'il était, dès lors, profondément impolitique de s'aliéner les Koulouglis par une mesure injuste qui pouvait les détacher de notre cause et les donner pour auxiliaires à Abd-el-Kader.

Le maréchal resta sourd à toutes les prières et ne fut arrêté par aucune considération. Il eut même l'impudeur de défendre publiquement cette honteuse exaction. « Je ne sache aucun pays, disait-il, où, lorsqu'on demande de l'argent à ses habitants, il ne s'élève pas aussitôt des doléances sur leur pauvreté. En France même, on a été obligé d'armer la loi fiscale de moyens coercitifs qui vont jusqu'à dépouiller le contribuable de sa propriété; et c'est parce qu'on a l'expérience que ces moyens seront implacablement employés, que la perception de l'impôt est parvenue à être si régulière; mais qu'on demandât, extraordinairement, si cela était possible, une misérable somme de dix mille francs, à une ville de troisième ordre, par exemple, et immédiatement, il surgirait de terre des milliers de réclamations pour attester la pauvreté de cette ville. Je savais qu'il en serait de même à Tlemcen. » C'était, il faut l'avouer, de bien pitoyables explications, et le maréchal Clauzel en était convaincu tout le premier; car, ayant, un peu plus tard, senti le besoin de les reproduire, il se hâta, pour leur donner de la consistance, d'ajouter un mensonge odieux :

« Tlemcen est une ville considérable et aisée. Là se trouvaient des hommes riches d'une fortune qui ne leur appartenait pas ; c'étaient eux qui, lors de la prise d'Alger, s'étaient enfuis en emportant une valeur dérobée au trésor du dey de près de trois cent mille sequins d'or, environ trois millions de francs. »

Immorale défense qui devait couronner une action bien plus immorale encore ! Et quoi, parce que deux ou trois individus auront dérobé une somme considérable, au lieu de faire rendre gorge à ces misérables, le maréchal croyait pouvoir puiser, dans ce fait, le droit d'imposer une contribution à tous les habitants de la même ville, et comprendre ainsi, dans une même mesure de répression, des innocents et des coupables ? Mais, malheureusement pour M. Clauzel, il est démontré, par un document officiel, que ce prétendu vol n'a jamais eu lieu. Le fait avancé pour sa justification est donc entièrement faux.

M. Clauzel avait remplacé M. de Bourmont en 1830. Il savait, mieux que personne, qu'il avait été tout à fait impossible de constater le chiffre exact des sommes composant le trésor de la Casbah. Le rapport de la commission d'enquête qu'il avait nommée, au mois de septembre, pour constater les dilapidations commises après l'entrée de nos troupes à Alger, est non-seulement muet sur ce prétendu vol, mais, ainsi que nous avons eu l'occasion de le signaler ailleurs, il affirme *que rien n'a été détourné du trésor de la Casbah : qu'il a tourné, au contraire, tout entier au profit de la France.* On se demande, dès lors, par quels moyens M. Clauzel avait pu savoir que trois millions avaient été dérobés au trésor du dey et portés à Tlemcen. Une pareille allégation, produite sans preuves, en 1837, pour répondre à de justes accusations portées contre lui, ne peut donc mériter aucune créance.

On conçoit qu'il était bien difficile de ne pas flétrir une pareille conduite. Aussi, pour en écarter l'odieux de la personne du maréchal, des écrivains, qui ne me paraissent pas avoir suffisamment étudié les faits de cette affaire, ont prétendu qu'en cette circonstance, il n'avait pris son malencontreux arrêté qu'à l'instigation du juif Lasry, son commensal. Cette affirmation, fût-elle exacte, ne serait, certes pas, de nature à faire absoudre le maréchal Clauzel. Mais j'ai lieu de croire qu'elle est entièrement controuvée. M. Lasry, au moment où la contribution fut décrétée, avait eu fort peu de rapports avec le maréchal, et peut-être même n'en avait-il pas eu du tout. Il est nécessaire de raconter ici les circonstances qui l'avaient amené à Tlemcen, ses relations avec le commandant Youssouf, qui furent la cause de sa participation à certains actes dont il ne serait pas juste de le rendre, seul, responsable.

Lasry était établi à Oran avant l'occupation française, et, comme tous les Israélites de la régence, il faisait le commerce. En 1831, il avait fourni au bataillon tunisien, qui était venu prendre possession de la ville et des forts d'Oran, des denrées alimentaires qui ne lui ont jamais été payées. Il lui était dû, pour ces fournitures, des sommes considérables. Il s'était, d'abord, adressé au gouvernement français, qui refusa, avec raison, de reconnaître cette dette; et ses demandes au bey de Tunis n'avaient pas eu un meilleur résultat, malgré ses démarches auprès de Youssouf, qui était, à cette époque, l'agent du bey, bien qu'il eut été nommé capitaine aux chasseurs algériens. Dans les premiers jours de janvier 1836, Youssouf étant venu à Oran avec le maréchal pour faire la campagne de Tlemcen, Lasry courut le trouver de nouveau, pour voir si, par son intermédiaire, il ne pourrait enfin obtenir, du bey de Tunis, le paiement de sa créance. Il pensa, en même temps, que l'occasion était favorable pour demander l'appui du maréchal, qui, ayant fait opérer la remise de la ville aux Tunisiens par le général Danrémont, avant la ratification des traités, était, en quelque sorte, la cause indirecte de ses pertes. N'ayant pas été reçu par le maréchal, qui n'avait fait que passer à Oran, il se rendit à Tlemcen pour traiter cette affaire avec le commandant Youssouf. Ayant enfin, par son intervention, obtenu la promesse que le maréchal appuierait, de tout son crédit, ses réclamations auprès du gouvernement tunisien, Lasry se disposait à retourner à Oran. Il fut alors nommé expert pour estimer les bijoux extorqués aux habitants de Tlemcen. Il devait être, quelques jours après, chargé d'en opérer la vente. Tout concourt pour démontrer qu'il ne prit aucune autre part aux divers incidents de la contribution.

Les violences employées pour en opérer le recouvrement n'ont été que trop bien établies. Plusieurs habitants notables, Maures, Koulouglis et Juifs, furent emprisonnés. Mais, bientôt, les cachots ne suffisant plus, on eut recours à la torture. Tout individu, qui déclarait ne pouvoir payer, était traîné au pied des collecteurs et roué de coups jusqu'à ce qu'il eût remis, soit des espèces, soit des valeurs, équivalant à sa part contributive. Plusieurs de ces malheureux offrirent les bijoux de leurs femmes, qui furent acceptés. Ces bijoux furent présentés à Lasry pour en faire l'estimation. La prisée fut-elle inférieure à la valeur réelle? C'est ce qu'il est impossible d'établir en l'absence de documents certains. Mais il ne faut avoir aucune idée des habitudes et des mœurs des Juifs indigènes de cette époque, pour lui attribuer des sévices aussi révoltants. D'ailleurs, à quel titre un simple particulier se serait-il immiscé dans l'exécution d'un acte de l'autorité souveraine? Le bey Mukallech, qui, comme tous ses coreligionnaires, tenait les Juifs en assez médiocre estime, se serait, sans nul doute, opposé à ce que Lasry portât la main sur un Musulman.

Il est donc évident que ces procédés ne furent point son œuvre; et quand même les témoignages recueillis à cet égard ne seraient pas dignes de foi, il faudrait encore reconnaître que le commandant Youssouf et

Mukallech en ont été les auteurs. Mukallech était déjà investi des fonctions de bey de Tlemcen. A ce titre, le recouvrement des impôts, de toute nature, rentrait dans ses attributions, ainsi que nous l'établirons bientôt. D'un autre côté, quel que fut le mobile qui avait déterminé le maréchal à décréter la contribution, comme les fonds en provenant étaient, ostensiblement, destinés à couvrir les dépenses de la colonne expéditionnaire, la présence d'agents français pour surveiller les préposés du bey était de rigueur. Youssouf, qui possédait, à un si haut degré, la confiance du maréchal, fut chargé de ce soin. Faut-il, dès lors, s'étonner de l'emploi de mesures tyranniques si contraires à notre civilisation ? Ces mesures furent-elles concertées avec le maréchal ? J'ai tout lieu de le croire. Dans tous les cas, il est certain qu'elles reçurent son approbation. Peut-on en douter, lorsqu'on considère qu'il a eu le courage d'écrire « qu'en Afrique, Juifs, Maures, Koulouglis ou Arabes, ne considèrent comme fortune que l'or et les bijoux qu'ils possèdent et qu'ils peuvent facilement soustraire à leurs ennemis ; que cette réserve était toujours soigneusement cachée, et que le premier cri d'un habitant de l'Afrique est de dire qu'il est misérable ; *qu'en France même on a été obligé d'employer des moyens coercitifs* qui vont jusqu'à dépouiller le contribuable de sa propriété ; que ces moyens sont implacables ? » Quels moyens *coercitifs implacables* était-il possible d'employer contre des gens qui cachent avec soin *leur or et leurs bijoux,* et dont le premier cri est de dire qu'ils sont misérables, si ce n'est les sévices contre les personnes mis en usage par Youssouf et le bey Mukalléch?

Si M. Clauzel eût été plus soucieux de son honneur, après avoir décrété la contribution, il en eût confié le recouvrement aux agents des finances de l'administration française : il aurait tout au moins fait verser les valeurs de toute nature, qui furent recueillies par les collecteurs indigènes, dans la caisse du payeur de l'armée, au lieu de se les faire remettre, pour en disposer à son gré; car il est établi que toutes ces valeurs suivirent le maréchal à Oran et furent transportées dans un fourgon du quartier général, qui arriva dans cette ville le 12 février.

Si, jusqu'à ce moment, M. Clauzel avait pu prétendre qu'en l'absence de fonctionnaires français il avait dû employer des agents indigènes, et que c'était pour la sûreté de ces valeurs qu'il les avait déposées dans un de ses fourgons, on peut se demander pour quel motif, lors de son arrivée à Oran, où il existait des caisses publiques, il n'en avait pas fait opérer la remise au préposé de l'une de ces caisses, au lieu d'en disposer, comme de sa chose propre, en chargeant un simple particulier, M. Lasry, d'en opérer la vente. Pour quel motif, encore, il s'était abstenu de faire dresser un inventaire exact du nombre et de la qualité des bijoux, et de produire à l'administration les comptes de vente présentés par M. Lasry, après leur réalisation en numéraire? On n'admettra pas, sans doute, que la contribution ait été frappée à son bénéfice.

Je dois encore signaler que l'administration n'eut aucune connaissance officielle de ce qu'avait produit la contribution, en sus d'une somme de trente-cinq mille deux cents francs versée dans la caisse du payeur, sur lesquels vingt-neuf mille servirent à la solde des troupes et six mille à l'entretien du bataillon laissé à Tlemcen. Il est pourtant certain que les sommes perçues étaient considérables. Ainsi, il est constant que Tlemcen était une ville riche. Les Turcs et Koulouglis avaient, il est vrai, soutenu un long siège dans le Méchouar, et, probablement, épuisé une partie de leurs ressources. Mais les Juifs et les Maures étant restés libres, leur fortune n'avait pas été atteinte. Ils durent, par conséquent, du moins en grande partie, acquitter leur part contributive en espèces; et, quelque temps après, Lasry, étant venu à Alger, fit une déclaration en douane constatant qu'il était porteur de matières d'or et d'argent évaluées à cent dix mille francs. Il n'a pas été établi qu'avant son départ d'Oran des bijoux aient été vendus sur cette place; mais on acquit bientôt la preuve que MM. Bacri et Belard, négociants à Alger, avaient fait, à Lasry un achat considérable, et que d'autres bijoux avaient été transportés à Tunis, où il s'était rendu pour essayer d'obtenir du bey le paiement de sa créance. M. Lasry avait eu beau entourer du plus profond mystère ces opérations et déclarer publiquement le but principal de son voyage, la vérité avait fini par se faire jour et à soulever les consciences honnêtes. On comprend que M. Clauzel en fut très fort contrarié. Il ne l'avait choisi, pour écouler le produit de ses exactions, que dans la pensée que Lasry parviendrait à les placer à Tunis, où il devait se rendre pour réclamer le règlement de ses fournitures. Dans cette hypothèse, des ventes opérées à l'étranger seraient restées inconnues. Il fallait donc chercher les moyens d'arrêter l'explosion du sentiment public, qui, n'osant encore s'attaquer à la personne du maréchal, poursuivait de critiques amères les complices supposés de ses actes. Ce fut là l'origine de l'arrêté du 11 février 1836, qui est la preuve accablante de la culpabilité du maréchal et pèsera éternellement sur sa mémoire. La véritable signification de cet arrêté a été tellement méconnue qu'il est nécessaire d'entrer, à ce sujet, dans quelques développements. D'après sa teneur, il faudrait croire que le maréchal Clauzel se proposait, uniquement, de déterminer les revenus du beylick de Tlemcen et de prélever sur les habitants un emprunt de cent cinquante mille francs. Je lis, en effet, dans le préambule de l'arrêté :

« Considérant qu'il importe, pour compléter le résultat de l'expédition de Tlemcen, d'assurer un revenu au beylick sans grever de nouvelles charges le gouvernement français ;

» Qu'en attendant le moment où les impôts pourront rentrer avec facilité, il est urgent de donner au bey les moyens de satisfaire aux dépenses les plus pressantes, etc. »

L'article 3 va nous indiquer quels étaient ces moyens : « En attendant que les impôts puissent être perçus en totalité, et pour subvenir aux premières dépenses d'urgence, il sera prélevé, sur les habitants *riches de Tlemcen*, un emprunt *forcé* de cent cinquante mille francs, remboursable par quart, en quatre années, à partir du 1er janvier 1837. » Il fallait que M. Clauzel eut totalement perdu le sens moral pour décréter ainsi, sans avoir l'excuse d'une nécessité absolue, une mesure si profondément contraire au principe fondamental de toute société civilisée. Avait-il donc oublié que, d'après la déclaration des droits de l'homme et du citoyen, du 11 septembre 1791, consacrés par la charte, l'entretien de la force publique et les dépenses d'administration doivent être l'objet d'une contribution commune répartie entre tous les citoyens, en raison de leurs facultés ; que, dès lors, l'emprunt forcé aux riches habitants de Tlemcen constituait une atteinte inqualifiable au droit de propriété? Et, ce qui surpasse l'imagination, ce déplorable arrêté est muet sur le nombre d'habitants qui sont tenus de verser la somme de cent cinquante mille francs, sur la part afférente à chacun d'eux et sur les moyens coercitifs pour vaincre les résistances en cas de refus. Je m'abuse, tous ces points sont abandonnés à l'arbitraire et au bon plaisir du bey Mukalloch. Le doute, à cet égard, est impossible, en présence de l'article 6 :

« La perception des impôts, des loyers et de l'emprunt, se fera par les agents désignés par le bey, *dans la forme qui leur est propre.* »

Pas un Algérien n'ignore que la forme, propre aux Turcs, consistait dans une infinité de coups *de bâton* appliqués par les chaouchs sur la plante des pieds des patients. Il est bien difficile, après cela, de prétendre que M. Clauzel n'avait pas donné son approbation aux horreurs commises par Youssouf et Mukalleeh.

Mais j'ai hâte de dire que cet arrêté ne doit pas être pris au sérieux; que, dans la pensée du maréchal, il n'était pas destiné à être mis à exécution. Des faits incontestables en font foi. En effet, M. Clauzel n'ignorait pas que, malgré les sévices commis envers les personnes, le chiffre de la contribution de guerre n'avait pu être atteint; que les bourses étaient vides. Dans ces conditions, avoir l'espérance de réaliser, de nouveau, à Tlemcen, cent cinquante mille francs, eût été une insigne folie. D'ailleurs, dans l'assemblée tenue par les notables, le 6 février, Mukalleeh lui-même, ainsi que Mazary et Mustapha-ben-Ismael, avaient déclaré qu'ils défendraient la ville entière: ils étaient donc en mesure de pourvoir aux frais de défense et d'administration. En outre, le maréchal avait déclaré spontanément, après la vente de bijoux faite à Alger, par Lasry, que le prix des ventes devait être envoyé au bey, jusqu'à concurrence des sommes portées en recette au rôle de la contribution. Dans cette hypothèse, l'emprunt forcé était inutile. Quel pouvait être, dès lors, le but de l'arrêté? L'article 14 va nous l'apprendre :

« Les dispositions de l'arrêté par nous pris d'urgence à Tlemcen, le 6 de ce mois, qui seraient contraires à celles du présent, sont rapportées. »

L'arrêté du 6 ayant imposé la contribution de guerre, M. Clauzel, pour donner le change à l'opinion publique et mettre un terme au blâme sévère dont il était l'objet, substituait, dans un acte public, à cette contribution, un emprunt remboursable dans un délai déterminé, espérant faire disparaître, par ce moyen, tout l'odieux de la mesure. Mais il ne devait pas atteindre son but. M. Baude, ainsi que je l'ai précédemment exposé, fut envoyé à Tlemcen. Les faits consignés dans son enquête établirent parfaitement les actes de cruauté commis envers les malheureux habitants. L'opinion publique indignée désirait ardemment la punition des coupables. Le ministère n'aurait, sans doute, pas hésité à lui donner satisfaction, s'il n'eût pas été convaincu que les poursuites contre les agents subalternes amèneraient des débats scandaleux dont les éclaboussures rejailliraient forcément sur le gouverneur général lui-même. Un maréchal de France, dont la réputation militaire était encore intacte, lui parut un personnage à ménager. De son côté, le chef de l'État devait craindre que, ayant pris, à une autre époque, la responsabilité de sa politique mystérieuse et anti-nationale, M. Clauzel ne se livrât à de violentes récriminations qui auraient servi d'aliment à la haine des partis. On se borna à désavouer, indirectement, les actes du gouverneur, en ordonnant la restitution de la somme de trente-cinq mille deux cents francs versée au trésor.

III

SUITES FATALES DE LA POLITIQUE DU MARÉCHAL CLAUZEL. — DÉSORDRES DANS LA PROVINCE D'ALGER. — DÉPART DU GOUVERNEUR GÉNÉRAL, POUR FRANCE, LE 14 AVRIL. — LE GÉNÉRAL D'ARLANGES EST BLOQUÉ AU CAMP DE LA TAFNA. — PREMIÈRE APPARITION DU GÉNÉRAL BUGEAUD EN AFRIQUE. — BATAILLE DE LA SICKA.

Après avoir recueilli les produits de la contribution de Tlemcen, le maréchal Clauzel était rentré à Oran, le 12 février. Le lendemain, donnant un libre cours à sa forfanterie habituelle, il affirmait, dans un ordre du jour fantastique, qu'*Abd-el-Kader, fugitif,* ne cherchait plus un asile que dans les déserts brûlants du Sahara, et *que la guerre était finie*. Mais cette affirmation, plus que déplacée dans la circonstance, ne pouvait faire illusion à personne. On n'ignorait pas que sa campagne de Mascara avait été tout à fait stérile. S'il s'était sérieusement préoccupé de la pacification du pays et de détruire la puissance de l'émir, il aurait, avant tout, châtié les Gharabas, qui nous avaient livré le combat de Muley-Ismael et étaient, en très grande partie, les auteurs de notre désastre de la Macta, et, après notre entrée à Mascara, il aurait pris le parti de courir sus à la grande tribu des Hachems avec une colonne mobile. Il ne l'eût laissée en repos qu'après l'avoir désarmée et réduite à demander l'aman et à nous livrer des otages comme garantie de sa soumission. Le maréchal aurait, par ce moyen, bien simple, et dont tout le monde comprenait l'importance, ruiné le parti d'Abd-el-Kader, en le privant de ses adhérents les plus fanatiques. Cela aurait infiniment mieux valu que de livrer aux flammes quelques maisons arabes qui, après la retraite de nos troupes, furent promptement réparées, et à peu de frais, par leurs propriétaires, et de permettre ainsi à l'émir de reprendre immédiatement possession de sa capitale.

L'expédition de Tlemcen n'avait pas été moins infructueuse. Au lieu de s'attacher à la poursuite d'un ennemi qui refusait prudemment le combat avec nos troupes et de le refouler dans le désert, et donner ainsi une apparence de vérité à son fameux ordre du jour, il avait perdu un temps précieux, à Tlemcen, aux préliminaires indispensables de la contribution. Il avait, chose incroyable si des documents officiels n'étaient là pour le certifier, fait dresser un état estimatif des immeubles appartenant aux principaux propriétaires, afin, sans doute, de fournir à ses agents les moyens de les ramener à exécution en pleine connaissance de cause. Il n'avait pas craint de priver ces malheureux des dernières ressources dont ils avaient un si pressant besoin pour combattre Abd-el-Kader, qui, suivant leurs prévisions, trop bien fondées, reparut bientôt devant la place, où ils furent bloqués comme précédemment.

Cette étrange politique avait eu pour résultat de laisser le champ libre à Abd-el-Kader dans les vastes territoires de Mascara et de Tlemcen, de lui permettre, conséquemment, de puiser, dans le Maroc, les ressources nécessaires pour donner plus d'extension à la lutte. Elle allait, en outre, livrer aux intrigues de ses émissaires toutes les tribus dissidentes jusqu'aux portes d'Alger. Avant son départ d'Oran, M. Clauzel avait laissé le général Perrégaux dans la province avec une colonne mobile de cinq mille hommes. La mission donnée à ce général fut de surveiller la vallée du Chélif; d'obtenir, au besoin, par la force, la soumission des tribus voisines, afin de constituer le beylick de cette contrée, à l'exemple de ceux de Mostaganem et de Tlemcen. Le général était déjà entré en campagne et avait obtenu quelques résultats partiels, lorsque deux événements, survenus par la faute du maréchal, obligèrent le général Perrégaux à renoncer à ses opérations.

Les Gharabas, que M. Clauzel n'avait même pas essayé de combattre, avaient redoublé d'audace. Ils vinrent attaquer les Douairs et les Smelas, qui, ne pouvant résister à des ennemis bien supérieurs en nombre, furent dans la nécessité de se retrancher sous les murs d'Oran. Ils dressèrent leurs tentes dans les fossés d'enceinte. A cette nouvelle, le général Perrégaux marcha contre la tribu et lui fit subir une razzia désastreuse; mais le rappel d'une partie du corps expéditionnaire d'Oran ne lui permit pas de pousser plus loin ces avantages. Les exagérations ridicules du maréchal, sa proclamation sur la prétendue fin de la guerre, n'avaient été que trop prises au sérieux à Paris. Le ministère, trompé sur la véritable situation, crut pouvoir rentrer dans les limites du budget, en ordonnant la réduction de l'effectif de l'armée. Le lieutenant-colonel de Larue, aide de camp du ministre de la guerre, apporta des ordres précis à cet égard. Avant d'indiquer quelles furent les conséquences de cette réduction, il faut faire connaître, en quelques mots, les désordres qui s'étaient produits dans la province d'Alger et l'échec subi par notre bey de Médéah, Mohamet-ben-Hussein.

Le maréchal Clauzel était retourné à Alger le 22 février. S'il n'eût pas volontairement fermé les yeux à la lumière, il aurait compris combien la puissance d'Abd-el-Kader s'était accrue dans la province du centre pendant l'expédition de Tlemcen. Miliannah et Cherchel avaient reconnu son autorité, et il comptait de nombreux partisans à Médéah. Il est vrai qu'il existait encore un certain nombre de tribus indépendantes. Ainsi, les Hadjoutes faisaient une guerre de rapines à tous les partis, et Sidi-Embareck, kalifa de l'émir à Millianah, fut attaqué et pillé par les Soumatas. Ayant voulu, après ce revers, se réfugier à Médéah, les habitants ne consentirent à le recevoir que sous escorte. Ces luttes des Arabes entre eux, les désordres qui en étaient la suite, démontraient clairement l'incertitude des populations indigènes, qu'il était facile alors de rattacher à notre cause, si le maréchal Clauzel y eût consacré tous ses soins. Les faits suivants ne peuvent laisser de doute. Les Koulouglis de l'Oued-Zeitoun, qui formaient, sous la régence turque, une colonie militaire chargée d'assurer l'ordre à l'est de la plaine, nous demandèrent un chef. Les Beni-Misrah reconnurent notre autorité. Les cheiks des sept tribus de la montagne de Beni-Moussa demandèrent l'investiture au gouverneur général.

La tendance à se rapprocher de nous était telle, que, le 20 mars 1836, Mohamed-ben-Hussein, notre bey de Titeri, avait pu réunir, à Boufarick, un corps de six mille indigènes, pour aller soustraire Médéah à l'influence de Sidi-Embareck, et prendre possession de son beylick. Le kalifa de l'émir marcha à sa rencontre, suivi des montagnards de Soumata, des Mouzaïa et des Beni-Salah. Après trois jours de combats, Mohamed, trahi par quelques-uns des siens, tombait au pouvoir de son ennemi. Toutefois, cet accident avait si peu amoindri notre influence, que les Issers luttaient contre les Amerouas, qui voulaient les entraîner dans le parti d'Abd-el-Kader. Un camp formé sur la Chiffa tenait les Hadjoutes en repos. Les tribus hésitaient, fatiguées d'une longue guerre dont elles n'entrevoyaient pas le terme. Les Arabes comprenaient parfaitement que nos colonnes pouvaient les atteindre et consommer leur ruine. Il est certain qu'en ce moment deux ou trois actes de vigueur auraient amené la soumission à peu près complète de la province d'Alger. C'était donc une inqualifiable bévue d'abandonner cette province aux intrigues et à l'influence du kalifa d'Abd-el-Kader, ainsi que le maréchal l'avait déjà fait par son départ inopportun et précipité pour la province d'Oran.

Mais M. Clauzel, aveuglé par les suggestions perfides de Youssouf, persista dans son dessein; il résolut même de lui donner la haute main sur l'administration de la ville de Bône jusqu'à ce qu'il pût être investi du beylick de Constantine. Le général Monck d'Uzer, dont la politique conciliante et ferme nous avait fait de nombreux partisans parmi les Arabes, fut indignement sacrifié pour faire place à l'ex-mameluk de Tunis. Voici à quelle occasion : Ce général avait pour ennemis des spéculateurs avides qui lui reprochaient sa bienveillance à l'égard des indigènes. On l'accusa de s'être livré à des opérations sur les terrains, incompatibles avec la dignité du commandement, prohibées aux fonctionnaires de tout ordre, par une décision du ministre de la guerre, du 17 mars 1834, approuvée en conseil. Bien qu'une enquête minutieuse eût établi la fausseté de cette accusation, M. Clauzel, dont la contribution de Tlemcen avait fait ressortir la scrupuleuse délicatesse, demanda et obtint son rappel. Porter ainsi atteinte à la réputation d'un officier général dont il eût été plus juste de récompenser les bons services, dans l'unique but de satisfaire les appétits déréglés d'un forban, était une mauvaise action. Ayant provisoirement assuré, par ce moyen, la situation de son favori, le maréchal partit pour France, le 14 avril 1836. Le motif apparent de son voyage était d'aller défendre, devant les Chambres, les intérêts de l'Algérie; mais il n'avait, en réalité, pris ce parti que pour conjurer l'orage que la plainte des habitants de Tlemcen avait amassé sur sa tête, et, surtout, dans l'espoir d'obtenir, plus facilement, les ressources nécessaires pour l'expédition de Constantine, qui, en cas de succès, eût imposé silence aux nombreux détracteurs de sa pitoyable conduite. Pour obtenir la permission de faire ce voyage, M. Clauzel avait dû tromper le gouvernement français sur l'état de la colonie; car il est probable que le ministère, mieux éclairé, n'eût pas consenti à en confier la direction à un général subalterne dans un moment où la présence d'une main ferme et sûre était, plus que jamais, indispensable. Des incidents fâcheux vont nous en donner la preuve.

Le maréchal Clauzel, lors de son séjour à Tlemcen, avait prescrit la formation d'un camp au confluent de l'Isser et de la Tafna, pour que la garnison pût facilement communiquer avec la mer. Le général d'Arlanges, qui commandait la division à Oran, s'y rendit, avec un corps de trois mille hommes, le 15 avril, et, malgré des engagements successifs, il poursuivait activement les travaux, lorsqu'il fut prévenu qu'un corps nombreux d'Arabes, évalués à sept ou huit mille, venaient l'attaquer. Il s'avança à leur rencontre et livra, le 25, un combat, à deux lieues du camp. Après une lutte opiniâtre, le général ayant été grièvement blessé, nos soldats regagnèrent, avec des peines infinies, leurs retranchements, après avoir laissé trois cents morts sur le champ de bataille. A la suite de cette affaire malheureuse, le camp de la Tafna fut étroitement bloqué par les Arabes, dont le nombre s'était considérablement accru. Le gouverneur intérimaire s'empressa de demander, à la Métropole, des renforts immédiats, car l'échec de la Tafna avait ranimé l'audace des Arabes. Toute la province d'Oran était soulevée de nouveau. Le bey Ibrahim, une des créatures de M. Clauzel, campé près de Mazagran, avec des forces minimes, fut contraint de se replier sur Mostaganem. Nos troupes ne pouvaient plus sortir de l'enceinte des villes. Nous étions, comme on le voit, bien loin des bulletins optimistes de M. Clauzel, sur la prétendue fin de la guerre. Ces événements douloureux, accomplis quelque temps après son départ, et au moment même où il sollicitait de nouvelles troupes et de nouveaux crédits pour faire l'expédition de Constantine, étaient de nature à édifier le ministère sur la politique déplorable de ce triste gouverneur, et auraient dû amener sa révocation immédiate. Mais, soit indifférence pour les affaires algériennes, ou pour tout autre motif demeuré inconnu, il fut maintenu à son poste, où il devait subir encore les fatales influences qui l'avaient entraîné dans une si mauvaise voie et faire essuyer à la France un bien plus lamentable revers. Il fallait, cependant, dégager le corps du général d'Arlanges, bloqué dans son camp de la Tafna. Trois nouveaux régiments, le 23me, le 24me et le 62me de ligne, furent embarqués à Toulon et transportés à la Tafna, où ils arrivèrent le 6 juin, ayant à leur tête le maréchal de camp Bugeaud.

La mission donnée au général Bugeaud, dans ces circonstances critiques, paraît, au premier coup d'œil, on ne peut plus étrange. On peut se demander, en effet, comment le maréchal Clauzel, dont le séjour à Paris était, désormais, sans objet, en raison de la prochaine clôture des Chambres, n'était pas promptement accouru pour réparer une situation due à ses mesures imprudentes. D'un autre côté, n'était-ce pas une suspicion, bien gratuite, jetée sur la capacité du gouverneur général, par intérim, et du nouveau titulaire de la division d'Oran ? Mais quand on réfléchit que M. Bugeaud, dans l'intérêt de la dynastie, était descendu au rôle humiliant de gouverneur de la citadelle de Blaye, pendant la détention de la duchesse de Berry ; que, dans le même intérêt, il n'avait pas hésité, par le massacre inhumain des insurgés d'avril, à se livrer tout entier aux attaques des partis extrêmes, on reconnaîtra, sans doute, que, pour récompense d'une pareille abnégation, c'était bien le moins que le chef de l'État lui fournît l'occasion d'obtenir le grade de lieutenant-général, que peu de militaires auraient acheté à ce prix. Il y a donc lieu de croire que le désir d'améliorer les affaires algériennes fut absolument étranger à l'envoi du général en Afrique. Mais, heureusement, M. Bugeaud était un capitaine d'une grande valeur. Le 26 juin 1815, lorsque les alliés étaient déjà entrés à Paris, avec le 64me de ligne, dont il était colonel, il avait livré bataille à une division de huit mille Autrichiens, qui pénétrait, par la Savoie, dans la vallée du Grésivaudan. Après sept heures de lutte, l'ennemi battit en retraite, ayant perdu, dans le combat, deux mille hommes et quatre cents prisonniers. Mais le bruit de ce beau fait d'armes alla se perdre dans l'immense fracas du désastre de Waterloo. Ayant, en outre, servi, avec distinction, de 1809 à 1814, dans les armées d'Espagne, le général avait acquis une grande expérience de la guerre de partisans, assez semblable aux luttes algériennes. Fort indécis, d'abord, sur le plan d'opérations qu'il devait suivre dans un pays qui lui était totalement inconnu, il résolut, enfin, de se porter à Oran, pour marcher, de là, sur Tlemcen. Sorti du camp de la Tafna, le 12 juin, vers minuit, à la tête de six mille hommes, il eut, au point du jour, un premier engagement avec trois ou quatre cents cavaliers d'Abd-el-Kader, qui vinrent attaquer ses bagages. Ils y causèrent un désordre que le général eut promptement réparé. Une seconde affaire l'attendait, dans la même matinée, au passage d'un ruisseau. L'armée avançait sur trois colonnes: une masse de cavaliers s'étant jetés sur son flanc droit, le général les fit charger brusquement, et les vit, bientôt, hors de portée. Les troupes, composées d'hommes venant de France, ne campèrent que très tard, après dix-huit heures d'une marche forcée. Les trois journées suivantes se passèrent sans combat; le 16, la colonne arriva à Oran. Ces deux engagements avaient suffi au général Bugeaud pour apprécier la manière de combattre des Arabes. Il avait compris qu'avec des troupes pesamment armées à l'européenne, on ne pouvait utilement combattre des ennemis qui avaient l'habitude de se dérober après les premières décharges. Je me souviens d'avoir entendu raconter, à ce sujet, que, la veille de son départ pour l'expédition de Tlemcen, s'entretenant, dans une des salles du Château-Neuf, avec quelques officiers supérieurs, il aurait signalé, avec une ferme assurance, les incidents probables de la campagne. On ajoutait même que M. Bugeaud avait, par sa conversation imagée, quoique un peu triviale, captivé l'assistance, jusqu'au moment où il affirma que, bien qu'il n'eut affaire qu'à des ennemis dont la tactique ordinaire consistait à des attaques d'arrière-garde ou de flanc, il espérait les amener à combattre de front. Dans cette hypothèse, leurs lignes seraient promptement rompues, et la colonne ferait de nombreux prisonniers. Un sourire d'incrédulité accueillit, surtout, ces dernières paroles; car, dans les combats précédents, jamais un Arabe armé n'était tombé dans nos mains.

Cependant, M. Bugeaud, étant parti, le 19, à la tête de la colonne, atteignit Tlemcen, le 24, sans avoir rencontré des obstacles sérieux. La petite garnison commandée par le capitaine Cavaignac, et Mustapha-ben-Ismael, avec ses cavaliers indigènes, étaient venus à sa rencontre. Mais le général n'était pas homme à rester longtemps en repos. Dans la soirée du 26, il retourna au camp de la Tafna, en explorant le pays avec le plus grand soin. Arrivé au camp le 29, à neuf heures du matin, il fit préparer, sans retard, un convoi destiné au ravitaillement de Tlemcen. Après cinq jours de repos, il se remit en campagne. Mais, cette fois, Abd-el-Kader observait, de plus près, ses mouvements. Le corps expéditionnaire, ayant quitté, le 6 juillet, son second bivouac, descendit, par trois colonnes, dans la vallée de l'oued Saf-Saf. Des feux, allumés, pendant la nuit précédente, sur toutes les hauteurs voisines, avaient signalé la présence de nombreux ennemis. Le général, ayant pensé, avec raison, que l'émir, fatigué de son rôle d'observateur, se préparait à tenter un coup de main, prit les mesures nécessaires pour repousser rapidement son agression. En effet, l'arrière-garde française fut chargée, au point du jour, par la cavalerie arabe, masquée au tournant d'une gorge, tandis que le reste des troupes franchissaient la vallée et se déployaient sur les plateaux de la rive gauche. Nos auxiliaires, commandés par Mustapha-ben-Ismael, soutinrent ce choc sans reculer d'un pas. Le général porta, alors, par un mouvement rapide, le 62ᵐᵉ et le bataillon léger d'Afrique à l'arrière-garde, pour la soutenir. Cette manœuvre fut exécutée avec précision. A ce moment, l'infanterie ennemie, conduite par Abd-el-Kader en personne, se présenta sur la ligne de direction que suivaient les colonnes et commença l'attaque. Cette double agression des Arabes sur notre front et nos derrières à la fois, était une faute lourde, qui, avec un adversaire comme M. Bugeaud, devait avoir des conséquences fatales ; car, les lignes ennemies, à raison de leur étendue, ayant très peu de profondeur, le général, après avoir repoussé les Arabes, les fit charger à fond de train, au moment où ils commençaient à battre en retraite, et les coupa facilement en deux tronçons, dont l'un fut acculé, par notre cavalerie, dans une espèce d'entonnoir formé par le cours de l'Isser, où il perdit près de trois cents morts et cent trente prisonniers. L'arrière-garde n'obtint pas un moindre succès, et l'artillerie acheva promptement la déroute des Arabes. Ce combat reçut, dans les bulletins, le nom de « bataille de la Sicka », que prend l'oued Saf-Saf au-dessus de sa réunion avec les eaux de l'Isser. Le lendemain, Tlemcen fut ravitaillé.

Ce succès inouï, obtenu, en quelques heures, par des combinaisons stratégiques rapidement exécutées, établit en Algérie la réputation militaire de M. Bugeaud. Les officiers, surtout ceux qui avaient paru douter du résultat annoncé à l'avance par le général, confondus, après la bataille, par les événements accomplis, chantaient ses louanges sur tous les tons, et disaient, bien

haut, qu'avec un pareil chef la guerre serait bientôt
terminée. Il est certain que la défaite d'Abd-el-Kader
eut un grand retentissement parmi les tribus. Jamais
son impuissance pour résister à des troupes françaises
habilement commandées n'avait été plus manifeste. Si
donc M. Bugeaud se fut résolu à continuer la campagne,
avec l'incomparable activité dont il venait de donner
une preuve éclatante, il y a lieu de croire qu'il aurait
détruit, en peu de temps, l'influence de l'émir, et l'aurait
mis dans l'impossibilité de renouveler ses attaques.
Mais il songea, sans doute, qu'il avait assez fait pour
obtenir le grade de général de division, et que de nouveaux services rendus ultérieurement lui fourniraient
l'occasion de gravir au sommet de la hiérarchie militaire. Toutefois, il est plus vraisemblable que le chef de
l'État, qui était encore si hostile à l'extension de notre
puissance en Algérie, avait fait limiter la mission militaire du général Bugeaud, et que, par le ravitaillement
de Tlemcen et la défaite d'Abd-el-Kader à la Sicka,
il avait achevé son œuvre. Quoi qu'il en soit, il revint à
Oran sans rencontrer de nouveaux ennemis. Si l'on ne
savait combien les guerres civiles rendent les cœurs
impitoyables, on refuserait de croire que M. Bugeaud
se soit livré, dans ce trajet, à une rage de dévastation
insensée. Tout le long de la route, il fit incendier les
moissons; ce qu'il appelait, dans son langage pittoresque, *faire des rubans de feu*. J'ai dû faire ressortir
la conduite coupable du général Bugeaud, en cette circonstance, parce qu'elle nous servira, plus tard, à

peindre cette figure étrange qui mêlait presque toujours à ses actions d'éclat des actes de sauvage destruction. M. Bugeaud s'arrêta peu à Oran ; il partit, le 30 juillet, pour Alger, d'où il repassa en France. Il fut nommé, à son retour, lieutenant-général.

Le départ précipité du général Bugeaud, après une campagne à la fois si brillante et si incomplète, paraîtrait peut-être inexplicable, si je ne faisais la remarque que le maréchal Clauzel, dans le cours de la première expédition de Tlemcen, avait agi absolument de la même manière ; qu'il n'avait pas essayé de soumettre à notre empire les populations dissidentes, et que le général Desmichels, après son déplorable traité de 1834, avait demandé au ministère et obtenu l'autorisation de livrer à l'émir deux pièces de canon, pour lui donner les moyens de s'emparer du Méchouar. Tous ces faits, et quelques autres que je raconterai en temps et lieu, procèdent de la même origine : Ce sont les tristes fruits d'une politique extérieure, sans dignité et sans indépendance, qui aurait craint, en poussant notre conquête jusqu'aux frontières du Maroc, de froisser les susceptibilités ombrageuses du cabinet britannique. Il était pourtant bien facile de comprendre qu'il y avait un danger réel à persister dans cette voie. Si le blocus du corps du général d'Arlanges, deux mois après la campagne de Tlemcen, avait pu laisser quelques doutes, les actes hostiles des tribus limitrophes, après la bataille de la Sicka, démontraient clairement que, pour soumettre ces tribus à notre autorité, il fallait se résoudre à l'occupation effective du pays. En effet, l'émir, que la mauvaise fortune n'avait pu abattre, s'était retiré du côté de Mascara pour réparer ses pertes. Le Maroc lui fit passer des secours pour fabriquer de la poudre, se procurer des armes et des vêtements. Mais la présence d'un grand nombre de Marocains sous ses drapeaux ayant été l'objet de réclamations énergiques de la part du gouvernement français, l'empereur Abd-er-Rahman, dont l'attitude avait été, jusque-là, fort équivoque, s'empressa de désavouer les divers actes de ses prétendus sujets; et, pour nous donner un semblant de satisfaction, il fit publier d'hypocrites défenses, pour leur interdire, à l'avenir, toute participation à nos luttes avec Abd-el-Kader. Mais il n'ignorait pas que son autorité sur les tribus qui avoisinent la province d'Oran était purement nominale; que ses ordres seraient considérés comme non avenus; qu'il aurait fallu envoyer sur la frontière des troupes nombreuses pour les faire exécuter. Il est probable que le gouvernement français se serait aperçu de l'insuffisance et du peu de sincérité de la mesure, si les événements graves de la province de Constantine n'avaient, pour un certain temps, absorbé son attention.

IV

ÉVÉNEMENTS DE BOUGIE ET DE BÔNE PENDANT LE SÉJOUR EN FRANCE DU MARÉCHAL CLAUZEL

A Bougie, l'occupation française était restreinte, à peu de distance de la place, par la configuration du sol et par les hostilités permanentes des Kabyles. Le traité conclu avec le cheik Ourebah n'avait été qu'une mystification. Un gouverneur de la force du comte d'Erlon pouvait, seul, le prendre au sérieux. Il n'avait eu d'autre résultat que de faire passer le commandement, exercé avec distinction par l'intrépide colonel Duvivier, dans les mains débiles d'officiers incapables. Nos avant-postes étaient l'objet d'attaques incessantes, et la garnison ne pouvait que se tenir sur la défensive. Cet état de choses était exclusif de toute espèce de relation avec les indigènes. Néanmoins, quelques-uns d'entre eux, attirés par l'appât du gain, apportaient, par intervalles, des denrées alimentaires, qu'ils vendaient à des prix avantageux. Un fait de ce genre fut cause de la fin tragique de M. Salomon de Muzis, chef du 3ᵐᵉ bataillon d'infanterie légère d'Afrique, commandant supérieur de Bougie. Voici dans quelles circonstances :

Ourebah étant décédé, les Ouled-Abd-el-Djebar lui donnèrent son frère pour successeur. Quelque temps après sa nomination, un fils d'Ourebah, jeune homme de seize à dix-huit ans, ayant conduit quelques bœufs au marché de Bougie, les Kabyles, on ne sait pour quels motifs, soupçonnèrent le nouveau cheik d'entretenir des intelligences secrètes avec les Français. Pour se disculper aux yeux de ses compatriotes, il imagina de faire tomber le commandant dans un piège. Dans ce but, il lui écrivit pour lui donner un rendez-vous, afin d'arrêter, en commun, des mesures propres à faire cesser les hostilités. L'indigne perfidie d'Ourebah, encore présente à tous les esprits, aurait dû donner l'éveil à M. de Muzis sur la conduite artificieuse du Kabyle et le déterminer à se prémunir contre les dangers d'une surprise. Le lieu désigné pour l'entrevue était à quelque distance du camp inférieur. Le malheureux commandant s'y rendit sans la moindre défiance, accompagné du sous-intendant militaire Fournier, de son interprète, du caïd de Bougie, et n'ayant pour escorte que la compagnie franche du 3ᵐᵉ bataillon léger d'Afrique. M. Blangini, qui la commandait, la laissa, même, un peu en arrière. La conférence commença par des civilités réciproques. Le rusé Kabyle eut soin de la faire traîner en longueur, en ne faisant connaître ses prétentions que successivement et avec un vague calculé. Pendant ce temps, les cavaliers du cheik, s'étant approchés, à la faveur des accidents de terrain, sans être aperçus, firent une décharge, presque à bout portant, sur les Français. M. de Muzis et son interprète furent foudroyés, le caïd de Bougie, grièvement blessé. L'intendant militaire, ayant eu son cheval tué, courait risque de subir le sort du commandant, si M. Blangini qui n'avait pas été atteint, et la compagnie franche, accourus au bruit occasionné par l'explosion des armes à feu, n'avaient chargé rapidement les meurtriers, qui prirent la fuite sans combattre. Cet infâme guet-apens ne pouvait être réprimé. La garnison de Bougie était trop peu nombreuse pour tenter une expédition dans les montagnes. Il n'y avait, d'ailleurs, en ce moment, aucun militaire capable de la diriger. M. Lapèie, chef d'escadron d'artillerie, prit le commandement, par ancienneté de grade, après le meurtre de M. de Muzis. Il se borna à défendre nos positions jusqu'à l'arrivée du commandant supérieur titulaire, le lieutenant-colonel d'état-major Chambourlon.

Après la révocation injuste du général Monck d'Uzer, Youssouf fut chargé, en qualité de bey, d'administrer la ville de Bône. Cette mesure déplorable, ainsi que je vais l'établir, fut l'œuvre exclusive de M. Clauzel et ne fut tolérée par le ministre de la guerre que par déférence pour le maréchal. Je lis, en effet, dans une dépêche du 15 août, adressée, par le maréchal Maison, au gouverneur général :

« Malgré les plaintes graves que les excès commis à Tlemcen ont soulevées, le gouvernement consentira à laisser Youssouf investi du titre de bey qui lui a *été conféré par vous;* mais un officier général, capable de lui imposer et de le diriger, sera placé dans la province, etc. »

Il faut convenir, toutefois, que ce désaveu indirect de la conduite du maréchal Clauzel arrivait beaucoup trop tard, car Youssouf avait déjà commis des actes abominables qui auraient dû le faire traduire devant un conseil de guerre. En effet, M. Clauzel l'avait nommé bey; mais ses attributions n'étaient ni définies, ni limitées. Des écrivains sérieux, se fondant sur des témoignages dignes de foi, ont affirmé qu'il était porteur de lettres du maréchal qui lui donnaient carte blanche et approuvaient à l'avance toute sa conduite. On raconte même que Youssouf avait montré ces lettres à M. Loyson, avocat-général au tribunal supérieur. Il allait donc s'abandonner à tous les mauvais penchants de sa nature et mettre en pratique les procédés barbares des Turcs, qui étaient encore, pour lui, l'idéal du commandement. On comprend, du reste, que ce n'était pas avec les appointements de chef d'escadron, les seuls qu'il dut toucher de l'État, qu'il pouvait soutenir le faste dont il voulait entourer sa dignité de bey. Il avait fait une entrée triomphale à Bône, au bruit de l'artillerie, absolument comme un souverain qui rentre dans ses états, et il ne recula point devant une coûteuse installation. Il était, dès lors, évident qu'il ne pouvait trouver les moyens de couvrir toutes ses dépenses que dans le pillage et le vol, opérés sous le nom de razzias. Mais ce n'étaient là que les revenus de l'avenir : il fallait songer aux dépenses du moment. Il emprunta, à Lasry, une somme de vingt mille francs, qui, aux termes du contrat, intervenu entre eux, devait être remboursée en têtes de bétail. Pour remplir ses obligations vis-à-vis de son prêteur, Youssouf résolut de faire une expédition contre les tribus voisines. Mais il lui fallait des troupes. Il s'adressa, pour en obtenir, au colonel Correard, du 3ᵐᵉ chasseurs d'Afrique. Cet officier, qui n'avait reçu pour toute instruction que de ne point entraver les actes de Youssouf, les lui refusa, promettant, toutefois, d'envoyer un détachement sur sa route pour le protéger en cas d'échec. Notre héros, par suite de ce refus, ne pouvant disposer que de deux escadrons de spahis, dont il avait conservé le commandement, s'efforça de recruter des troupes indigènes. Il avait obtenu, du maréchal, l'autorisation de former un corps de mille Turcs, Maures ou Koulouglis. Comme les actes de violence répugnaient fort peu à son caractère, il fit enlever, dans les cafés, les boutiques, et jusque dans les maisons particulières, tous les individus capables de porter les armes. La population, consternée par un si criminel abus de la force, adressa ses doléances à l'autorité française et vint implorer sa protection. M. Disant, sous-intendant civil à Bône, eut le courage de s'opposer à cette presse d'un nouveau genre. Il fit mettre en liberté les malheureux dont Youssouf s'était emparé. Bien que réduit, par cette opposition imprévue, à trois cents aventuriers qui vinrent grossir les rangs de ses spahis, ce bey *in partibus* n'hésita pas à entrer en campagne. Sa première expédition fut dirigée contre les Radjètes, nos alliés, qu'il surprit, et auxquels il enleva près de deux mille bœufs et douze cents moutons. Ce bétail fut remis à Lasry, en paiement de sa créance de vingt mille francs, et vendu, par ce dernier, à l'administration, pour une somme beaucoup plus considérable.

Plusieurs expéditions semblables, entreprises contre d'autres tribus, ne furent pas moins fructueuses; Youssouf y recueillit un immense butin. Le bétail provenant de ces razzias était, en grande partie, exporté à Tunis, ou vendu directement à des Maltais. Le colonel Duverger, qui avait succédé au général Monck d'Uzer, dans le commandement des troupes, craignant, peut-être, de déplaire au maréchal, n'osa prendre sur lui de réprimer ces scandaleuses rapines. Mais M. Melcion d'Arc, intendant en chef, les dénonça vivement au ministère, qui, par une dépêche télégraphique du 9 juillet, enjoignit au général Rapatel, gouverneur par intérim, de suspendre l'exportation des bestiaux de la province de Bône : ce qui eut lieu au moyen d'un arrêté du 20 juillet 1836.

Il faut ajouter encore que le meurtre ne coûtait pas plus à Youssouf que le vol à main armée. En voici la preuve :

Un ancien cadi de Bône, nommé Khalil, s'était réfugié à Tunis, en 1832. Il entretenait, de là, une correspondance suivie avec Ahmet bey. L'autorité française le réclama. Mais, comme il n'avait jamais reconnu notre domination, et que les faits à sa charge avaient eu lieu en pays étranger, il était impossible de le traduire devant les tribunaux répressifs. Il fut renvoyé d'Alger à Bône et placé sous la surveillance, et, par conséquent, sous la protection du commandant français. Youssouf le prit pour secrétaire. Quelque temps après, Khalil, témoin de ses odieux excès, eut l'imprudence de lui adresser quelques paroles de blâme, et fut considéré, dès ce moment, comme un dangereux ennemi. Une nuit, il fut enlevé de sa tente, au camp de Drean, et décapité, par ordre du bey, sans que l'officier supérieur qui commandait le camp fut instruit de cette exécution. Youssouf, pour se justifier de cet attentat, prétendit que Khalil avait voulu l'empoisonner ; mais l'autorité civile, qui savait à quoi s'en tenir sur la valeur de cette allégation, arracha de ses mains un Maure et un Juif qu'il avait fait arrêter comme complices du malheureux Khalil.

Il est triste de constater que ces crimes inouïs, qui furent connus du ministre de la guerre, ne donnèrent lieu à aucune répression. Mais, comme on doit le penser, ils produisirent de bien tristes résultats. Les Arabes s'éloignèrent de nous en disant :

« Puisque le bey des Français nous traite encore plus durement qu'Ahmet, mieux vaut retourner à celui-ci. »

Ainsi furent détruits les heureux effets produits par l'administration honnête et conciliante du général Monck d'Uzer.

V

PROJET DE LA PREMIÈRE EXPÉDITION DE CONSTANTINE. — HÉSITA-
TIONS DU GOUVERNEMENT FRANÇAIS. — CONDUITE ÉQUIVOQUE DU
GÉNÉRAL BERNARD, MINISTRE DE LA GUERRE. — POLITIQUE DU
ROI. — MOTIFS PROBABLES QUI DÉTERMINÈRENT LE MARÉCHAL A
ENTREPRENDRE L'EXPÉDITION.

Le projet de l'expédition de Constantine était depuis longtemps arrêté dans l'esprit du maréchal Clauzel. Des faits indéniables ne laissent aucun doute à cet égard. Je rappellerai, à ce propos, la lettre écrite par Youssouf, un de ses plus intimes confidents, à Sidi-Yacoub, qui contenait ces paroles significatives : « Coûte que coûte, les Français iront à Constantine et prendront la ville. » La nomination de ce même Youssouf au poste de bey de Constantine, par un arrêté pris par le maréchal le lendemain de son entrée à Mascara ;

enfin, l'envoi de ce personnage à Bône avec des pleins pouvoirs pour administrer les indigènes, en remplacement du général Monck d'Uzer, et préparer, en quelque sorte, les voies, ne laissent aucun doute.

Il est, dès lors, facile de comprendre que, durant son séjour à Paris, le maréchal Clauzel dut s'attacher à convaincre les ministres influents de la nécessité de l'expédition de Constantine, afin d'obtenir les moyens indispensables pour faire cette expédition. Il sut, à cet effet, merveilleusement profiter des instincts belliqueux de M. Thiers, pour se le rendre favorable. Après une assez longue conférence, et la remise d'un plan qui fut immédiatement dressé, sur sa demande, par M. de Rancé, aide de camp du maréchal, le ministre promit d'appuyer chaudement le projet de l'expédition au sein du conseil. M. Clauzel a prétendu, plus tard, que M. Thiers avait été beaucoup plus explicite. Il aurait ajouté: « L'expédition doit, évidemment, avoir lieu. Nous vous donnerons, en hommes et en matériel, tout ce qui vous manque, et si, lorsque vous serez à l'œuvre, dix mille soldats vous étaient nécessaires pour triompher plus rapidement et plus complètement, demandez-les, et nous vous les enverrons. » Comptant sur la parole du ministre, le maréchal Clauzel rentra à Alger, le 28 août, pour commencer les préparatifs de l'expédition. Il faut croire, cependant, qu'il s'était fait illusion sur la portée de ces promesses, qui, dans tous les cas, n'auraient pu être réalisées que dans l'hypothèse où le conseil des ministres aurait autorisé l'expédition : ce qui n'eut point lieu; car, le 30 août, deux jours après l'arrivée de M. Clauzel à Alger, le maréchal Maison, ministre la guerre, prêt à quitter le ministère, informait l'intendant militaire et le gouverneur général que les dispositions ordonnées étaient, dans leur ensemble, conformes aux communications verbales faites à plusieurs des ministres du roi, mais qu'elles n'avaient été l'objet d'aucune délibération du conseil; que c'était au nouveau cabinet à refuser ou à accorder cette sanction, et que, jusque-là, il importait de ne rien engager, de ne rien compromettre et de se renfermer dans les limites de l'occupation actuelle, dans celles de l'effectif disponible et des crédits législatifs, ou, du moins, des dépenses prescrites et approuvées. Le ministre déclarait décliner, de la manière la plus positive, la responsabilité des actes qui s'écarteraient de ces limites. (Rapport de la commission du budget à la Chambre des députés, en 1837). Il tombe, en effet, sous les sens, que, lors du départ de Paris du maréchal Clauzel, le ministère du 22 février étant menacé dans son existence, il était naturel que les affaires algériennes eussent été reléguées au second plan.

Mais le ministère du 6 septembre, qui avait succédé au cabinet présidé par M. Thiers, se montrait peu favorable à une expédition immédiate contre le bey de Constantine. M. le maréchal Clauzel, craignant d'être relevé de son commandement, dépêcha M. de Rancé à Paris, avec mission de demander les moyens d'exécuter son projet et d'offrir sa démission en cas de refus. Pour toute réponse, le général Danrémont fut invité à se rendre en Afrique, afin de prendre la succession de M. Clauzel, si le maréchal persistait à vouloir se retirer. A l'arrivée de son successeur conditionnel, le maréchal Clauzel s'empressa de déclarer qu'il entendait conserver ses fonctions, qu'il n'avait point donné sa démission officielle, qu'il ferait l'expédition, et que, puisqu'on lui refusait des troupes, il s'en passerait.

Cette nouvelle attitude du gouverneur général vis-à-vis du ministre de la guerre, son supérieur immédiat, était presque un acte de rébellion qui aurait dû être suivi de la révocation immédiate du maréchal. Le ministre de la guerre avait le devoir rigoureux, afin de ne pas laisser amoindrir dans ses mains le pouvoir dont il était le dépositaire responsable, de briser la résistance du maréchal Clauzel aux ordres du gouvernement. C'était, en outre, le seul moyen de prévenir une catastrophe imminente que sa conduite insensée ne faisait que trop prévoir, car M. Clauzel persistait à vouloir faire l'expédition, bien qu'il eut la conviction intime qu'il n'avait pas à sa disposition les hommes et le matériel nécessaires pour une entreprise de cette importance. Ce dernier point ne saurait être mis en doute, en présence de ses démarches personnelles auprès du maréchal Maison et de M. Thiers, pour obtenir une augmentation notable de l'effectif de l'armée d'Afrique, et de l'envoi de M. de Rancé à Paris, pour renouveler sa demande au nouveau cabinet, avec pleins pouvoirs d'offrir sa démission en cas de refus; je dois même ajouter qu'il n'avait lui-même commencé ses préparatifs que dans l'espérance que les promesses verbales de M. Thiers seraient promptement réalisées.

Dans cette situation, le cabinet ayant résolu de ne point demander de nouveaux crédits aux Chambres, et le ministre de la guerre se trouvant, dès lors, dans l'impossibilité d'envoyer en Algérie les troupes demandées par le maréchal, la conduite à tenir était bien simple: Il fallait donner l'ordre formel de suspendre ses préparatifs; déclarer que l'expédition n'aurait pas lieu; que la prise de Constantine, quelle que fut, d'ailleurs, son importance, paraissait inopportune au pouvoir central, qui ne croyait pas devoir ajouter, en ce moment, aux sacrifices que la possession de l'Algérie imposait à la Métropole. Il fallait, en outre, inviter le maréchal à user de plus de déférence envers le ministre de la guerre, son supérieur immédiat, qui, du reste, ne faisait que lui transmettre les ordres précis du cabinet tout entier.

Au lieu de cette détermination qu'un pouvoir ferme et digne n'eût pas manqué de prendre, nous verrons se produire une série d'actes et de dépêches contradictoires qui démontrent qu'en cette circonstance le ministre de la guerre fit abnégation de toute dignité personnelle et qu'il ne recula pas devant l'abandon coupable de l'autorité qu'il tenait de la Charte pour satisfaire la folle ambition du gouverneur général. J'essaierai d'en indiquer les causes; mais, auparavant, je désire faire connaître les principales dépêches adressées, à ce sujet, au maréchal Clauzel.

A la suite du refus formel, essuyé par M. de Rancé, d'accueillir la demande de renforts faite au nom du maréchal, ce dernier se hâta d'écrire au ministre « que les préparatifs de l'expédition, l'annonce qui en avait eu lieu publiquement, étaient en général connus des indigènes; qu'aujourd'hui, renoncer entièrement à cette expédition, serait considéré comme un pas rétrograde et achèverait de détruire le prestige de notre autorité dans leur esprit. »

A cette nouvelle communication du maréchal, le ministre répondit par une dépêche du 27 septembre 1836, où nous lisons ce qui suit :

« Le gouvernement du roi aurait désiré qu'il n'eût pas encore été question de l'expédition de Constantine. C'est parce que cette expédition a été annoncée, et *par ce seul motif*, que le gouvernement l'autorise. Il doit être bien entendu qu'elle doit se faire avec les moyens (personnel et matériel) qui sont actuellement à votre disposition. »

Cette dépêche était, sans doute, fort explicite, puisqu'elle contenait la déclaration expresse que l'expédition devait être faite avec les ressources dont le maréchal pouvait actuellement disposer; mais, au fond, c'était une concession imprudente à ses exigences réitérées, le ministre autorisant l'expédition qu'il aurait dû prohiber d'une manière absolue. Cette autorisation était, d'ailleurs, une faute lourde de nature à engager gravement la responsabilité du cabinet tout entier, qui n'avait eu ni le temps, ni les moyens de s'assurer de la qualité et du nombre des troupes disponibles, pas plus que de l'existence et de l'état du matériel indispensable pour une entreprise de cette importance, car dix-neuf jours à peine s'étaient écoulés depuis son avénement aux affaires : délai à peine suffisant pour les premiers soins de son installation et pour arrêter, en conseil, le programme politique qu'il fallait exposer aux Chambres, afin d'obtenir un vote de confiance.

Le ministre de la guerre alla même beaucoup plus loin. Ayant craint, sans doute, de mécontenter le maréchal, par le refus de lui accorder entièrement sa demande, il s'attacha à en adoucir l'amertume par une communication verbale qu'il chargea M. de Rancé, en ce moment à Paris, de transmettre au maréchal. D'après M. Clauzel, le ministre se serait exprimé dans les termes suivants :

« Dites bien à M. le Maréchal que je suis persuadé que tout le ministère est entièrement convaincu que l'expédition peut se faire avec les moyens que le gouverneur général tient aujourd'hui à sa disposition. Dites-lui que nous regardons comme utile, comme *nécessaire*, qu'elle ait lieu. Dites-lui bien, enfin, que, comme ministre de la guerre, *je le presse vivement de la faire*, et que, comme général Bernard, qui ai toujours été et serai toujours sincèrement attaché au maréchal Clauzel, je désire vivement qu'il la fasse. »

L'existence de cette communication, quoique purement verbale, ne pouvant être révoquée en doute, il paraîtra certes fort étrange que le ministère ait considéré l'expédition de Constantine comme *nécessaire*, qu'il ait pressé vivement le gouverneur général de la faire, et que, par une contradiction tout au moins impolitique, il ait refusé systématiquement, au commandant de l'expédition, les ressources qu'il croyait indispensables pour en assurer le succès.

Quoi qu'il en soit, cette déclaration, dont le ministre n'avait probablement pas mesuré à l'avance toute la portée, faisait beau jeu au maréchal Clauzel et lui fournissait une occasion précieuse pour reproduire ses demandes. Mais il ne crut point devoir insister de nouveau sur ce point. Toutefois, afin de répondre aux vœux du cabinet et aux désirs si formellement exprimés par le ministre de la guerre, il se hâta d'accélérer les préparatifs de l'expédition. Ce fut une faute. Car le ministère, qui avait une foi absolue aux talents militaires du maréchal Clauzel, dont la réputation était encore intacte, en le voyant agir de la sorte, se persuada aisément qu'il avait une confiance entière dans les bons résultats de l'expédition. Il ne douta plus lui-même du succès, ainsi que l'établit, jusqu'à l'évidence, une nouvelle dépêche du général Bernard, dont voici la teneur :

« Je vous ai fait connaître, par ma dépêche télégraphique d'hier, que j'ai appris avec satisfaction que vous entrepreniez l'expédition de Constantine et que vous n'êtes pas inquiet du résultat. Je vous ai annoncé, en même temps, que S. A. R. M. le duc de Nemours est confié à vos soins, que le prince arrivera à Toulon le 25, et qu'il s'embarquera immédiatement pour être transporté à Bône. Je confirme cet avis, et je me hâte de vous dire que j'ai éprouvé une vive satisfaction de la nouvelle marque de confiance que vous donne le roi. L'intention de sa majesté est que M. le duc de Nemours assiste à l'expédition de Constantine, comme le prince royal a assisté à celle de Mascara. L'armée, sous vos ordres, verra, dans sa présence, un témoignage patent de la sollicitude du roi pour le corps d'occupation d'Afrique. C'est, en outre, une preuve de l'intérêt que prend sa majesté au succès de l'expédition de Constantine. »

En laissant même de côté la présence du prince, qui était un signe non équivoque de l'adhésion du ministère aux projets du maréchal; s'il était vrai, ainsi que le portait la dépêche, que le chef de l'État prit un si *grand intérêt* au succès de l'expédition de Constantine, il prenait, par cela même, l'engagement implicite de mettre le commandant en chef en mesure d'obtenir ce succès. Le maréchal Clauzel pensa, avec raison, que, dans cette nouvelle disposition d'esprit du roi, toutes ses demandes lui seraient accordées. S'étant, à cet effet, adressé au ministre de la guerre, il reçut, à la date du 3 novembre, la dépêche suivante, dont je vais faire connaître le contenu :

« Vous dites, monsieur le Maréchal, que les ordres que vous avez reçus pendant que M. de Rancé était à Paris, la certitude que vous aviez de recevoir des renforts, et, enfin, la nécessité de vous mettre promptement en mesure pour l'expédition ordonnée, vous ont déterminé à prendre, sur-le-champ, des dispositions que vous combiniez, d'ailleurs, avec la prochaine arrivée des troupes, sur lesquelles vous comptiez.

» Dans ma dépêche du 27 septembre, je vous dis que le gouvernement du roi aurait désiré qu'il n'eût pas encore été question de l'expédition de Constantine, et que c'est parce que cette expédition a été annoncée, et, par ce seul motif, que le gouvernement de sa majesté l'autorise, mais qu'il ne l'autorise que comme une opération nécessitée par événement, et qu'il doit être bien entendu qu'elle doit se faire avec les moyens (personnel et matériel) qui sont actuellement à votre disposition. Il l'a d'autant moins prescrite, que vous avez vu, dans la lettre que j'ai écrite au général Danrémont, le 6 octobre, et qu'il a eu ordre de vous communiquer, qu'il y a doute de la part du gouvernement du roi que vous fassiez l'expédition. Il n'en aurait pas été parlé d'une manière dubitative, si elle avait été ordonnée, et, d'ailleurs, je vous ai dit formellement, dans ma lettre du 18 septembre dernier, que, comme vous n'êtes qu'autorisé à faire l'expédition, vous pouvez vous dispenser de la faire ; qu'il dépend de vous seul de prendre, à cet égard, une détermination selon que vous trouverez les moyens à votre disposition, suffisants ou insuffisants. Il est donc bien évident que le gouvernement n'a pas ordonné l'expédition de Constantine.

» Vous dites, monsieur le Maréchal, que cette expédition est devenue une nécessité commandée par les circonstances, quelles que soient, d'ailleurs, les difficultés et les conséquences qu'elle puisse présenter, et vous dites que ces difficultés et ces conséquences m'ont été déduites dans la note que votre aide de camp m'a remise d'après votre ordre. Mais encore, vous raisonnez dans l'hypothèse où l'expédition de Constantine a été ordonnée. Vous ajoutez même qu'on est beaucoup trop avancé pour pouvoir reculer, et que vous devez à la confiance dont le roi vous honore, et au pays, de faire, contre votre opinion même, ce que le gouvernement juge utile et convenable de faire.

» En ce qui concerne les entreprises d'Ahmet bey, je vois, dans le rapport du général Rapatel, du 14 octobre dernier, que les Arabes ont été battus dans la dernière rencontre qui a eu lieu en avant du camp de Drean, et qu'on en tire, avec raison, la conséquence que vos opérations, si vous faites l'expédition, seront couronnées d'un plein succès.

» Le gouvernement du roi vous a fait connaître bien franchement ses intentions et n'a pas entendu vous placer dans une situation critique : il vous a laissé juge de la question. Il vous appartient de la décider, selon que vous le croirez le plus conforme aux intérêts de la France, ainsi qu'à l'honneur de nos armes. »

Misérables arguties, langage sans franchise et sans bonne foi, qui suffirait, à lui seul, pour faire décider qu'un pareil ministère était indigne de gouverner un grand pays comme la France! C'était bien le moment, en effet, lorsque l'expédition de Constantine avait été annoncée officiellement, que les préparatifs, au vu et su du public, étaient commencés depuis plusieurs mois, qu'un prince de la maison royale était parti pour Bône, et qu'enfin, les troupes étaient sur le point d'entrer en campagne, de se livrer à une discussion puérile, afin d'établir que l'expédition de Constantine n'avait pas été prescrite, mais seulement *autorisée ;* comme si, dans les deux hypothèses, les pouvoirs délégués au commandant en chef du corps expéditionnaire ne dérivaient point de la même source, le privilège dévolu au roi, par la Constitution, de commander les armées et de déclarer la guerre, et que son gouvernement n'eût pas le devoir d'assurer, par tous les moyens, le triomphe de nos armes. Dès lors, un ministère, qui se serait montré jaloux des intérêts et de l'honneur de la France, n'eût marchandé au maréchal ni les troupes, ni le matériel. Il se serait surtout abstenu, après avoir déclaré que M. Clauzel était parfaitement libre de faire ou de ne pas faire l'expédition, de cette insinuation perfide contenue dans sa dépêche: « Que les Arabes ayant été battus dans une rencontre, en avant du camp de Drean, on en avait, avec raison, tiré la conséquence que si l'expédition de Constantine avait lieu, elle serait couronnée d'un plein succès. » Il était souverainement absurde de comparer

la déroute d'un parti d'Arabes en rase campagne à la prise d'une ville, de près de quarante mille âmes, entourée de solides fortifications.

Cette conduite du ministère du 6 septembre m'a toujours paru tellement étrange que j'ai dû en rechercher les causes, afin d'assigner à chacun sa part de responsabilité dans la déplorable catastrophe qui en fut la suite. Ici, il devient nécessaire de faire une excursion rapide sur la politique de la France et de signaler les efforts constants du roi pour substituer son gouvernement personnel à la souveraineté du pays légal, organisé par la fameuse charte *Vérité*.

Il est dans la nature des monarchies de tendre incessamment au pouvoir absolu. La raison en est facile à donner. La souveraineté étant une et indivisible, il ne saurait y avoir de moyen terme entre obéir et commander; or la charte de 1830 ayant investi de la réalité du pouvoir un ministère responsable, le roi, afin de rester dans son rôle constitutionnel, devait laisser à ses ministres le soin exclusif de diriger les affaires de l'Etat. Louis-Philippe n'était pas homme à accepter cette humiliante situation. Nous l'avons vu, en 1830, accueillir avec une faveur marquée les militaires les plus décriés du premier empire. Il espérait non-seulement s'en faire des auxiliaires dévoués pour défendre sa prérogative contre les revendications les plus légitimes du parlement, mais encore mettre la main, par leur entremise, sur le ministère de la guerre. D'un autre côté, par sa feinte bonhomie envers M. Lafitte, et en rabaissant avec art la majesté du trône au niveau de ce bourgeois parvenu, il avait tellement capté sa confiance, qu'il put conduire à son gré les relations extérieures. Il est vrai que sous le ministère du 13 mars, il avait dû effacer sa personnalité absorbante devant l'ascendant dominateur et la volonté inflexible de Casimir Périer, et qu'après la mort du grand ministre, la présence simultanée dans le cabinet de trois hommes considérables, MM. le duc de Broglie, Thiers et Guizot, était un obstacle invincible à la prédominance de sa prérogative. Mais il avait mis en œuvre toute son habileté pour l'intrigue, afin de se débarrasser de M. de Broglie qu'il n'aimait pas et exalter la rivalité ombrageuse de MM. Thiers et Guizot, de façon à les amener à une rupture, dont l'avènement du ministère du 22 février, sous la présidence de M. Thiers, fut la consécration. Il nous importe peu de connaître les machinations mystérieuses qui déterminèrent la retraite si prompte de ce dernier cabinet. Mais il faut constater que, par la chute fâcheuse de M. Thiers, le gouvernement personnel était fondé; car MM. Thiers et Guizot, isolés l'un de l'autre et peut-être ennemis, étaient, sans doute, deux individualités puissantes, mais ils n'étaient pas assez forts afin d'empêcher le roi d'imposer sa volonté pour la direction politique du pays.

Parvenu ainsi au dernier terme de son ambition, Louis-Philippe, ayant résolu de gouverner désormais à sa guise, le choix du personnel du ministère du 6 septembre dut singulièrement se ressentir de cette nouvelle disposition. A l'exception du comte Molé, ancien fonctionnaire de l'empire, rompu de bonne heure à cette discipline exagérée qui lui faisait considérer la parole du maître comme la suprême loi, le cabinet ne comptait dans son sein que des hommes subalternes, la plupart inconnus, incapables de toute velléité d'indépendance et disposés, par cela même, à une entière soumission aux ordres du souverain. Ils n'avaient de ministres que le nom, c'était de simples commis.

Dès lors, cette divergence choquante entre les déclarations personnelles du ministre de la guerre et les dépêches écrites s'explique aisément. Les unes étaient son œuvre, tandis que les autres étaient imposées. De là, cette discussion déplacée pour établir la concordance de ces divers actes. Ce premier point établi, nous n'avons plus qu'à faire connaître les causes réelles de la conduite du roi.

Louis-Philippe avait vu, avec le plus grand déplaisir, la résolution du maréchal Clauzel de faire, au plus tôt, l'expédition de Constantine. Il n'ignorait pas la situation critique de la province de l'Ouest, l'influence croissante d'Abd-el-Kader sur les indigènes, et enfin, le mauvais état des affaires de la province d'Alger. Entreprendre dans ces conditions une nouvelle guerre, afin de se jeter sur les bras de nouveaux ennemis, lui parut un acte dangereux, qui exigerait l'emploi de nombreuses troupes, et lui créerait peut-être des embarras dont les ennemis extérieurs de sa dynastie pourraient bien profiter. Il s'était donc montré, dès le début, entièrement hostile à l'expédition : de là le peu de faveur que le maréchal avait d'abord rencontré auprès des ministres du 6 septembre.

Mais la nouvelle démarche faite, par l'intermédiaire de M. de Rancé, avec offre de la démission du gouverneur général en cas d'insuccès. Plus tard, le refus de se démettre, à l'arrivée de M. Damrémont, et le projet persistant de faire l'expédition malgré les refus qu'il avait essuyés, dénotaient l'irritation extrême du maréchal Clauzel. Il était à craindre qu'une mesure de rigueur prise à son égard lui fit prendre une résolution extrême qui n'eût peut-être pas été sans danger. Le maréchal avait été, en 1830, le confident et l'exécuteur intime de la politique anti-nationale qui avait fait sacrifier les affaires algériennes à l'intérêt de la dynastie. Il y a lieu de croire, sans doute, qu'il était possesseur de documents importants dont il fallait à tout prix empêcher la publication ; le roi se crut donc dans la nécessité d'user de ménagements, et, sans rien changer à sa résolution, il donna l'ordre d'écrire la fameuse dépêche où l'expédition était autorisée, mais avec le matériel et le personnel disponibles ; toutefois, craignant bientôt que cette demi-concession ne fût point de nature à satisfaire entièrement le maréchal, il décida que le duc de Nemours prendrait part à l'expédition, dans l'espoir que l'envoi de ce prince serait considéré par le maréchal comme une marque non équivoque de confiance, et dissiperait entièrement sa mauvaise humeur.

Quoi qu'il en soit, le refus formel d'envoyer de nouvelles troupes et de lui ouvrir de nouveaux crédits, témoignait de la mauvaise volonté du chef de l'État et mettait le maréchal Clauzel dans une bien fausse situation. Il ne pouvait disposer que de six à sept mille hommes, et il faut convenir que c'était bien peu pour le siège et la prise d'assaut d'une ville de près de quarante mille âmes, placée dans une situation exceptionnelle et entourée de fortifications qui permettaient une défense énergique. D'un autre côté, le maréchal savait fort bien que son matériel de siège et ses moyens de transport étaient insuffisants, surtout dans la saison pluvieuse, et que le mauvais temps pouvait être un obstacle invincible à la réussite de la campagne. D'un autre côté, faute de temps et d'argent, il n'avait pu réunir des vivres en assez grande quantité pour la colonne. Un séjour, de quelque durée, devant la place, devenait impossible si, contre son attente, la défense énergique des assiégés le rendait nécessaire.

Il est vrai que Youssouf, qui avait le plus grand intérêt à la prise de Constantine et ne pouvait prendre possession de son beylick qu'après cet événement, et toucher les cinquante mille francs que le ministère lui allouait par une dépêche du 30 octobre, multipliait à l'infini les sollicitations et les promesses pour décider le maréchal à mettre à exécution le projet arrêté, dès longtemps, en commun, par une prompte entrée en campagne. Il avait pris l'engagement de fournir quinze cents bêtes de somme pour le transport du matériel, de faire venir de Tunis deux mille Turcs et de nous assurer le concours de dix mille Arabes qui devaient marcher en avant de la colonne. Il me paraît douteux que le maréchal Clauzel ait ajouté foi à d'aussi ridicules forfanteries, bien qu'au ministère elles furent tellement prises au sérieux, qu'un crédit fut ouvert pour la solde de ces prétendus auxiliaires; car il n'ignorait pas que, par ses exactions et ses rapines, Youssouf nous avait aliéné toutes les tribus voisines de Bône; que les défections étaient générales, et qu'il était absurde de supposer que deux mille Turcs viendraient se ranger sous les drapeaux des chrétiens pour combattre le bey de Constantine, Hadj-Ahmet, qui avait avec eux une origine commune.

Dans tous les cas, s'il se fit illusion à cet égard, elle dut être de bien courte durée; car Youssouf, mis bientôt en demeure de tenir ses promesses, au lieu de quinze cents bêtes de somme, ne put en présenter que quatre cents, et, sur ce nombre, cent vingt-huit seulement furent reconnues propres pour les transports de l'expédition; au lieu de deux mille Turcs, il ne put réunir que deux ou trois cents aventuriers ramassés, pour la plupart, dans les cafés de Bône, qui désertèrent presque tous avant notre arrivée à Constantine. Quant aux dix mille Arabes auxiliaires, il est superflu d'ajouter qu'il n'en présenta pas un seul.

A ces déceptions de la dernière heure venait se joindre un fait anormal qui aurait dû inspirer au maréchal Clauzel de graves réflexions, car il faisait tout au moins présumer que la confiance du roi envers M. Clauzel était plus apparente que réelle. Si l'envoi du duc de Nemours en Afrique, pour faire la campagne, eût été une marque de confiance donnée par le roi au maréchal, ainsi que le portait faussement la dépêche du ministre de la guerre, il serait difficile de deviner les motifs qui avaient déterminé le ministère à prescrire à un fonctionnaire considérable de l'ordre civil de suivre l'expédition. Le personnage désigné était M. Baude, conseiller d'État, membre de la Chambre des députés, venu en Algérie avec une mission du gouvernement pour faire une enquête sur les faits graves signalés dans la plainte des habitants de Tlemcen. Ce choix avait une signification qui ne dut pas échapper au maréchal Clauzel : car M. Baude ayant, plus tard, flétri, à la tribune, les sévices odieux dont ces infortunés furent les victimes, il est à présumer que, par sa correspondance secrète, il avait entièrement édifié le chef de l'État. Dans ces conditions, il faut croire qu'on avait voulu attacher aux pas du gouverneur général un surveillant haut placé, capable d'en imposer, par sa présence, à ses conseillers intimes, et prévenir, par ce moyen, le retour d'aussi déplorables excès. Si le maréchal Clauzel n'eût pas été accablé par le sentiment de ses fautes, il aurait repoussé avec énergie cette atteinte d'un nouveau genre portée à la dignité du commandement militaire, et, relevant fièrement la tête, il eût protesté contre cette mesure blessante pour sa personne par l'envoi immédiat de sa démission.

Tout conviait donc le maréchal Clauzel à renoncer, pour le moment, à l'expédition de Constantine. Le mauvais vouloir manifeste du gouvernement devait lui faire entrevoir le sort qui lui était réservé en cas d'insuccès. En présence d'éventualités aussi redoutables, il est plus que probable que les sollicitations de Youssouf auraient été vaines, si le maréchal Clauzel eût été entièrement étranger aux abominables forfaits commis par ses agents pour recouvrer la fatale contribution de Tlemcen. Mais il ne pouvait se dissimuler que la vérité ne fût connue dans les sphères officielles, et s'il devenait, un jour, l'objet d'attaques personnelles, à la tribune et dans la presse, sa réputation d'honnête homme était à jamais perdue et sa position compromise. Dans cette situation suprême, il crut devoir agir sur l'opinion et ramener à lui la faveur du roi par une action d'éclat. Dans sa pensée, la prise de Constantine, avec les ressources qu'on lui avait si parcimonieusement mesurées, n'en serait que plus glorieuse. Ce brillant fait d'armes étoufferait les cris des habitants de Tlemcen et ferait oublier l'infamie de la contribution. Tel fut le principal mobile qui détermina le maréchal Clauzel à faire l'expédition malgré l'insuffisance avérée de ses moyens d'action.

VI

MESURES PRISES PAR LE MARÉCHAL CLAUZEL EN VUE DE L'EXPÉDITION DE CONSTANTINE. — ARRÊTÉ DU 23 OCTOBRE 1836 PORTANT ORGANISATION DE LA MILICE AFRICAINE. — ARRÊTÉ DU MÊME JOUR QUI INTERDIT PROVISOIREMENT LES TRANSACTIONS IMMOBILIÈRES DANS LA PROVINCE DE BÔNE ET DE CONSTANTINE.

L'insuffisance des troupes à la disposition du maréchal Clauzel pour l'expédition de Constantine, explique, sans le justifier, l'arrêté relatif à l'organisation de la milice africaine ; car cet arrêté et le suivant sont d'une légalité plus que douteuse. Il est facile de le démontrer ; mais il faut auparavant faire connaître les motifs qui déterminèrent le maréchal à recourir à une mesure aussi grave. Mais j'ai hâte de dire que ces motifs sont bien différents de ceux exposés avec tant de précision dans les considérants qui précèdent l'arrêté. Rappelons d'abord les considérants :

« Considérant que le départ d'une partie des troupes pour l'expédition de Constantine va rendre le concours de la garde nationale plus nécessaire ;

» Que son organisation actuelle ne donne pas les moyens d'assurer suffisamment le service dans les circonstances présentes ;

» Que la nécessité de recourir aux formalités prescrites par la loi du 22 mars 1831, pour la répression des fautes disciplinaire a été une cause de relâchement et a eu pour effet d'augmenter le nombre des gardes nationaux récalcitrants et d'affaiblir le zèle de ceux qui s'étaient fait jusqu'alors remarquer par leur exactitude;

» Qu'il est urgent d'organiser avec plus de force et d'une manière complète un corps appelé à rendre, dans tous les temps, d'utiles services ;

» Vu l'art. 9 de l'ordonnance royale du 23 juillet 1834;

» Sur le rapport de M. l'Intendant civil ;

» Après en avoir délibéré en Conseil d'administration et attendu l'urgence,

» Avons arrêté et arrêtons, pour être provisoirement exécutées, les dispositions suivantes. »

Ces divers considérants reposent sur une base unique. L'insuffisance de la législation en vigueur pour assurer le service de la garde nationale. Afin d'établir combien cette assertion était dénuée de fondement, il est nécessaire de faire connaître les arrêtés antérieurs.

Le 24 septembre 1830, pendant son premier commandement, M. Clauzel avait pris un arrêté pour l'établissement d'une garde urbaine. Les Français et les indigènes de vingt à soixante ans, domiciliés à Alger, y possédant des propriétés ou des établissements commerciaux, étaient appelés à en faire partie. Les Européens, non Français, réunissant les mêmes conditions pouvaient aussi y être admis, mais sur leur demande et avec l'agrément du Conseil de discipline. Cette garde forma immédiatement un bataillon, seulement l'admission des indigènes fut ajournée.

Le 16 août 1832, le duc de Rovigo institua, à son tour, une garde nationale. Un arrêté réglementaire, du 21 septembre suivant, n'y admit que les Français et étendit l'institution aux villes de Bône et d'Oran.

Le 21 juillet 1835, le comte d'Erlon, gouverneur général, ordonnait que dans un délai de dix jours tout habitant de la ville, âgé de dix-huit à cinquante ans, serait tenu de se faire inscrire à la mairie pour être incorporé dans la garde nationale, sous peine d'emprisonnement. Ce dernier arrêté, dont l'illégalité était flagrante, fut abrogé le 2 septembre suivant par le maréchal Clauzel, sur l'ordre du ministre de la guerre.

L'arrêté du 2 septembre mérite de fixer notre attention Les deux articles qu'il contient sont ainsi conçus :

« Article premier. — L'arrêté du 22 juillet dernier, concernant la garde nationale d'Alger, est rapporté.

» Art. 2. — Les dispositions des arrêtés des 17 août, 21 septembre et 8 octobre 1832, sur l'organisation et le service des gardes nationales d'Alger, d'Oran et de

Bône, continueront à être exécutées jusqu'à ce qu'il en soit autrement ordonné. »

Disons en passant que ces arrêtés, qui conservaient force et vigueur, organisaient les gardes nationales de l'Algérie, à peu de chose près, à l'instar de celles de la métropole, et que cette organisation était parfaitement au niveau des besoins du service; car il est établi par des documents irrécusables que, dans les moments difficiles, les gardes nationaux algériens avaient donné des preuves non équivoques de leur ardent patriotisme, et prêté leur concours avec un élan digne des plus grands éloges à l'autorité militaire, lorsqu'elle avait cru devoir faire appel à leur dévouement.

Je suis heureux de rapporter, à cette occasion, le sincère et glorieux témoignage qui leur en est rendu par M. Genty de Bussy, ancien intendant civil de la régence :

« Au mois de septembre 1832, dit M. de Bussy, le duc de Rovigo avait à combattre une des coalitions les plus importantes qui se soient formées contre nos armes. 5,000 malades encombraient les hôpitaux, il était obligé de défendre les cantonnements, de protéger les colons, de couvrir la campagne. Il fit appel au patriotisme des habitants d'Alger, et en moins de trois jours, une garde nationale fut créée, armée et mise sur pied. Pendant un mois elle garda la place, permit au général en chef de manœuvrer avec ses troupes au dehors, et rendit d'importants services. L'effet moral d'une improvisation qui nous donnait si vite deux bataillons de plus, fut pour les indigènes la mesure de la rapidité avec laquelle nous savions trouver dans notre population de nouveaux moyens de défense. La scène se passa sous leurs yeux, et leur étonnement fut grand de voir, en quelques jours, nos citoyens transformés en soldats. »

En présence de pareils faits, qui font ressortir l'incomparable énergie des colons français, on s'étonne que le gouvernement, qui n'ignorait pas que l'immigration étrangère prenait, de jour en jour, des proportions inquiétantes, n'ait pas cru devoir maintenir, en Algérie, l'institution de la garde nationale, au lieu de nous imposer l'organisation militaire adoptée récemment pour la Métropole. On le regrette d'autant plus, que cette institution, si éminemment française, aurait fourni, aux municipalités africaines, les moyens pour maintenir la sécurité dans le territoire des communes et prévenir les vols nombreux commis, au préjudice des Européens, par les indigènes; tandis que, avec le système qui a malheureusement prévalu, quelques centaines de jeunes gens, quelques milliers, si l'on veut, ayant passé à peine une année sous les drapeaux ne sauraient ajouter un élément de force appréciable à la puissance militaire de la France dans l'hypothèse d'une guerre européenne, et si l'Algérie venait à être en proie à des dissensions intestines, elle ne pourrait compter sur les secours d'une garde nationale, armée et organisée, afin d'en opérer la répression.

Il me parait donc certain que les considérants placés en tête du premier arrêté du 28 octobre n'indiquent pas les vrais motifs qui déterminèrent le maréchal Clauzel à organiser la milice africaine. La cause de cette organisation est tout autre. Mais par quel secret dessein essaya-t-il de donner le change à l'opinion publique, en présentant comme une modification passagère aux lois organiques de la garde nationale une institution mixte qui devait avoir pour effet de soumettre les rares Européens de l'Algérie à une discipline sévère, et en faire, en quelque sorte, une espèce de troupe irrégulière ? Avait-il craint, s'il faisait connaître franchement les tendances et le but de son arrêté, de soulever de violentes critiques, à la tribune et dans la presse, contre une mesure déplorable qui froissait singulièrement les principes libéraux inaugurés en 1830 ? Ou bien, ce qui est plus vraisemblable, voulut-il simplement dévoyer le ministère pour l'empêcher de voir ce qu'il y avait au fond de ce parti extrême, le doute du succès de nos armes, puisqu'il ne reculait devant aucun moyen pour créer des ressources extraordinaires, afin de surmonter, au besoin, les difficultés que son expédition téméraire et inopportune pouvait faire surgir ? Je l'ignore. Mais, ce qui n'est que trop sûr, ce malencontreux arrêté passa entièrement inaperçu dans la Métropole et conserva, pendant de longues années, force de loi dans la colonie. Je devais donner ces explications pour faire saisir le sens réel de certains articles qu'on ne saurait prendre à la lettre.

Nous lisons dans le titre 1er, sous la rubrique : *Dispositions générales,* art. 3 :

« La milice africaine est placée sous l'autorité des maires, des sous-intendants civils, de l'intendant civil et du gouverneur général. »

On croirait, en lisant cet article, que la milice africaine était, à l'instar de la garde nationale de France, placée sous l'autorité paternelle des municipalités. Mais si l'on se souvient qu'en exposant l'organisation de 1834, qui régissait, en ce moment, l'Algérie, j'ai démontré que, sous l'empire de cette organisation, la commune n'existait que de nom, que les attributions du pouvoir municipal étaient exclusivement dévolues aux agents de l'administration, et que les maires étaient réduits au rôle passif d'officiers de l'état civil ; si l'on considère que les agents de l'administration, intendant, sous-intendants et commissaires civils, étaient placés sous les ordres absolus du gouverneur général, il faudra bien en conclure que la milice africaine était soumise à son pouvoir discrétionnaire, j'allais dire à son caprice.

Du reste, pour faire toucher du doigt combien le rôle des maires des communes était nul en cette matière, je pourrais me dispenser de recourir à la législation de 1834 ; il suffit de faire connaître certains articles de l'arrêté. Ainsi, aux termes de la première partie de l'article 51 :

Le règlement relatif au service ordinaire, aux revues, aux exercices, devait être arrêté par l'intendant civil, sur la proposition du chef de la milice.

Maintenant, si j'ajoute que le conseil de recensement, chargé de la révision des listes et de l'établissement du registre matricule devant comprendre tous les Européens, depuis dix-huit jusqu'à soixante ans, était composé de miliciens nommés par le gouverneur général, sur la présentation de l'intendant, qu'il en était de même pour le personnel du jury de révision, et qu'enfin, la nomination de la majeure partie des officiers avait lieu de la même manière, j'aurai complété ma démonstration.

C'en est assez, ce me semble, pour faire comprendre combien la milice africaine différait des gardes nationales de France. Néanmoins, il importe d'établir qu'au point de vue du service et de la discipline, la dissemblance est encore plus frappante. Au point de vue du service, voici ce que porte l'arrêté :

« Indépendamment du service ordinaire, la milice doit fournir des détachements dans les cas suivants :

» 1° Pour prendre tout ou partie du service des forts et portes de la ville ou de la banlieue, lorsque les troupes se porteront en avant ;

» 2° Fournir les hommes nécessaires pour escorter les convois de fonds ou d'effets appartenant à l'État, et pour la conduite des condamnés, des accusés et autres prisonniers, en cas d'insuffisance de la gendarmerie et de la troupe de ligne ;

» 3° Fournir des détachements pour porter secours aux communes qui seraient troublées par des émeutes ou des séditions, ou par l'incursion de l'ennemi, de voleurs, brigands ou autres malfaiteurs. »

Ce qui veut dire, si je ne m'abuse, qu'en cas de guerre défensive, les milices africaines pouvaient être tenues de faire le même service que les troupes régulières. Peut-on en douter lorsqu'on lit dans la disposition finale de l'article 113 que l'autorité militaire prendra le commandement de la milice, sur la réquisition de l'autorité administrative, en d'autres termes, sur les ordres du gouverneur général, chef absolu de l'administration algérienne ; et, chose plus grave encore, ce service pouvait se prolonger à l'infini, suivant les caprices du maître ; il suffisait pour cela d'un simple arrêté. Afin d'ajouter foi à de pareilles énormités, il m'a fallu lire et relire l'article 116, ainsi conçu :

« Les détachements ne pourront être requis à faire un service hors de leurs foyers, de plus de dix jours, que par l'intendant civil, et de plus de vingt jours, que par un arrêté du gouverneur général. »

Il tombe sous les sens que pour contraindre les miliciens à subir des charges aussi onéreuses, l'arrêté devait les soumettre à une discipline sévère capable de briser toutes les résistances. On ne s'étonnera pas, dès lors, si je raconte que des peines corporelles étaient prononcées à tout propos ; que pour les plus légères infractions, les miliciens étaient passibles de neuf à dix jours de prison, et que la condamnation pouvait, dans certains cas, s'élever jusqu'à vingt jours.

Ces détails, quoique un peu longs, étaient indispensables pour bien saisir l'esprit de l'arrêté organique de la milice africaine. Cet arrêté, qui ne contient pas moins de cent dix-neuf articles, peut être considéré, avec raison, comme un véritable code sur la matière. Il a une importance considérable, qu'il doit beaucoup moins à son étendue qu'à la durée de sa force légale. Car bien qu'il eût mis le sceau à la dictature militaire déjà consacrée par la législation néfaste de 1834, il a survécu à la République de 1848, et n'a été finalement abrogé que par le décret du 12 juin 1852, que nous ferons connaître plus tard. En présence d'un pareil résultat, on est enclin à rechercher si par cette œuvre capitale le gouverneur général n'avait pas dépassé la limite de ses attributions.

Nous avons déjà vu que par une disposition formelle de l'ordonnance du 22 juillet 1834, les possessions françaises du Nord de l'Afrique devaient être régies par des ordonnances, que le nouveau commandant en chef, qui allait prendre le titre de gouverneur général, ne pourrait désormais prendre des arrêtés que dans une hypothèse unique, déterminée par l'article 5, dont il est nécessaire de rappeler les termes :

« Art. 5. — Le gouverneur général prépare en conseil les projets d'ordonnance que réclame la situation du pays, et les transmet à notre ministre de la guerre. Dans les cas extraordinaires et urgents, il peut provisoirement et par voie d'arrêté, rendre exécutoires les dispositions contenues dans ces projets. »

Il résulte des termes clairs et précis de cet article, combiné avec les dispositions de l'arrêté du 2 août 1836, pris par le ministre de la guerre, afin de régler les attributions du gouverneur général, des chefs de service, des administrations civiles et du conseil d'administration, que l'arrêté pris par le maréchal Clauzel est d'une illégalité flagrante. En effet, suivant l'arrêté du ministre, article 2, le gouverneur général n'avait d'autres attributions, touchant les gardes nationales et urbaines, que la faculté de les placer temporairement et dans les circonstances graves, sous ses ordres immédiats. Ce qui exclut évidemment l'idée qu'il eût le droit exorbitant de les placer sous son autorité d'une manière permanente et définitive, et bien moins encore de procéder suivant son bon plaisir, à une nouvelle organisation.

Ce premier point établi, nous n'avons plus qu'à rechercher si le maréchal Clauzel s'était conformé aux prescriptions de l'article 5 de l'ordonnance du 22 juillet. Il avait le droit, d'après cet article, de préparer un projet d'ordonnance royale, pour l'organisation de la milice africaine, de soumettre ce projet aux délibérations du conseil d'administration, et d'envoyer le tout au ministre de la guerre, son supérieur immédiat, afin d'obtenir la sanction du chef du pouvoir exécutif. En attendant, il pouvait, par voie d'arrêté, rendre ce projet exécutoire, si les circonstances lui paraissaient exceptionnelles et urgentes. Deux faits certains me permettent d'affirmer que le maréchal ne s'était pas soumis à ces conditions.

En premier lieu, il est constant que, pendant tout le règne de Louis-Philippe, il n'a été rendu aucune ordonnance royale, relative à l'organisation de la milice africaine, ce qui serait inexplicable si le pouvoir central eût été saisi d'un projet préparé par le gouverneur général, délibéré en conseil d'administration. Enfin, le gouverneur général se serait empressé de faire connaître, en tête de son arrêté, qu'il rendait exécutoire, vu l'urgence, un projet d'ordonnance royale, délibéré en conseil d'administration, tandis que son arrêté porte uniquement qu'il a été pris sur le rapport de l'intendant civil, après en avoir délibéré en conseil d'administration. On peut d'autant moins supposer que le maréchal Clauzel eût réellement fait rédiger un projet d'ordonnance, qu'il résulte des précédents que lorsque le gouverneur général usait du droit exceptionnel de mettre provisoirement ces projets à exécution, la circonstance de leur rédaction était toujours indiquée d'une manière précise en tête de son arrêté; je n'en citerai qu'un exemple.

Lorsque le comte d'Erlon, prédécesseur immédiat de M. Clauzel, prit, le 17 septembre 1834, son arrêté mémorable pour interdire l'importation des marchandises françaises et étrangères, ainsi que l'importation des produits algériens, par d'autres ports que ceux occupés par les troupes françaises, il ne manqua pas de faire précéder l'arrêté de la mention suivante :

« Considérant qu'il y a urgence, et que c'est le cas d'user des pouvoirs conférés par l'article 5 de l'ordonnance royale du 22 juillet 1834, en rendant provisoirement exécutoires les dispositions du projet d'ordonnance discuté et approuvé dans la séance d'hier par le conseil d'administration, etc. »

On s'étonnera peut-être que le gouvernement français n'ait pas cru devoir réprimer un abus de pouvoir aussi manifeste, et que quelques habitants des quatre ou cinq villes du littoral, que nous occupions à cette époque, n'aient point protesté avec énergie contre une mesure arbitraire, qui, exécutée à la lettre, les eût éloignés du centre de leurs affaires pendant un temps indéterminé, et produit dans ce cas des effets désastreux. Mais il faut considérer que l'ordonnance du 22 juillet n'était qu'une concession apparente faite à l'opinion publique, vivement impressionnée par le récit des méfaits incroyables, que la commission d'enquête de 1833 avait signalés et flétris dans son rapport, et dont l'omnipotence des généraux était la seule cause ; que cette ordonnance, relativement libérale, avait été faussée dans son esprit par l'organisation qui en fut la suite, et notamment par les attributions exorbitantes dévolues au gouverneur général. Qu'on s'était plu, en un mot, à organiser une sorte de dictature au bénéfice d'un grand chef militaire.

Si l'on songe, en outre, que Louis-Philippe fut de tout temps l'adversaire systématique de la colonisation, qu'il devait, à ce titre, s'intéresser médiocrement à la situation faite aux Européens accourus en Algérie à la suite de l'armée, on comprendra aisément qu'il ait envisagé, avec indifférence, un abus de pouvoir dont eux seuls devaient pâtir et qui rentrait, d'ailleurs, jusqu'à un certain point, dans ses vues, puisqu'il pouvait, dans l'occasion, y puiser un prétexte pour refuser d'augmenter l'effectif de l'armée d'Afrique si le gouverneur général venait à renouveler ses demandes.

J'aurai, du reste, l'occasion, en maintes circonstances, de faire ressortir le mauvais vouloir du roi pour la population civile et démontrer que, jusqu'à la fin de son règne, elle a été abandonnée, sans défense, à l'arbitraire de ses généraux. Je puis encore, sans sortir de mon sujet, en donner une preuve concluante. Nous avons vu, par l'analyse partielle de l'arrêté du 28 octobre, que les plus légères infractions aux ordres de service, commises par les miliciens, étaient punies avec une sévérité extrême. Les peines étaient prononcées par des conseils de discipline, dont les membres étaient nommés, ainsi que je l'ai dit, par le gouverneur général, sur la présentation de l'intendant civil. Ce mode de recrutement essentiellement autoritaire laissait peu de place à leur indépendance. Néanmoins, comme les miliciens étaient jugés par d'autres miliciens, leurs connaissances et quelquefois leurs amis, les conseils de discipline devaient être fort souvent enclins à modérer la condamnation. C'est probablement pour ce motif qu'en 1841 le général Bugeaud vint aggraver les dispositions coërcitives édictées par l'arrêté. L'action des conseils de discipline fut suspendue, la milice placée sous l'autorité des officiers de place qui furent investis du droit monstrueux de prononcer, suivant leur bon plaisir, les peines encourues par les miliciens. Ce nouvel abus de pouvoir, commis par un des partisans les plus dévoués du monarque, par l'exécuteur aveugle de ses résolutions les plus contraires à l'honneur et aux intérêts de la France, permet de supposer que le général Bugeaud n'avait agi en cette circonstance qu'avec le consentement tacite du chef de l'Etat.

Ces diverses mesures, dont l'utilité était au moins fort contestable, surtout en 1841, lorsque le général Bugeaud disposait d'un effectif de plus de quatre-vingt mille hommes, établissent jusqu'à l'évidence combien l'administration supérieure faisait peu de cas des colons algériens. Ils n'ignoraient pas que leurs plaintes contre un personnage aussi puissant que le gouverneur général auraient peu de chance d'être accueillies par la métropole, et auraient pour effet certain d'attirer sur leurs têtes l'animadversion de l'autorité locale, dont ils avaient tout à redouter. Ils se résignaient avec juste raison à leur sort, dans l'espérance d'un meilleur avenir. C'est pour n'avoir pas imité cette prudente réserve, qu'un habitant de Constantine, sous le gouvernement de M. Bugeaud, devint la victime d'un acte d'arbitraire indigne qui suffirait, à lui seul, pour faire apprécier la douceur du régime déplorable imposé à la colonie. Voici le fait :

Un négociant français, établi à Constantine, où il jouissait à juste titre d'une excellente réputation, avait eu des contestations d'intérêt avec un Italien, qui firent ressortir la mauvaise foi insigne de cet étranger. Peu de temps après, un emploi de capitaine devint vacant dans la compagnie de la milice dont tous deux faisaient partie et qu'ils sollicitaient réciproquement. L'Italien fut nommé. Le Français, mécontent de se trouver sous les ordres d'un homme taré, adressa aussitôt, à l'autorité militaire, une protestation signée par plusieurs miliciens de la même compagnie, afin de faire connaître les antécédents du nouveau capitaine, et solliciter la révocation d'un homme qui lui paraissait indigne de porter l'épaulette. Le commandant supérieur de Constantine accueillit cette plainte comme un acte d'insubordination, et fit intimer au négociant français l'ordre de quitter Constantine dans quarante-huit heures. Ce malheureux, dont cette mesure tyrannique rendait la ruine inévitable, implora, mais en vain, un répit suffisant pour régler ses affaires. A l'expiration du délai fixé, les gendarmes vinrent l'arrêter et le conduisirent à Bône comme un malfaiteur.

Il est superflu, je crois, de faire remarquer que le formidable despotisme créé en 1834, considérablement accru par l'organisation de la milice africaine, n'était pas de nature à attirer en Algérie de nombreux colons européens. Du reste, un système de prohibitions absurdes les en éloignait fatalement. Ceci me conduit à dire quelques mots du second arrêté du maréchal Clauzel, qui interdisait provisoirement les transactions immobilières dans les provinces de Bône et de Constantine.

Je ne veux pas reproduire les longues considérations que je viens de déduire, afin de démontrer que ce second arrêté n'était pas moins illégal que le précédent. Je me bornerai à rapporter la preuve qu'il était absolument sans objet.

La conduite criminelle de Youssouf, à Bône, ses nombreuses razzias exécutées indifféremment contre les tribus amies ou ennemies, dans l'unique but de faire du butin, n'avaient pas tardé à porter leurs fruits. Les tribus voisines s'étaient éloignées, et notre domination ne s'exerçait plus que sur les habitants de la cité. Nous n'avions dans toute la province que des ennemis. Dans une pareille situation, il n'était, certes, pas à craindre qu'un simple particulier fût assez audacieux pour sortir des murs d'enceinte de la ville, afin de nouer, au péril de sa vie, des relations avec les indigènes dans le but d'acquérir leurs propriétés. Il est donc évident que les seules transactions possibles devaient porter sur les immeubles situés à Bône même, et celles-là étaient exceptées de la prohibition.

D'un autre côté, les prétendues nécessités de constituer le domaine de l'Etat et d'installer les services publics, qui paraissent avoir servi de fondement à la prohibition, ne sauraient être prises au sérieux. Il était absurde de supposer qu'on irait acheter les immeubles du beylick en ce moment dans les mains d'Hadj-Ahmet et qui, dans l'hypothèse de la prise de Constantine, devaient constituer le domaine de l'État. Ces immeubles, par droit de conquête, auraient été à la disposition du gouverneur général. Ils étaient plus que suffisants pour installer les services publics qui, du reste, auraient eu, dès le début, bien peu d'importance, puisque dans la pensée du maréchal Clauzel, d'accord en cela avec le gouvernement, l'administration de la province devait être confiée à Youssouf. En effet, ce personnage, depuis près d'une année, portait, par anticipation, le titre de bey de Constantine.

En présence de ces considérations si simples, dont la justesse me paraît incontestable, il est bien difficile d'admettre que le maréchal Clauzel et les hauts fonctionnaires de son entourage n'aient pas été convaincus de l'inutilité de ces prohibitions pour le but qu'ils se proposaient d'atteindre. Dès lors, les relations inexplicables de M. Clauzel avec Youssouf, la faveur singulière dont il entourait cet aventurier, permettent de croire qu'il avait pour mobile une pensée secrète demeurée inconnue. Avait-il le dessein, par ces prohibitions, tout au moins prématurées, d'interdire l'accès de la province de Constantine aux Européens, afin d'augmenter les chances que pouvait avoir Youssouf de conserver son beylick et d'éloigner des témoins indiscrets du mode d'administration qu'il n'eût pas manqué de mettre en vigueur? Je ne saurais l'affirmer.

Quoi qu'il en soit, toutes ces restrictions absurdes à la liberté individuelle ont été réprouvées, à toutes les époques, par les hommes politiques qui avaient à cœur les vrais intérêts de la France et les progrès de la colonisation. En 1848, au sein de la commission, nommée par le gouvernement provisoire pour préciser les modifications à introduire à la législation douanière qui régissait l'Algérie, ce système fut l'objet de critiques acerbes. Un personnage fameux, l'ancien père suprême des Saint-Simoniens, Enfantin, qui avait habité l'Egypte pendant plusieurs années, fait partie de la Commission scientifique de l'Algérie, et publié, depuis peu, un ouvrage remarquable sur la colonisation, dont, par conséquent, la compétence n'était pas douteuse, en fit ressortir, avec une logique impitoyable et un grand bonheur d'expressions, les douloureux inconvénients.

Je ne puis reproduire *in extenso* et en propres termes cette brillante discussion, mais elle est encore tellement gravée dans ma mémoire, qu'il m'est très-facile d'en faire connaître le sens et la conclusion :

Par un concours extraordinaire de circonstances imprévues et fortuites, la France avait eu la bonne fortune de s'emparer de la régence d'Alger. Son heureuse situation au centre des États barbaresques, son peu de distance de la Métropole, sa proximité de la côte d'Espagne, l'étendue et la fertilité de son terroir, la rendaient éminemment propre à la formation d'un grand établissement colonial. Il y avait donc lieu d'espérer que le gouvernement se hâterait d'entrer dans cette voie. Par malheur, après la Révolution de 1830, la royauté échut en partage à un prince entièrement dépourvu de sentiment national, qui ne devait apporter sur le trône que l'astuce d'un trafiquant sans scrupules et l'égoïsme d'un vieux bourgeois. L'abaissement continu de notre diplomatie, qui passa bientôt à l'état de système, pour faire pardonner, par la sainte alliance, l'origine révolutionnaire du nouveau roi, était un signe certain qu'il ne reculerait pas devant l'abandon honteux des plus sacrés intérêts de la France, afin d'éviter tout conflit avec l'étranger. Cette politique sans énergie eut pour résultat d'énerver la fibre patriotique de la nation et de laisser déchoir sa prépondérance. Notre système colonial en reçut fatalement les contre-coups : l'Algérie, si riche d'avenir, fut indignement sacrifiée à la jalousie mesquine de l'Angleterre. C'est là une des principales causes de la longue hésitation du pouvoir central, de l'établissement du despotisme des grands chefs militaires, des entraves de toute nature apportées à l'exercice de la liberté individuelle, et, enfin, du régime protectionniste poussé à l'excès. Ce régime, sous le prétexte spécieux de sauvegarder les intérêts du commerce français et de favoriser l'écoulement des produits de l'industrie nationale, n'était, en réalité, qu'un moyen infaillible pour comprimer l'essor de l'élément européen et retarder pour longtemps les progrès de la colonisation. En effet, le gouvernement ne pouvait ignorer que la vie nomade des indigènes les met à l'abri de ce besoin de bien-être, qui envahit, à la longue, les populations sédentaires et à demeures fixes ; que la nourriture, le vêtement et l'habitation, qui sont, pour l'homme civilisé, une source abondante de dépenses, l'Arabe les compte pour rien, ou, du moins, pour bien peu de chose. Quelques lambeaux de toile, grossièrement assemblés, lui suffisent pour se préserver de l'intempérie des saisons ; avec deux ou trois mètres de calicot de peu de valeur et un burnous tissé sous la tente, il est vêtu pendant plusieurs années ; enfin, même dans les jours de gala, quelques poignées d'orge écrasés sous la pierre, avec un peu de viande d'un mouton pris dans son troupeau, fournissent à l'Arabe les aliments nécessaires à toute sa famille. La pensée chimérique d'écouler les produits de nos manufactures chez les indigènes de l'Algérie ne pouvait donc être prise au sérieux. Si l'on voulait mettre à profit notre magnifique conquête, il n'y avait qu'un parti à prendre : implanter de nombreux immigrants dans les villes du littoral occupées par nos troupes. Mais, outre des entraves de toute sorte, les incorporer, presque dès leur arrivée, dans les cadres de la milice, afin de les soumettre, sans aucune garantie, aux caprices du gouverneur général et à la brutalité des officiers de place, était un fort mauvais moyen pour y parvenir. Il fallait, au contraire, séduire les esprits ardents et aventureux de notre vieille Europe, et le nombre en est grand, par les charmes irrésistibles d'une liberté absolue. Il fallait, surtout dans l'intérêt de l'Algérie, attirer dans son sein cette population interlope, qui, depuis Malte jusqu'à Gibraltar, accourt avec empressement dans tous les lieux où il y a une spéculation à faire et un coup de dés à tenter; elle eût apporté avec elle des capitaux considérables qui, dans des temps plus opportuns, seraient devenus un auxiliaire puissant pour la colonisation. Tout conviait donc le gouvernement à rompre avec la routine et à décréter la liberté du commerce, la liberté individuelle, la liberté de l'usure; en un mot, à tolérer même les libertés du plus mauvais aloi, et à ne réprimer, comme crimes et délits, que les atteintes graves contre la sécurité publique et la propriété.

Ces conclusions étaient exagérées, sans doute; mais il faut, pourtant, convenir qu'une part beaucoup plus large aurait dû être faite à la liberté individuelle et à la spéculation.

VII

EXPÉDITION DE CONSTANTINE. — FORMATION DE LA COLONNE EXPÉ-
DITIONNAIRE. — SOUFFRANCE DES TROUPES PENDANT LE TRAJET
DE BÔNE A CONSTANTINE. — ATTAQUES INFRUCTUEUSES CONTRE
LA PLACE. — CAUSES RÉELLES DE CET INSUCCÈS.

Lorsque l'expédition de Constantine fut définitivement résolue, le général Trézel se rendit à Bône pour organiser la colonne. L'effectif des troupes qui devait faire la campagne s'élevait à sept mille hommes divisés en cinq brigades composées de la manière suivante : 1re brigade : les spahis réguliers et auxiliaires, le bataillon d'infanterie de Youssouf avec quatre obusiers de montagne, le 3me chasseurs d'Afrique, le 1er bataillon d'infanterie légère et la compagnie franche du 2me, deux compagnies de sapeurs du génie, deux pièces de campagne ; 2me brigade : le 17me léger, un bataillon du 2me, deux pièces de montagne ; 3me brigade : le 62me de ligne, deux pièces de montagne ; 4ᵐᵉ brigade : le 59ᵐᵉ de ligne, deux pièces de montagne ; 5ᵐᵉ brigade : le 63ᵐᵉ de ligne et deux pièces de montagne.

Ces brigades étaient commandées par le général de Rigny, les colonels Corbin, Lévesque, Petit, d'Hauterive et Héquet. Les 2ᵐᵉ, 3ᵐᵉ et 5ᵐᵉ brigades furent placées sous les ordres du général Trézel. Le duc de Nemours, MM. de Mortemart et de Caraman, ainsi que M. Baude, membre de la Chambre des députés et commissaire du roi en Afrique, suivaient le quartier général.

En lisant ces détails avec attention, on est surtout frappé de l'insuffisance de l'artillerie pour une expédition, dont la prise d'une ville, de près de quarante mille âmes, était le principal objet. Quatorze pièces de canon, presque toutes du plus petit calibre, approvisionnées seulement de quatorze cents coups, c'était bien peu pour faire face à toutes les nécessités de la campagne et battre l'enceinte d'une place, dans une situation exceptionnelle, renforcée encore par des fortifications qui n'étaient certes pas à dédaigner.

D'un autre côté, bien que par suite de renseignements précis, on eût acquis la certitude que les troupes ne trouveraient aucuns moyens de subsistance sur la route, la colonne n'emportait que pour quinze jours de vivres, dont la moitié à peu près dans les havresacs. En sorte que si sa marche en avant était retardée par les difficultés du chemin ou par tout autre événement imprévu, le maréchal pouvait être forcé de ramener ses troupes à Bône sans entreprendre le siège de la ville, ou tout au moins sans pouvoir le mener à bonne fin. Cependant, le ministre de la guerre avait fait concentrer à Bône l'approvisionnement, pendant six semaines, d'un corps de dix mille hommes. Mais ces faits, qui pourraient être considérés comme le résultat d'une imprévoyance inqualifiable, étaient imposés par la pénurie des moyens de transport. Nous avons déjà dit que le bey Youssouf avait promis de fournir quinze cents bêtes de somme pour porter le matériel, et que le moment venu de réaliser sa promesse, il n'avait pu disposer que de cent vingt-cinq, et, d'autre part, suivant M. Baude, qui a publié une relation intéressante de la première expédition de Constantine, les services administratifs de l'armée n'avaient réuni que le tiers et peut-être le quart des équipages indispensables, en supposant que le temps fût constamment beau. Enfin, le maréchal se berçait plus que jamais de dangereuses illusions. Youssouf, le plus ardent promoteur de la campagne, lui avait persuadé qu'à l'arrivée de la colonne devant la place, les habitants s'empresseraient d'en ouvrir les portes, et qu'il y entrerait sans coup férir. Il est bien difficile d'éprouver le moindre doute à ce sujet, en présence d'une proclamation du 4 novembre, adressée aux habitants de Constantine, que M. Clauzel fit répandre parmi les tribus voisines de Bône avant l'entrée en campagne de nos troupes. Elle était ainsi conçue :

« L'armée française, sous mes ordres, respectera votre religion, vos personnes et vos propriétés. Il ne vous sera rien demandé, rien imposé. Le soldat sera logé dans des maisons séparées des vôtres, et le plus grand ordre régnera dans Constantine, si notre entrée se fait sans résistance et pacifiquement de votre part. »

Il est bien difficile d'expliquer une semblable crédulité si l'on ne reconnait qu'il existe dans l'homme un penchant naturel à ajouter une foi aveugle à la réalisation prochaine des évènements qu'il a longtemps désirés avec ardeur.

Cependant l'insuffisance des moyens d'action du général en chef, qui, du reste, était un assez mauvais présage, n'avait pas dû échapper aux militaires intelligents. Le succès de la campagne leur parut, sans doute, fort problématique, à moins d'un de ces coups inespérés de la fortune, qui font réussir parfois les plus étranges combinaisons. Toutefois, nos troupes étaient animées d'un excellent esprit : officiers et soldats allaient bientôt donner des preuves d'un courage stoïque et supporter, sans se plaindre, des souffrances inouïes, rendues plus affreuses par un dénoûment fatal.

Tous les préparatifs étant terminés le 7 novembre, il fut décidé que la colonne expéditionnaire se mettrait en marche le lendemain. Le 8 novembre, la 1re brigade, moins le 3me chasseurs, mais renforcée du 17me léger, partit de Bône en avant-garde et s'arrêta, le 10, à Guelma pour attendre le corps d'armée. Le général de Rigny, qui commandait cette brigade, se fortifia dans une enceinte de ruines romaines, débris informes d'une antique cité. Les tribus voisines ne montrèrent pas des dispositions hostiles. Elles promirent même de fournir des bêtes de somme pour les transports. Mais soit mauvaise volonté, soit impuissance, elles ne réalisèrent pas leurs promesses. Le 9, le général Trézel vint s'établir au camp de Dréan avec le 62me de ligne. Il y fut rejoint, le 10, par le bataillon du 2me léger, l'artillerie et une partie du convoi. Pendant les journées du 11 et du 12, plusieurs orages, suivis de pluies torrentielles, firent suspendre le mouvement des troupes; plus de deux cents indigènes du corps de Yousouf profitèrent de la confusion produite par ce triste évènement pour déserter.

Le 13, la colonne entière se remit en marche, mais l'affreux état des chemins contraignit l'artillerie de laisser en arrière ses équipages de pont, qui furent déposés au camp de Guelma. Le train, le convoi et l'arrière-garde n'avaient point dépassé Dréan. Le maréchal alla camper le soir sur la rive droite du Bou-Enfra. Vers huit heures la pluie recommença à tomber par torrents et dura, sans interruption, pendant toute la nuit. Dans la matinée du 14, l'avant-garde perdit plusieurs chevaux au passage du Bou-Enfra, grossi outre mesure par les pluies diluviennes de la nuit précédente. L'infanterie ne put le franchir que dans l'après-midi et avec de l'eau jusqu'à la ceinture. L'artillerie, de son côté, n'était parvenue, qu'avec des peines infinies, au haut de la rampe rapide qui conduit à l'ancien *Ascarus*. Le maréchal s'arrêta au bord du ruisseau de Nechmeya, à deux lieues et demie de son dernier bivouac. Le convoi et l'arrière-garde, dit M. Baude, — dont je suis en ce moment la relation, — n'eurent pas moins à souffrir. Des malades désespérés cherchaient un asile dans le camp désert. Après deux heures d'efforts on arracha les prolonges du génie des boues argileuses de Dréan, et elles avancèrent de trois ou quatre cents pas. Il fallut se décider, dans l'impossibilité où l'on était d'agir différemment, à jeter une partie des fourrages et les échelles fabriquées pour l'escalade de Constantine. L'arrière-garde atteignit, avec difficulté et de nuit, le bivouac quitté, vers midi, par le maréchal. Le lendemain, le temps se remit au beau. Le maréchal et l'arrière-garde partirent de leurs positions respectives et arrivèrent à la Seybouse, l'un à midi, l'autre le soir. Pour franchir, au col de Mouelfa, la crête de l'Atlas qui encadre, au nord, la vallée de la Seybouse, on fut contraint d'atteler jusqu'à vingt chevaux aux pièces de campagne. Enfin, vers cinq heures et demie, le corps expéditionnaire qui, depuis le 8, était échelonné sur la route, se trouva réuni sur les bords de la Seybouse. Il avait fait quinze lieues en huit jours et consommé presque la moitié de ses vivres.

Pendant cette nuit, quatre-vingts mulets avec leurs conducteurs arabes s'échappèrent du parc de l'artillerie; l'effectif de nos bêtes de somme se trouva ainsi réduit à deux cent quarante-deux. Cent cinquante malades étaient déjà restés au camp de Guelma, sous une garde suffisante, et l'ordre fut transmis à Bône d'y envoyer le 3ᵐᵉ bataillon du 62ᵐᵉ de ligne

A la vue de tant de souffrances imposées sans nécessité à nos malheureux soldats, quel cœur impitoyable ne se sentirait profondément ému ? Et pourtant, ces souffrances étaient relativement légères en comparaison de celles qu'ils devaient endurer encore. L'exposé sommaire des faits suffit pour le démontrer. La colonne se remit en marche le 16, à dix heures du matin, et remontant la vallée de la Seybouse, la 1re brigade par la rive droite, les autres par la rive gauche, elle arriva à deux heures dans le vallon de Medjez-Amar, au pied du Raz-el-Akba. La Seybouse reçoit à ce point l'Oued-Cherf et remonte vers le nord pour tourner le Raz-el-Akba par la coupure profonde où l'on rencontre tout d'abord les thermes fameux de Hammam-Meskoutin. La petite plaine qu'il faut traverser ensuite, est élevée de vingt à trente mètres au-dessus de son lit. Les berges sont rocheuses et presque verticales. La cavalerie et l'infanterie turque de Youssouf furent envoyées sur la rive droite du fleuve, et le génie travailla toute la nuit à ouvrir, pour l'artillerie, des rampes qui ne furent praticables que le jour suivant, à huit heures du matin. Le 17, eut lieu le passage de la Seybouse, qui ne fut terminé qu'à onze heures du matin. Le 59e de ligne attendit sur la rive gauche le convoi, qui n'arriva qu'à deux heures. Les troupes commencèrent, dans cette journée, à gravir le Raz-el-Akba, mais on reconnut bientôt l'impossibilité absolue de faire franchir le col aux canons et aux voitures. Malgré une perte de temps regrettable à tous égards, il fallut se résoudre à ouvrir un chemin praticable. Afin de donner aux sapeurs du génie le temps nécessaire pour exécuter ce travail, le gros de la colonne dût camper au-dessous des ruines d'Announa, l'avant-garde seule alla bivouaquer sur le revers occidental de la montagne. Le maréchal poussa une reconnaissance vers le col. Il y découvrit les fossés d'un camp où gisaient des squelettes de chevaux, tués, dit-on, par une grêle extraordinaire. Ce camp avait été occupé, l'année précédente, par les troupes d'Ahmet-Bey.

Du sommet du Raz-el-Akba, bien que sa hauteur ne soit peut-être pas de mille mètres, on pouvait mesurer de l'œil une grande partie de la distance que la colonne devait encore franchir. L'aspect triste et désolé du pays, où l'on n'apercevait qu'une suite de mamelons arides, sans la moindre trace de végétation, n'était point fait pour dissiper la tristesse qui gagnait insensiblement l'armée, presque à la veille de manquer de vivres. En outre, un fait, d'ailleurs, peu important, dut faire penser au maréchal qu'il ne fallait compter, à cet égard, que sur nos propres ressources. Pendant que les troupes attendaient dans le camp la fin des travaux du génie, quelques Arabes en haillons se présentèrent au bivouac de Youssouf, sans même apporter des provisions pour les spahis qui, ne recevant pas, comme les soldats français, des distributions régulières, commençaient à souffrir de la faim. Cette conduite des Arabes était un signe certain de leur peu de sympathie pour notre cause. Néanmoins, Youssouf leur fit distribuer des burnous sans pouvoir dissimuler la sombre préoccupation qu'elle avait fait naître dans son esprit; car, si contrairement à ses prévisions, feintes ou réelles, les habitants de Constantine étaient animés des mêmes sentiments, le succès de l'expédition lui paraissait compromis et son beylick à jamais perdu.

Le 18, la route ayant été terminée par le génie avec le concours d'un bataillon du 63ᵉ, la colonne se remit en mouvement. Les brigades ne marchant pas ensemble, firent au-delà du col beaucoup de chemin inutile dans des directions différentes. Le maréchal finit par les rallier, et à la tombée de la nuit toutes les troupes campèrent dans un bas-fond, à une lieue du Raz-el-Akba. L'artillerie et les équipages qui, malgré leurs efforts, ne parvinrent à dépasser le col que d'un millier de mètres, restèrent seuls sur la hauteur. Dans cette journée et la précédente, on ne put donner qu'un peu de paille hachée aux chevaux. La nuit était froide, quoique sans pluie. Le soldat ramassa à grande peine quelques herbes sèches. Le 19, après avoir franchi, en marchant vers l'ouest, deux contre-forts du Raz-el-Akba, on se retrouva, vers dix heures du matin, au bord de la Seybouse, non loin du marabout de Sidi-Tamtam. On était donc revenu, sauf la différence due à la pente de la rivière, au niveau du Medjez-Amar. La Seybouse, en cet endroit, prend le nom d'Oued-Zenati, emprunté à la tribu dont elle traverse le territoire : il n'y coule qu'un filet d'eau. Le convoi, qui s'était égaré, ayant rejoint, à Sidi-Tamtam, les troupes réunies, continuèrent à remonter la rive gauche de l'Oued-Zenati.

Des groupes nombreux d'Arabes observaient leur marche. Quelques tirailleurs vinrent harceler notre arrière-garde. Le capitaine d'état-major Leblanc de Prébois, chargé du service topographique de l'expédition, ayant été vivement attaqué, perdit ses chevaux. Il fit preuve en cette circonstance d'une admirable énergie et du plus grand sang-froid, qui imposèrent aux agresseurs et lui sauvèrent la vie. Vers le soir, la colonne campa sur les bords de la rivière. Pendant toute la nuit une bise aiguë se fit vivement sentir, la pluie passant à travers la toile, pénétrait en abondance dans les tentes et vint encore ajouter au malaise des soldats.

Le lendemain, la colonne marcha de huit heures à cinq, par un vent glacial, avec des intermittences de pluie. En quittant le bassin de la Seybouse, elle entra sur un plateau bien cultivé, où se trouvaient plusieurs douars. Les nombreux Arabes qui les habitaient étaient des fermiers ou des colons partiaires des terres du beylick, dont ce plateau était une dépendance. Ils ne s'enfuirent pas à l'approche des troupes. Mais, bien qu'ils se fussent abstenus prudemment de toute manifestation hostile, leur qualité de fermiers ou colons du bey, ajoutant l'intérêt personnel à leur antipathie envers les chrétiens, on ne pouvait les considérer que comme des ennemis. Néanmoins, la colonne ayant fait halte, pendant quelques instants, afin de prendre un peu de repos, Youssouf en profita pour déployer ses drapeaux et les promener, au son d'une musique sauvage, à la vue des indigènes, dans l'espérance d'en attirer un certain nombre dans les rangs de quelques prétendus Turcs qui lui restaient encore. Il est superflu d'ajouter que personne ne répondit à son appel.

Les troupes, ayant bientôt repris leur marche, tournèrent, vers le sud, un groupe de montagnes nues et arides, pour descendre, par la vallée de l'Oued-Berda, dans celle du Bou-Merzoug, qui se jette dans le Rummel, au-dessus de Constantine. A l'approche d'un défilé court, mais étroit, on put croire que les Arabes essaieraient de nous disputer le passage; mais quelques obus les éloignèrent promptement. Enfin, la colonne parvint, sans aucun obstacle, sur le plateau glaiseux de Soumah. A ce moment, le soleil se montre et fait briller, à trois lieues nord-ouest, un groupe de maisons blanches. C'est le haut quartier de Constantine, à demi caché par le plateau du Mansourah. Les soldats le saluent de leurs acclamations. Les troupes, à l'exception du convoi, qui ne put rejoindre la colonne que vers le milieu de la nuit, se groupèrent autour d'un monument romain dont les débris jonchaient le sol. A six heures et demie du soir, commença une pluie battante entremêlée de neige : elle dura, malheureusement, toute la nuit. Depuis trois jours, le bois manquait absolument, et ce maudit plateau n'offrait pas d'abri, et pas un brin d'herbe pour faire du feu. Épuisés de fatigue, les soldats se couchent dans la boue glacée : huit hommes périrent de froid. Des malades nombreux encombraient déjà les ambulances. Les chevaux mouraient de fatigue et d'inanition. Plusieurs officiers supérieurs, qui avaient assisté à la retraite de Moscou, prétendaient n'avoir jamais autant souffert que dans cette horrible nuit. M. Baude raconte, de la manière suivante, l'arrivée de la colonne devant Constantine :

« Le 21, transi, presque sans nourriture, le soldat, fouetté, depuis quatorze heures, par une pluie de neige, se remet en route à travers une affreuse tourmente. Mais le jour et le mouvement semblent, après cette nuit d'angoisses, un adoucissement à ses maux. Chacun se croit soulagé pour avoir changé de souffrances. On atteint péniblement les bords du Bou-Merzoug. Ce torrent, gonflé par les pluies, roule ses vagues furieuses sur des rochers aigus. Une douzaine de cavaliers qui l'affrontent sont renversés avec leurs chevaux, et, par une espèce de miracle, les chevaux seuls sont noyés. On trouve, enfin, un gué. Les sapeurs du génie passent un long cordage d'une rive à l'autre. Ils forment, sur chaque bord, en se serrant les uns contre les autres, des poteaux vivants, autour desquels s'enroulent les extrémités de cette espèce de traille, et, quand la résistance paraît assurée, les soldats, plongeant jusqu'aux aisselles dans le torrent glacé, le traversent en se cramponnant à la corde. Plus loin, ils rompent le courant en s'échelonnant par groupes serrés. En deux heures, la cavalerie et l'infanterie sont passées sans perdre un homme. De moindres affluents les retardent peu, et, de deux à trois heures après-midi, elles arrivent ensemble sur le plateau de Mansourah. Elles découvrent alors Constantine dans toute son étendue et n'en sont plus séparées que par l'abîme au fond duquel bondit et gronde le Rummel.

» L'artillerie et les équipages, ne pouvant franchir aussi aisément, de si grands obstacles, restent en arrière, sous l'escorte du 62ᵐᵉ, et, bientôt, les maux et les efforts des troupes qui marchaient les premières sont surpassés. Quand la pluie et la neige, dit le rapport du colonel du 62ᵐᵉ, eurent redoublé de violence et d'intensité, les chemins devinrent presque impraticables, et le régiment fut dans l'obligation d'employer cinquante heures, sans interruption et sans le moindre repos, à porter et protéger le matériel des équipages et du génie. Ces cinquante heures, mises à faire un trajet de trois lieues, ont été funestes au régiment. Encore plein des souvenirs de la campagne de Russie, ajoute le colonel, je n'hésite pas à déclarer que les souffrances que viennent d'endurer nos soldats ont été plus cruelles, encore, que celles de leurs devanciers. Sans sommeil, sans feu, sans vivres, constamment mouillés à fond et les pieds toujours dans la boue avec l'obligation de rester à la même place pendant plusieurs heures pour attendre le départ des dernières voitures, les maux les plus affreux n'ont pas tardé à fondre sur ces malheureux. Le plus grand nombre a été atteint de tremblements et de fièvres ; la mort survenait bientôt. Enfin, pendant ces cinquante heures fatales, j'ai perdu un officier, dix sous-officiers et cent seize soldats. Pendant que le régiment était en proie à ces calamités, il fut constamment harcelé par un ennemi nombreux qui, malgré la faiblesse de nos hommes, fut toujours repoussé. »

En présence de ces calamités atroces, l'artillerie et le génie conservèrent une contenance admirable. Après avoir abandonné quelques voitures de l'administration, ils arrivèrent le lendemain, 22, devant Constantine.

Pour se rendre un compte exact des difficultés à vaincre afin de s'emparer de la place et apprécier les moyens employés par le maréchal Clauzel pour y parvenir, il est nécessaire d'en donner une description sommaire :

Constantine s'élève en amphithéâtre, vers le nord-ouest, dans une presqu'île contournée par le Rummel. Elle est dominée par la montagne d'El-Mansourah, dont elle est séparée par une grande coupure où coulent les eaux du Rummel, qui, au dessus de la ville, reçoit le Bou-Merzoug, dans un lieu appelé El-Kouar. Ce ruisseau vient de l'est et aboutit à la rive droite du Rummel.

La montagne d'El-Mansourah s'étend dans la direction du sud-est au nord-ouest. Elle est dépouillée d'arbres, mais le sol en est cultivable. Vis-à-vis de Constantine, son plateau porte deux mamelons : celui de l'est domine la ville, à grande portée de canon ; il est couronné par deux marabouts en maçonnerie nommés Sidi-Mabroug ; l'autre mamelon, au nord-est, porte le nom de : Tombeaux de Sidi-Mecid. De ces appendices très accidentés, on peut battre la ville.

Au sud-ouest de Constantine, à environ quinze cents mètres du faubourg, sont les hauteurs de Koudiat-Aty, sur lesquelles gisent des tombeaux. Elles dominent les approches de la ville. Constantine, entourée de cultures et de jardins, est dans un site pittoresque. Au sud et à l'ouest, la vue s'étend de très loin. Au-delà des plaines, l'œil aperçoit des montagnes boisées. Au nord-est, l'horizon, peu étendu, est borné par la hauteur d'El-Mansourah.

La place a la forme d'un ovale allongé dans la partie tournée vers le sud-est. Dans cet espace, long de cinq ou six cents mètres, il y a trois portes. Celle de l'ouest se trouve à l'angle saillant sur le point le plus élevé du contrefort, là où les rochers cessent d'être continus et de former une enceinte naturelle; on nomme cette porte Bab-el-Djedid; le chemin d'Alger y aboutit. Celle du centre s'appelle Bab-el-Oued, ou de la Rachbah; elle conduit vers le sud et peut faire gagner le chemin d'Alger. La troisième porte, nommée El-Djabiah, communique avec le Rummel; elle est dominée par la porte et le rempart de Bab-el-Oued. Ces trois portes sont réunies par une muraille fort ancienne, haute de trente pieds; mais il n'existait, sur ce point, des fossés qu'à de rares intervalles. On remarque, en avant, sur le contrefort qui se lie au Koudiat-Aty, un faubourg peu étendu, terminé par quelques fondouks et les écuries du bey. De ce côté, il existe aussi beaucoup de ruines romaines.

En face du mont Mansourah, s'ouvre une quatrième porte, dite d'El-Kantara, ou du Pont. Le pont, d'où elle tire son nom, est de construction antique, large et très élevé. Il a trois étages d'arches, traverse la rivière et unit les deux côtés de cette grande coupure qui sépare la ville de la montagne. A côté de ce pont, le long des murs de la place, commence une mauvaise rampe qui conduit au fond du ravin, véritable précipice, où les eaux du Rummel coulent quelques instants sous terre et reparaissent à découvert un peu plus loin.

Entre la porte d'El-Kantara et celle de Bab-el-Djedid, vers l'angle élevé que forment les murailles, se trouve la Casbah, qui servait de caserne. Elle couronne les rochers à pic qui entourent presque toute la ville. Les escarpements, de ce côté, ont plus de cent mètres de hauteur; ils diminuent graduellement et finissent par disparaître vers la porte El-Djedid.

Les maisons de Constantine s'adossent, en partie, contre l'enceinte. Les rues sont étroites et tortueuses comme dans le haut Alger. De la porte d'El-Kantara, on parvient à la Casbah, en tournant à droite et montant assez rapidement, par quelques zigzags, jusqu'à la rue El-Mar, qui, par un coude à gauche, gagne la hauteur de la citadelle. La maison du bey est placée dans le centre de la ville.

Le Rummel, qui fournit ses eaux à Constantine, est guéable en toute saison; son lit, peu profond, n'atteint que quatre pieds par les plus fortes pluies. En amont de la ville, les plaines cultivées sont sur la rive gauche; la droite est bordée par El-Mansourah. A la porte d'El-Djablah, une cascade se précipite dans le ravin, large de quatre-vingt-dix mètres et profond de cinquante. Ce ravin contourne la ville depuis cette porte jusqu'à celle d'El-Kantara.

On aperçoit, du premier coup d'œil, qu'une ville entourée, dans presque toute son étendue, de roches escarpées ou d'un ravin large et profond, ne devait être accessible que par un bien petit nombre de points, et que, dès lors, la défense en était très facile. Si j'ajoute qu'une garnison nombreuse, composée de Turcs, de Coulouglis et de Kabyles, commandée par Ben-Aïssa, lieutenant d'Hadj-Hamet, gardait ses remparts, que cette garnison était résolue à pousser la résistance jusqu'à ses dernières limites, et que le bey tenait la campagne à la tête des cavaliers des tribus voisines, on comprendra, sans peine, que, pour prendre une pareille ville, il fallait un certain temps et l'emploi de grands moyens d'action.

En présence de ces divers obstacles, dont la plupart n'avaient pas été prévus, le maréchal n'avait qu'un parti à prendre : faire reconnaître par le génie et l'artillerie les abords de la place, afin de déterminer avec soin le côté le plus faible et concentrer tous ses moyens d'attaque sur ce point. Il aurait, dans ce cas, promptement acquis la certitude que Constantine n'est abordable que par le Koudiat-Aty et par la porte d'El-Kantara, et que, pour aboutir à cette porte, traverser un pont étroit dominé par la ville et exposer ses troupes au feu de ses batteries, était une entreprise pleine de périls et dont le succès était plus que douteux. Il eût, dans cette hypothèse, choisi pour point d'attaque le Koudiat-Aty, qui conduit de plein pied au mur d'enceinte. Mais, la place ne pouvant être investie et devenir l'objet d'attaques simulées pour détourner l'attention de ses fanatiques défenseurs, il y avait fort à redouter que sa nombreuse garnison ne se portât en entier dans la partie de la ville qui fait face au Koudiat-Aty, et ne parvînt, par une résistance opiniâtre, à rendre stériles tous les efforts de nos troupes.

Pour avoir quelques chances de pénétrer dans la ville, il fallait donc, au préalable, s'emparer du Koudiat-Aty, établir sur son plateau plusieurs batteries avec des canons de gros calibre, afin de pratiquer dans les remparts une large brèche et lancer plusieurs colonnes d'assaut indispensables pour refouler la garnison. Mais pour exécuter ces diverses opérations, il aurait fallu pouvoir séjourner pendant un certain temps devant la place. Malheureusement, des circonstances pressantes mettaient le maréchal Clauzel dans l'impérieuse nécessité de précipiter le dénoûment de la campagne.

Nous avons vu précédemment que la colonne expéditionnaire n'avait emporté que pour quinze jours de vivres. Or, elle était partie de Bône le 8, et la journée du 22 était sur le point de s'écouler. En outre, une partie de ses vivres ainsi que les fourrages pour les chevaux, ayant été abandonnés en raison des difficultés du chemin, hommes et chevaux étaient rationnés depuis plusieurs jours, et le moment était proche où, n'ayant plus rien à mettre sous la dent, les uns et les autres seraient fatalement exposés à périr d'inanition. D'un autre côté, le temps était affreux : des montagnes de neige entouraient nos troupes de toute part. L'argile détrempée était le lit unique offert aux soldats. Le nombre des malades croissait dans des proportions effrayantes à cause de la rigueur de l'hiver, que les privations de toute nature rendaient plus terrible. Encore quelques jours et la colonne entière était anéantie.

On conçoit donc que le maréchal ne pouvait songer à faire un siège régulier de Constantine. Il est, d'ailleurs, plus que probable que la faiblesse de son artillerie ne lui en eût point fourni les moyens. Mais, d'un autre côté, il ne pouvait revenir sur ses pas et ramener ses troupes à Bône sans faire la plus légère démonstration contre une place dont la prise avait été l'unique but de la campagne. Dans ce cas, il était à jamais perdu ; car une expédition si pompeusement annoncée, dégénérant en simple promenade militaire, eût fait éclater à tous les regards, sinon son incapacité comme général en chef, du moins sa nullité comme administrateur militaire, et la témérité de son entreprise.

Il résolut donc de risquer un coup de main pour enlever la place. Avait-il la pensée, en ce moment, que le hasard, qui fait quelquefois réussir les plus étranges combinaisons, ou une faveur extraordinaire de la fortune pourraient bien seconder son audace, ou bien, comme il n'avait pas rencontré de résistance sérieuse sur sa route, espérait-il, suivant les promesses perfides de Youssouf, qu'au premier coup de canon une députation des habitants de Constantine viendrait apporter les clefs de la ville à ses pieds, ainsi que parait l'établir un ordre du jour lithographié à Bône avant son départ, qui contenait cette phrase : « Aujourd'hui, le corps expéditionnaire entrera dans Constantine qui a été le but de ses opérations » ! Cela me parait inadmissible.

En effet, quand je considère le peu d'ensemble des attaques successives que le maréchal fit diriger contre Constantine; qu'il en abandonna, en quelque sorte, la conduite et la direction à ses subordonnés, comme s'il n'eût eu aucun souci du résultat, je suis porté à croire, ainsi que je l'avais fait pressentir, qu'il n'avait ordonné ces deux attaques, qu'il savait à l'avance devoir être infructueuses, que pour donner du relief à son expédition.

Le 22 novembre, quelques heures après l'arrivée de l'artillerie, le maréchal fit canoner la porte d'El-Kantara, espérant que le bris de cette porte permettrait de tenter un coup de main la nuit suivante. A minuit, le colonel du génie Lemercier devait essayer de forcer l'entrée avec les compagnies d'élite des 59ᵉ et 63ᵉ de ligne. Il envoya le capitaine Hackett examiner l'état des lieux avec quelques hommes choisis. Le capitaine remplit courageusement sa mission : la porte extérieure était brisée, mais à l'intérieur il en existait une seconde.

Cependant la brigade de Rigny reçut l'ordre de s'emparer du Koudiat-Aty. Le général détacha en tirailleurs, pour aborder le plateau, la 3ᵐᵉ compagnie du 1ᵉʳ bataillon. L'ennemi, sorti de Constantine, fut vivement repoussé dès le premier choc. Mais, voyant à combien peu de monde il avait affaire, il reprit l'offensive. La compagnie Bidon, serrée de près, dut reculer en se défendant. Mais l'arrivée de la brigade fit promptement disparaître les Turcs, qui rentrèrent pêle-mêle dans les murs de la place.

On a blâmé le général de Rigny de ne pas avoir abordé les hauteurs du Koudiat-Aty avec résolution et avec la brigade entière, au lieu d'envoyer des tirailleurs qui furent, dit-on, sans aucune utilité, puisque l'ennemi ne disparut qu'à l'arrivée de la brigade. On a même ajouté que s'il l'avait poursuivi avec ardeur, suivant de prétendus conseils du colonel Duvivier, il est probable que nos soldats seraient entrés dans la ville avec les fuyards.

Le blâme infligé, à cette occasion, à cet officier général, ne me paraît pas fondé. Et pour admettre la supposition que dans l'hypothèse d'une poursuite vigoureuse de l'ennemi, nos soldats auraient pu entrer dans la ville, il faut avoir oublié que les Turcs n'avaient pris l'offensive et ne s'étaient avancés à ce point qu'en raison du petit nombre de nos tirailleurs, ce qui n'eût certainement pas eu lieu si le général avait fait marcher à la fois toute sa brigade, et, d'ailleurs, ils auraient eu tout le temps de rentrer dans la ville, sans avoir été atteints par nos soldats.

D'un autre côté, croire que l'entrée, en plein jour, de quelques soldats, dans une ville de trente-cinq mille âmes encore intacte et défendue, ainsi que je l'ai fait connaître, eût pu produire d'autres résultats que d'exposer ces malheureux à être massacrés impunément, me paraît une déplorable absurdité.

Dans la journée du 23, un corps nombreux de cavalerie du bey se présenta en arrière de la hauteur du Koudiat-Aty. Le général de Rigny lui opposa les chasseurs d'Afrique, les 17e et 2e léger et deux pièces de montagne. Après une lutte assez courte, l'ennemi se retira. Des rassemblements arabes qui étaient venus pour attaquer la position d'El-Mansourah, furent contenus par le 59e de ligne.

A la nuit, le général Trézel porta les troupes du génie à la tête du pont d'El-Kantara : il devait enfoncer la première porte et essayer de faire sauter la seconde. Mais les assiégés étaient sur le qui vive : des décharges redoublées foudroyaient les assaillants. Un clair de lune brillant éclaira tout à coup cette scène. Le général fut grièvement blessé, les officiers qui l'entouraient, pour lui sauver la vie, durent le faire porter sur le plateau et renoncer eux-mêmes à une entreprise sans résultat possible.

Vers onze heures du soir, le maréchal ordonna une semblable tentative par le côté plus accessible du Koudiat-Aty. Le colonel Duvivier reçut l'ordre d'attaquer avec le bataillon d'Afrique la porte Bab-el-Oued. On mit à sa disposition le capitaine Grand avec treize hommes du génie portant des pioches, des haches et un sac de poudre, du poids de cinquante livres ; on y adjoignit deux obusiers de montagne, commandés par le lieutenant Bertrand. A minuit, la colonne se mit en marche en tournant par la gauche du Koudiat-Aty. Mais l'ennemi, s'en étant aperçu, commença à tirer. Le colonel Duvivier s'arrêta dans un fond très près de la place et à l'abri de son feu, puis il fit avancer ses soldats, en longeant à droite et à gauche des masures du faubourg. Parvenue à trente pas de la porte, l'artillerie s'arrêta et tira deux coups. Ce fut le signal d'une effroyable mitraille partie des remparts, qui nous fit perdre beaucoup de monde. Le colonel Duvivier, redoublant d'énergie pour soutenir le moral des soldats, s'élança vers la porte pour la faire sauter avec les haches et le sac de poudre. Mais pendant dix minutes personne ne répondit à son appel. Les haches et la poudre ne se trouvaient pas au milieu de la confusion produite par cette scène de carnage ; le terrain était jonché de morts et de blessés. Le capitaine Grand et le commandant Richepanse tombèrent percés de coups mortels. Le colonel Duvivier se retira, le coup était manqué ; mais il eut la gloire de sauver ses blessés et ses canons. Ce fut la dernière attaque contre Constantine, l'expédition était finie ; il n'y avait plus qu'à songer à la retraite, que le maréchal Clauzel ordonna quelques heures après.

Quand on réfléchit que la colonne expéditionnaire n'est restée devant Constantine que pendant trente-six ou quarante heures, car l'artillerie et le génie n'arrivèrent devant la place que dans la journée du 22 novembre et la retraite commença le 24 au point du jour ; quand on considère, en outre, que pas un seul coup de canon ne fut tiré contre les remparts, que tout se borna à deux attaques nocturnes contre la porte d'El-Kantara et la porte Bab-el-Oued, on doit être convaincu, ainsi que nous n'avons cessé de le répéter pendant le récit de l'expédition, que le maréchal n'avait ni les vivres ni les engins nécessaires afin d'entreprendre un siège indispensable pour la prise d'une ville entourée de défenses naturelles formidables ; que c'est là la cause unique du mauvais résultat de l'expédition.

On a reproché, bien à tort, selon nous, au maréchal Clauzel de ne pas avoir, dès le début, dirigé tous ses efforts vers le Koudiat-Aty. Les tentatives nocturnes faites par le maréchal pour s'emparer de la place, et il n'en a point fait pendant le jour, démontrent jusqu'à l'évidence qu'il ne comptait que sur une surprise pour s'emparer de la place. Et une surprise est impossible avec tout un corps d'armée. Je suis convaincu, au contraire, que s'il avait eu quelque chance de réussir dans des opérations de cette nature, il était bien plus raisonnable d'espérer le succès d'une attaque contre la porte d'El-Kantara ; car cette porte étant beaucoup mieux défendue et plus difficilement abordable que le Koudiat-Aty, la surveillance devait être moins active, et une surprise plus probable.

VIII

RETRAITE DE CONSTANTINE. — DÉFAILLANCE EXTRAORDINAIRE DU GÉNÉRAL DE RIGNY. — CONDUITE ÉNERGIQUE DU COMMANDANT CHANGARNIER. — OCCUPATION DE GUELMA. — RENTRÉE DES TROUPES A BÔNE. — PERTES SUBIES PENDANT LES DIFFÉRENTES PHASES DE L'EXPÉDITION. — CRITIQUES DIRIGÉES CONTRE LE MARÉCHAL CLAUZEL A LA NOUVELLE DU TRISTE DÉNOUEMENT QUI EN FUT LA SUITE.

Le maréchal Clauzel, en entreprenant l'expédition de Constantine, malgré les dépêches si précises du ministre de la guerre, qui s'en rapportait à sa décision sur la conduite à tenir, et après le refus des ressources qui lui paraissaient indispensables pour en assurer le succès, avait joué son va-tout; maintenant que la partie était perdue sans rémission, il y avait lieu de craindre que la terrible responsabilité qu'il avait encourue ne jetât le trouble dans son âme et le rendît impropre à diriger la retraite de nos troupes. Mais, par bonheur, il ne fut pas donné à la mauvaise fortune d'abattre son courage. Il envisagea le danger sans pâlir et accomplit sa tâche avec une vigueur digne des plus grands éloges.

Jusqu'ici, j'ai blâmé, sans ménagement, l'administration et la conduite militaire du maréchal Clauzel. L'expédition de Constantine elle-même, entreprise dans la mauvaise saison et avec des moyens insuffisants, n'a point échappé à mes critiques que je reproduirai encore lorsque j'assignerai à chacun sa part de responsabilité. Il me paraît donc qu'on ne saurait suspecter mon témoignage de partialité, lorsque j'affirme que nous allons retrouver, dans cette trop fameuse retraite, l'intrépide soldat de la République et de l'Empire; que le sang-froid, au moment du danger, ne lui fit jamais défaut, et que, sans nul doute, la colonne expéditionnaire fut redevable à son indomptable énergie d'avoir échappé à un désastre total. Le simple exposé des faits va le démontrer jusqu'à l'évidence.

Après l'échec du colonel Duvivier, la situation de la colonne était on ne peut plus critique. L'artillerie n'avait plus que trente livres de poudre. Les vivres étant presque entièrement épuisés, ainsi que nous le savons déjà, les soldats tombaient d'inanition et les chevaux se tenaient à peine debout. Dans cette fâcheuse extrémité, le 24, vers cinq heures du matin, le maréchal Clauzel envoya l'ordre au général de Rigny d'évacuer le Koudiat-Aty et de revenir sur le plateau de Mansourah. Le général de Rigny s'empressa de partir avec la cavalerie et commit la faute de ne pas communiquer cet ordre au colonel Duvivier, qui, avec le 1er bataillon d'Afrique, se trouvait encore fort près de la place. Il est vrai que le 17me léger, le bataillon du 2me, ainsi que le 1er bataillon d'Afrique, c'est-à-dire toute l'infanterie de sa brigade, demeurant à leur poste, le départ de la cavalerie, d'une utilité très secondaire pour le siège d'une place, ne pouvait être considérée, par l'ennemi, comme un commencement de retraite et éveiller son attention. Mais le 17me léger s'étant mis en marche à son tour, et le soleil éclairant déjà l'horizon, le colonel Duvivier, qui faisait tranquillement enlever ses blessés de l'ambulance, pouvait avoir bientôt sur les bras une grande partie des troupes de Constantine et subir un nouvel échec plus désastreux que le précédent.

Le commandant Changarnier lui dépêcha un officier de son bataillon pour le prévenir du départ de la cavalerie et du 17me léger, et lui demander, en même temps, pour quels motifs il différait de se mettre en route. M. Duvivier sentit de suite combien sa position pouvait devenir périlleuse. Il apercevait déjà devant lui une cavalerie nombreuse, dans l'angle du Rummel et du Bou-Merzoug. Il fallait passer à gué ces deux rivières, dans des terrains d'une extrême difficulté. Sans perdre un moment, il fit charger sept ou huit blessés qui lui restaient sur une prolonge du génie et se mit en marche. Bien que son bataillon n'eût pas dormi de la nuit et qu'il fût affaibli par ses pertes à la porte Bab-el-Oued et par les hommes fournis pour le service des blessés, il n'hésita pas pour emmener la section d'artillerie de montagne, qui pouvait devenir, en cas d'attaque, un très grand embarras. Toutefois, le mouvement s'exécuta sans difficultés. Le bataillon du 2ᵐᵉ léger servit d'arrière-garde. La petite colonne passa le Rummel à un gué, au-dessus du confluent, et atteignit, sans pertes appréciables, les marabouts de Sidi-Mabroug, qui avaient été désignés comme point de ralliement à toute la colonne.

Les troupes ayant été réunies sous sa main, le maréchal Clauzel donna l'ordre de détruire tout le matériel qu'on ne pouvait emporter. Il fit mettre à pied la moitié du régiment de chasseurs et charger les blessés et les malades sur les voitures, les chevaux et les bêtes de somme rendus disponibles. A huit heures, le signal du départ est donné. Les spahis sont placés en avant-garde, le 17ᵐᵉ léger les suit, et le convoi, flanqué par le 50ᵐᵉ et le 62ᵐᵉ, reprend le chemin du retour. Le colonel Duvivier couvrait, avec une partie du bataillon d'Afrique, la crête du ravin de Mansourah, pour protéger la retraite. Le maréchal avait prescrit de faire marcher à l'arrière-garde le 59ᵐᵉ et le 63ᵐᵉ de ligne. La colonne était déjà en mouvement et la queue de la brigade de Rigny arrivait sur le plateau de Mansourah, lorsque des nuées d'Arabes, sortis de la ville, fondirent sur les derrières et sur les flancs des troupes. D'innombrables cavaliers d'Ahmet accouraient de tous côtés en poussant des cris affreux. Quelques caissons d'artillerie, deux obusiers de Youssouf, et des prolonges chargées de blessés, furent abandonnés. On oublia, en outre, plusieurs autres blessés et quelques malades dans des cavernes où leurs camarades les avaient déposés. C'était un résultat presque inévitable, au milieu de la confusion momentanée produite par une attaque de l'ennemi au moment où les troupes commençaient à battre en retraite. Mais l'ordre le plus parfait ne tarda pas à être rétabli dans la colonne, grâce à l'énergie et au sang-froid du commandant Changarnier. On raconte que, resté à l'arrière-garde avec son bataillon réduit à trois cents hommes, le commandant Changarnier, sa ligne de tirailleurs étant en partie sabrée, arrêta sa petite troupe et la forma en carré. Allons! mes amis, dit-il, voyons ces gens-là en face; ils sont six mille et vous êtes trois cents, la partie est égale. On ajoute que le bataillon, ayant fait un feu de deux rangs à dix pas, l'ennemi recula foudroyé et se dispersa en tirailleurs.

Certes, je suis loin de prétendre que le commandant Changarnier n'ait point donné, en cette circonstance, des preuves incontestables d'un grand courage et d'un sang-froid à toute épreuve; mais on me permettra de mettre en doute qu'il ait songé, dans ce moment suprême, à haranguer ses troupes et à former ce carré fabuleux. J'en appelle à tout homme de sens. Est-il possible d'admettre que trois cents hommes formés en carré, et qui, par conséquent, occupaient un bien petit espace, aient, par une seule décharge, foudroyé et mis en fuite six mille Arabes répandus tout à la fois sur les derrières et sur les flancs de la colonne? Il n'est pas plus admissible que le commandant Changarnier ait adressé à ses troupes une harangue si heureusement tournée dans des moments où la trivialité du langage est beaucoup plus de saison et infiniment plus propre à exercer une heureuse influence sur l'esprit inculte des soldats. Il y a plutôt lieu de croire que cette prétendue harangue a été inventée après coup, afin d'agir sur l'esprit du public. C'était, sans doute, un des premiers jets de cette fameuse société d'admiration mutuelle dont le règne a été si long en Algérie, et qui, par la persistance continue de ses hyperboles, tendait à faire considérer ses membres comme des sujets à part, afin de les pousser rapidement aux premiers degrés de la hiérarchie militaire. Quoi qu'il en soit, cette action, vraie ou supposée, produisit le plus grand effet. On peut la considérer comme le principe de la fortune militaire de M. Changarnier, qui devint, en très peu de temps, officier général.

Il me paraît donc certain que la colonne eut à soutenir des engagements successifs sur divers points et que les Arabes furent vaillamment repoussés. A partir de ce moment la retraite commença à s'opérer avec beaucoup plus d'ordre, malgré la grande difficulté des chemins. Pour donner une idée exacte des maux sans nombre endurés par nos troupes avec une admirable résignation, il suffit de dire que les soldats, sans vivres et presque sans munitions, se traînaient péniblement sur des terrains fangeux; à chaque instant on voyait des hommes tomber de fatigue ou d'inanition. Ils se couvraient la tête et attendaient la mort comme le terme de leurs misères.

Le 27, les Arabes revinrent à la charge, sans que la colonne discontinuât sa marche. Les troupes de l'arrière-garde faisaient de temps en temps volte-face pour charger les assaillants. Ce jour-là Hadj-Ahmet fit jouer contre nous les deux pièces de canon abandonnées la veille. Néanmoins, les ennemis furent facilement repoussés. Vers quatre heures après-midi le feu cessa entièrement. Le maréchal Clauzel, qui s'était presque constamment tenu à cheval, à l'arrière-garde, depuis le commencement de la retraite, afin de faire face aux éventualités qui pourraient surgir, se porta alors à la tête de la colonne pour choisir l'emplacement de son bivouac. A ce moment M. de Rigny fut en proie à une singulière défaillance qui, dans une situation difficile, aurait pu jeter le découragement et peut-être le désordre dans la colonne. Ce général, qui commandait l'arrière-garde, voyant passer sur ses flancs quelques Arabes qui probablement se rendaient dans les douars voisins, crut qu'il allait être attaqué de nouveau sur un terrain défavorable. Au lieu de dissimuler ses appréhensions inexplicables qui, malheureusement, se traduisirent par des signes manifestes, il aggrava encore ses torts en proférant des paroles imprudentes de nature à démoraliser les troupes sous ses ordres, mais qui fort heureusement ne furent pas entendues. La colonne étant encore en butte aux poursuites de l'ennemi, le maréchal

Clauzel avait le devoir rigoureux de réprimer une infraction aux règles de la discipline militaire, commise par un officier général. Il rédigea le soir même un ordre du jour qui flétrissait la conduite de M. de Rigny et lui retirait son commandement; mais, se laissant bientôt fléchir par les excuses et les supplications du général, il consentit à lui laisser le temps de réparer un moment d'oubli. Mais de nouvelles marques d'insubordination plus fâcheuses contraignirent le maréchal à publier, le 29, un nouvel ordre du jour, dont la rigueur était néanmoins tempérée par une extrême indulgence: le général de Rigny n'y était pas désigné par son nom.

Le 26, la marche de la colonne fut ralentie pour atténuer les souffrances des malades. Les Arabes nous suivaient hors de portée, et se dispersèrent dans les montagnes, quand l'armée, vers quatre heures, atteignit le marabout de Sidi-Tamtam. « Le lendemain de grand matin, dit M. Baude, témoin oculaire, les troupes franchirent la plaine et gagnèrent la montagne ; elles eurent alors le spectacle qu'avaient donné, mille huit cent quatre-vingt-un ans auparavant, à l'armée de César, les trente cavaliers gaulois qui, dans la retraite de Ruspina, refoulèrent, sous les murs d'Adrumète, deux mille Maures qui la poursuivaient. Nous étions sur un côteau comme sur les gradins d'un cirque. Le 3ᵉ chasseurs restait seul dans la plaine en bataille, perpendiculairement à la rivière et séparé seulement des Arabes d'Ahmet par le bivouac, que nous venions de quitter. Tout à coup, un cri sauvage se fait entendre, et les

Arabes se ruent, comme une bande de chacals, sur le camp abandonné. On a vu se précipiter éperdus, des moutons, surpris par leurs chiens, sur un pâturage défendu; ainsi fuient et tourbillonnent aux cris des spectateurs les Arabes chargés par l'escadron du capitaine Morris. L'épuisement des chevaux ne permit aux chasseurs de sabrer que des traînards. Ils revinrent au pas rejoindre le régiment. Le gros de l'armée, l'artillerie et les équipages reprennent alors, pour monter au Raz-el-Akba, le chemin par lequel ils en sont descendus; le 2ᵉ léger et plusieurs compagnies de voltigeurs couronnent, sur notre droite, les hauteurs au-delà desquelles se montrent les Arabes, et vers deux heures nous sommes réunis au sommet de la montagne. Là s'arrêtent les poursuites de l'ennemi; mais au col, une troupe de Kabyles tenta de nous arrêter; ceux qui sont en face de nous tiennent ferme. Une douzaine d'entre eux, et non pas quatre cents, comme l'a dit le Bulletin, tombent sous les coups de nos Turcs et de nos spahis. Quelques tirailleurs, jetés sur les flancs, dégagent bientôt le passage; mais les derniers coups de fusil tuent, sous lui, le cheval de M. Napoléon Bertrand. »

Le 28, l'armée passa la Seybouse et vint bivouaquer, sans nouveau combat, devant Guelma, où le maréchal laissa, sous la garde d'un bataillon, une partie de ses malades sur des bottes de paille étendues par terre et abrités par des gourbis grossièrement faits. Le jour suivant les troupes reprirent le chemin de Bône, par

Hammam-Berda, et rentrèrent dans leurs quartiers le 1ᵉʳ décembre.

Cette retraite, opérée avec tant d'ordre par des hommes accablés de fatigue et presque mourants de faim, fait le plus grand honneur au courage et à l'abnégation des troupes françaises, et démontre, à mon avis, que le général en chef fit vaillamment son devoir. Mais tout en reconnaissant que l'attitude calme et énergique du maréchal Clauzel dut contribuer à maintenir le moral des soldats, je ne crois pas qu'on puisse prendre au sérieux l'opinion attribuée au général Petit que, comme art militaire, il était plus difficile de ramener l'armée de Constantine que de prendre Constantine, et qu'il eût mieux aimé, à part les résultats, avoir fait cette retraite que d'avoir emporté la ville; car, il faut reconnaître que des ennemis qui, aux termes des récits officiels, avaient été culbutés et mis en fuite par une seule décharge des trois cents soldats du commandant Changarnier, et que, suivant M. Baude, une charge de l'escadron du capitaine Morris, monté sur des chevaux exténués, fit tourbillonner comme un troupeau de moutons poursuivi par des chiens, ne pouvaient être considérés comme un grand obstacle à la marche rétrograde de la colonne. Du reste, M. Clauzel, qui savait parfaitement à quoi s'en tenir sur ce prétendu chef-d'œuvre de stratégie, n'eut pas un instant la pensée qu'il fût de nature à imposer silence à ses adversaires et à mettre sa malheureuse expédition à l'abri des attaques justes et méritées dont elle devait être l'objet. Il songea tout d'abord à rendre définitive la prise de possession de Guelma, afin de la faire passer pour une conquête d'un poste militaire de premier ordre, qui devait compenser largement les pertes cruelles occasionnées par l'expédition. Il nomma à cet effet commandant supérieur de la place l'intrépide colonel Duvivier et lui prescrivait d'installer au plus tôt les troupes qui devaient composer la garnison. Mais ayant bientôt compris qu'il était impossible d'abuser à ce point de la crédulité publique, il eut la pensée regrettable d'accuser le 62e régiment de ligne d'avoir pillé le convoi de vivres et d'être ainsi cause de l'insuccès de la campagne. Cette accusation injuste et maladroite lui suscita de nombreux ennemis dans l'armée et contribua, sans nul doute, à rendre sa disgrâce inévitable.

Tels furent les principaux incidents de cette désastreuse expédition. Nos troupes avaient enduré des souffrances inouïes ; néanmoins, d'après les états soumis par les différents corps, nos pertes ne s'élevèrent qu'à onze officiers et quatre cent quarante-trois soldats. Les blessés étaient au nombre de trois cent quatre, dont seize officiers. Mais ce chiffre s'éleva en peu de temps à deux mille, par suite des nombreux décès des malades dans les hôpitaux de Bône et d'Alger ou dans les mouvements d'évacuation.

La nouvelle de l'insuccès de l'expédition et de nos pertes si douloureuses, que l'on exagéra encore, dans les premiers moments, produisit, en France, une vive émotion. La conduite du maréchal Clauzel y fut à juste titre l'objet de la réprobation générale. Mais le système de dénigrement mis en œuvre, avec une habileté infernale, pour le perdre dans l'opinion publique et faire retomber sur lui seul la responsabilité de notre lamentable échec, me paraît avoir eu pour cause le dessein de conjurer la chute du triste ministère du 6 septembre et préserver ainsi, de toute atteinte, le gouvernement personnel du chef de l'État. Un fait est surtout digne de remarque, c'est que les plus âpres récriminations étaient dirigées contre la conduite du maréchal pendant la retraite. On l'accusait hautement d'avoir perdu la moitié de son armée et d'avoir fait atteler à sa voiture des mules enlevées aux prolonges qui portaient les blessés, pour assurer sa fuite. Avant d'ajouter foi à de pareilles infamies, on aurait dû réfléchir que la vie entière du maréchal déposait contre ces odieuses imputations et que le gouvernement aurait manqué à tous ses devoirs en laissant à son poste un général en chef coupable d'une telle lâcheté.

IX

SUITES DE L'EXPÉDITION DE CONSTANTINE. — LE GÉNÉRAL DE RIGNY EST TRADUIT DEVANT UN CONSEIL DE GUERRE. — PROTESTATION DES OFFICIERS DU 62ᵐᵉ. — ATTITUDE DU GOUVERNEMENT. — RESPONSABILITÉ DU MAUVAIS SUCCÈS DE L'EXPÉDITION. — DISGRACE DU MARÉCHAL CLAUZEL. — YOUSSOUF EST PROMU A UN GRADE SUPÉRIEUR.

Lorsqu'une entreprise échoue, il est fort rare que les divers agents qui ont concouru à son exécution ne cherchent point à décliner toute responsabilité et à imputer à autrui les fautes qui ont amené la catastrophe. Il était donc bien à craindre que l'insuccès de l'expédition de Constantine ne donnât lieu aux plus affligeants débats.

Le général de Rigny, dont nous avons signalé l'étrange conduite à un moment donné de la retraite, ne se dissimulait pas que les ordres du jour du maréchal avaient fait une large brèche à son honneur de soldat. Il comprit que sa situation militaire était à jamais compromise s'il demeurait sous le coup du blâme sévère dont il avait été l'objet. Espérant, sans nul doute, qu'à la faveur de l'émotion produite en France par la nouvelle du désastre et des critiques justes qui devaient infailliblement assaillir l'entreprise téméraire du maréchal Clauzel, il lui serait facile d'obtenir une espèce de réhabilitation du pouvoir central, il se hâta, dès son arrivée à Bône, d'écrire au ministre de la guerre pour se plaindre des procédés injustes et calomnieux du commandant de l'expédition, contre lesquels il protestait avec la plus grande énergie. Cette lettre portait la date du 1ᵉʳ septembre 1836. Elle était conçue en ces termes :

« Monsieur le Ministre,

» J'ai l'honneur de vous adresser une copie de l'ordre du jour de M. le maréchal Clauzel au retour de l'expédition de Constantine. La phrase qui signale la faiblesse d'un seul s'adresse à moi. Je repousse cette imputation et je la déclare calomnieuse. Ce n'est pas tout. Monsieur le Maréchal m'a traité avec plus d'injustice encore dans un autre ordre du jour, qu'il n'a retiré qu'après en avoir lui-même donné lecture à tous les chefs de corps de l'armée. Après cette communication, l'ordre du jour n'appartient plus à M. le maréchal, et je supplie Votre Excellence d'ordonner qu'il soit représenté. On fait mettre en jugement un officier général, nul n'a le droit de le déshonorer. Je vous demande, avec les plus vives instances, que toute ma conduite, pendant l'expédition de Constantine, soit déférée à un conseil d'enquête. Votre Excellence ne me refusera pas cette grâce. Je me considère comme incapable de servir le roi jusqu'au moment où il sera reconnu si c'est aux fautes de l'officier général qui a constamment commandé l'avant-garde en marchant contre Constantine et devant cette place, et l'arrière-garde au retour, que sont dus les résultats désastreux de l'expédition. »

Les dernières phrases de cette lettre, écrite avec une habileté remarquable, me paraissent établir qu'en appelant l'attention du ministre sur les causes du mauvais succès de l'expédition dont, certes, personne ne pouvait songer à le rendre responsable, M. de Rigny n'avait d'autre dessein que de faire passer inaperçue son incompréhensible aberration d'esprit qui, du reste, n'avait été qu'un incident sans conséquences.

Mais le ministre de la guerre, M. le général Bernard, était un trop habile homme pour ne pas comprendre toute la responsabilité que sa conduite équivoque envers M. Clauzel faisait peser sur son administration. Il dut, dès lors, considérer le conflit soulevé par M. de Rigny comme une bonne fortune. C'était, évidemment, un excellent moyen pour détourner l'opinion publique de l'examen de ses actes. Bien qu'il fût convaincu que la défaillance de M. de Rigny, en la supposant prouvée, ne constituait ni crime, ni délit, et ne pouvait le rendre justiciable d'un conseil de guerre, et que le général lui-même n'eût demandé qu'à être traduit devant un conseil d'enquête, il résolut de pousser les choses à l'extrême, dans la pensée que le scandale de débats judiciaires irritants rejaillirait exclusivement sur les deux antagonistes et aurait pour résultat certain de préserver de l'attaque violente des partis la déplorable politique du gouvernement. Il expédia, dans ce but, la dépêche suivante au maréchal Clauzel :

« Je vous adresse copie de la lettre que m'a adressée M. le maréchal de camp, vicomte de Rigny, et de l'ordre du jour qui y était joint. Cette lettre révélant des faits graves qui compromettent l'honneur de cet officier général et la dignité du grade dont il est revêtu, je vous prie de m'adresser, dans le plus bref délai, un rapport circonstancié sur cette affaire, et de m'informer des mesures que vous avez dû prendre dans cette conjoncture. »

Le maréchal Clauzel, dans sa réponse au ministre de la guerre, exposa les faits en ces termes :

« Nous avions quitté, l'avant-veille, les hauteurs de Constantine, et, pendant toute la journée, notre arrière-garde avait tiraillé avec l'ennemi. Notre marche avait encore été retardée par le mauvais état des chemins. Aussi étions-nous à quelque distance du bivouac que j'avais choisi (au marabout de Sidi-Tamtam, sur l'Oued-Zenati), lorsque le jour commençait à tomber. L'ennemi avait presque entièrement disparu, depuis près de deux heures. J'étais à quelques centaines de toises de la tête de la colonne, afin de voir par moi-même l'emplacement le plus convenable pour faire camper l'armée. J'ordonnais quelques dispositions, lorsque je vis accourir vers moi M. Napoléon Bertrand, un de mes officiers d'ordonnance, que j'avais envoyé porter un ordre au général de Rigny. Il avait rencontré cet officier général seul, au galop, et loin de sa brigade, puisqu'il était à la hauteur de l'ambulance. Interrompant vivement M. Bertrand, qui allait lui communiquer mes ordres, il lui dit, d'une voix émue : « Monsieur, commencez » par écouter les miens. Mon arrière-garde est com» plètement enfoncée ; on vient d'y couper deux cents » têtes ; Il y a, sur mon flanc droit, une colonne exces» sivement forte, qui marche en bon ordre, n'attendant » que le moment favorable pour nous couper. (J'entends » même la musique du bey). Le maréchal se f..... de » son arrière-garde, pourvu qu'il puisse sauver son » avant-garde. Il ne nous reste qu'un parti à prendre, » c'est d'abandonner notre matériel et de nous retirer » comme nous pourrons ; ma cavalerie est en désordre » complet, je ne puis la rejoindre. »

» Telles sont, Monsieur le Ministre, les paroles de M. de Rigny ; je viens de les écrire, textuellement, sous la dictée de M. Bertrand, et j'ai cru que, dans des circonstances aussi graves, je ne devais me permettre des altérations d'aucun genre. Quelque étonné que je dusse être de cette étrange communication, Monseigneur le duc de Nemours et moi tournâmes bride, suivis de tout l'état-major. Je fis immédiatement arrêter la tête de la colonne et pris quelques dispositions militaires.

» Peu de moments après, nous fûmes joints par M. le général de Rigny, qui me répéta une partie des paroles que je viens de porter à votre connaissance. Il ajouta seulement qu'Ahmet, seul, savait faire la guerre. Ces paroles étaient proférées à haute voix, devant des hommes en majeure partie malades ou blessés. Une terreur panique pouvait en être la conséquence, et, cependant, tous restèrent à leur poste : ils se portèrent, avec calme et en silence, sur tous les points que j'indiquais. Aussi n'ai-je eu à signaler que la faiblesse d'un seul.

» Je continuai à marcher sur l'arrière-garde ; tous les corps s'avançaient successivement dans un ordre parfait ; j'atteignis enfin la cavalerie ; toujours le même ordre, et, dans la campagne, pas un coup de fusil ne se faisait entendre. Les régiments, qui, à leur grand étonnement, avaient pris position, par mon ordre, pour combattre les ennemis dont on annonçait la présence, et qu'ils avaient, depuis longtemps, cessé d'apercevoir, se remirent en route, et il était nuit, lorsque nous atteignîmes notre bivouac.

» Le lendemain, M. de Rigny continua à tenir des discours qui pouvaient agir, d'une manière fâcheuse, sur le moral de nos soldats. Des fonctionnaires d'un rang élevé dans l'armée, des officiers supérieurs, crurent devoir m'en exprimer leur indignation. Je dus me résoudre à agir avec sévérité. Je donnai l'ordre aux chefs de corps et au général de Rigny de se rendre, à huit heures, dans ma tente; les premiers seulement se présentèrent. Après leur avoir demandé si, la veille, ils avaient aperçu du désordre dans la colonne, et avoir reçu leur réponse négative, je leur donnai connaissance de l'ordre du jour que le général de Rigny demande que l'on vous représente :

« Soldats,

» Je vous félicite, avec plaisir et empressement, du courage, de la patience et de la résignation que vous avez montrés dans ces derniers jours, à supporter tous les périls et les souffrances les plus cruelles de la guerre. Je vous félicite, surtout, d'avoir méprisé les insinuations perfides, les conseils coupables d'un chef peu propre à vous commander, puisqu'il ne sait pas souffrir comme vous, comme nous. Autrefois, soldats, un peuple glorieux faisait la guerre dans la province de Constantine, et pendant ses chances diverses, un chef subalterne chercha à soulever l'armée contre son général. Qu'arriva-t-il, soldats? Elle passa sous les fourches caudines, elle fut déshonorée! C'est ce que l'on nous préparait hier pour demain! Moi, soldats, je vous promets de vous retirer avec gloire de tous les dangers, de toutes les positions difficiles qui pourront se présenter. En attendant, je remets ce chef au ministre de la guerre, et je vous en donne un autre expérimenté et tout à fait digne de vous commander. Soldats, souvenez-vous que vous avez la gloire du nom de votre pays, votre belle réputation et un fils de France à défendre. Il m'est bien pénible, je suis profondément affligé d'être obligé de sévir ainsi, mais un devoir rigoureux me le prescrit impérieusement. »

« Vers neuf heures arrive M. le général de Rigny. Je lui dis d'aller prendre connaissance de l'ordre qui était porté chez le chef d'état-major ; après il rentra dans ma tente. Il m'est pénible d'être obligé d'entrer dans les détails de la scène qui eut lieu pendant près d'une demi-heure et à la suite de laquelle je promis que l'ordre du jour ne paraîtrait pas le lendemain. Dans cette circonstance je puis, je le sais, être taxé de faiblesse ; mais qui n'aurait éprouvé, comme moi, une vive et profonde émotion en entendant un officier général dire avec l'accent du désespoir : « Mais, monsieur le maréchal, vous voulez donc déshonorer un père de famille ? Faites-moi fusiller ; il ne faut que quatre balles pour cela ! Mais donnez-moi du temps ; je me jette à vos genoux, que cet ordre ne paraisse pas ! »

« Je lui promis que cet ordre ne paraîtrait pas le lendemain ; car je croyais l'avoir compris et je voulais lui donner du temps... Cependant, le lendemain nos escadrons eurent une brillante affaire, et quelques officiers de chasseurs seulement trouvèrent l'occasion d'y déployer leur courage. J'avais ordonné au colonel d'état-major Duverger de prendre le commandement de l'arrière-garde, et toujours sous l'impression de la scène de la veille, je consentis à annuler cette disposition réclamée cependant par l'armée entière. J'eus tort; car plus tard M. le général de Rigny, loin de me tenir compte de ce que j'avais fait pour lui, pour son oncle, pour la mémoire de son frère, le ministre, je dois le dire, continua à tenir des propos capables de démoraliser une armée, chez laquelle on aurait trouvé moins de courage et de résignation.

» Mon ordre du 29 parut, mais il n'était que l'expression bien affaiblie de ma pensée, et j'aurais été plus juste et plus vrai en maintenant cette phrase : « Je vous félicite d'avoir méprisé les insinuations perfides, les conseils coupables d'un chef peu propre à vous commander, puisqu'il ne sait pas souffrir comme vous, comme nous. » Il n'est jamais entré dans mes intentions de rendre le général de Rigny responsable des malheurs, des pertes cruelles que la rigueur de la saison a fait éprouver à l'armée pendant notre marche, toute pacifique, sur Constantine, même pendant le siège, et les deux premiers jours de notre retour à Bône. Je n'ai aucune plainte à élever contre la conduite de cet officier général, et il doit même lui revenir une part des éloges que j'ai donnés aux troupes qu'il avait sous ses ordres; car elles étaient supposées agir par son impulsion; mais depuis le jour que j'ai signalé, M. le général de Rigny paraît avoir été sous le poids d'une influence funeste que je ne dois pas qualifier.

» Tels sont les faits, Monsieur le Ministre, que j'avais à vous faire connaître. Ils ne seront malheureusement pas les seuls qui seront connus du *conseil d'enquête*, si vous l'ordonnez, et ils ne suffisent que trop pour motiver mes ordres du jour. J'étais bien loin de vouloir traiter cet officier général avec injustice ; car, en allant, je lui avais confié le commandement de l'avant-garde, et en revenant celui de l'arrière-garde ; mais je me suis vu dans l'impossibilité de paraître ignorer une conduite qui n'a été que trop publique et qui, d'ailleurs, pouvait avoir des effets fâcheux pour l'armée qui m'était confiée. Les paroles que je vous ai citées ont été entendues de la majeure partie de mon état-major et d'une personne dont les hautes convenances m'empêcheraient de réclamer le témoignage. J'ai cru devoir m'abstenir de toute récrimination sur ce qui m'est personnel, car il est des attaques qui ne blessent point. »

A la suite de ce rapport, le général Bernard, ministre de la guerre, annonça au maréchal Clauzel, par une dépêche du 17 janvier 1837, qu'aux termes de l'article 11 de la loi du 4 fructidor, an V, M. de Rigny était traduit devant un des conseils de guerre permanents de la 8ᵐᵉ division militaire. Il est superflu d'ajouter que le général fut absous.

La connaissance de tous ces documents m'a paru indispensable pour apprécier le triste rôle joué par le ministre de la guerre en cette circonstance. Le général de Rigny, comme on l'a vu, demandait uniquement à être traduit devant un conseil d'enquête, et le maréchal Clauzel acceptait implicitement cette solution, puisqu'il écrivait dans son rapport que les faits y énoncés étaient suffisants pour justifier aux yeux de ce conseil la sévérité de ses ordres du jour; c'était, en outre, la meilleure solution à donner à ce conflit regrettable. Car l'incohérence du langage tenu par le général de Rigny à M. Napoléon Bertrand, l'insanité de ses affirmations que son arrière-garde avait été enfoncée, que deux cents têtes avaient été coupées, alors qu'il n'existait aucun Arabe, ni à l'arrière, ni sur les flancs de la colonne, que les troupes continuaient paisiblement leur marche, et, ce qui est bien plus significatif encore l'audition prétendue de la musique fantastique du bey n'étaient que le produit manifeste d'une série de perceptions fausses, résultat fatal d'une de ces hallucinations extraordinaires, dont il est impossible d'indiquer la cause, que l'on peut d'autant moins attribuer à la peur que les natures les plus énergiques n'en sont pas toujours exemptes, et que le général de Rigny avait jusqu'à ce moment donné des preuves d'un courage digne des plus grands éloges. Il faut donc présumer que le conseil d'enquête, en tenant compte de l'emphase habituelle du maréchal Clauzel dans ses bulletins et de la gravité exceptionnelle de la situation, eût approuvé, au fond les ordres du jour, tout en déclarant que l'honneur militaire du général de Rigny était demeuré intact. Il serait, dès lors, difficile de comprendre que le ministre de la guerre qui, dans le silence du cabinet, avait dû envisager froidement les choses et apprécier à leur juste valeur les actes imputés à M. de Rigny, eût résolu de traîner cet officier général devant la juridiction militaire, s'il n'avait eu pour mobile quelque secret dessein, qu'il importe de dévoiler.

L'insuccès fatal de l'expédition ayant eu pour causes uniques, ainsi que nous l'avons fait pressentir, la rigueur de la mauvaise saison, l'insuffisance des moyens de transport, qui n'avaient point permis d'emporter les munitions et les vivres nécessaires pour la colonne, et le manque absolu de canons de gros calibre, il était impossible de rendre le maréchal seul responsable du désastre qui en avait été la suite. Il avait été, sans nul doute, bien coupable d'exposer si imprudemment l'or de la France et la vie de ses soldats, et, à cet égard, il mérite le blâme sévère de l'histoire. Mais il est juste de reconnaître que dans les divers incidents de la campagne, il avait fait preuve d'une grande énergie et d'une expérience consommée dans l'art de la guerre. C'est probablement par ces motifs que, malgré l'émotion douloureuse produite en France par ce lamentable échec, le ministère n'osa pas retirer le commandement au maréchal. Toutefois le chef de l'État ne pouvait se dissimuler qu'il faudrait bientôt donner satisfaction à l'opinion publique, qu'il n'aurait qu'à choisir entre la chute du ministère et la révocation du maréchal. Dans cette alternative, le maréchal devait être sacrifié.

Mais M. Clauzel s'était fait, lors de son premier commandement en Algérie, l'agent servile de la politique du roi. Il avait dû recevoir, à ce titre, des communications particulières qui pouvaient devenir, dans ses mains, une arme dangereuse. Il fallait donc, au préalable, neutraliser toutes ses récriminations en le représentant comme la seule cause du désastre de Constantine et le perdre ainsi dans l'esprit de la nation. Le renvoi de M. le général de Rigny devant un conseil de guerre fut le premier moyen mis en œuvre pour atteindre ce résultat. Car il est impossible d'admettre que cette mesure ait été prise contre le général. Le ministre qui l'avait ordonnée ne pouvait avoir l'espérance que le langage insensé de M. de Rigny, tenu à l'écart, dans une conversation intime avec M. Bertrand, qui n'intéressait, par conséquent, en aucune façon la discipline de l'armée, et que des paroles décousues et sans suite proférées en présence du maréchal et de quelques personnes de son état-major, suffisaient pour faire prononcer une condamnation. Il est, d'ailleurs, fort douteux que, pour un incident de cette nature, le chef de l'État eût consenti à frapper un officier général, membre d'une famille puissante, qui avait donné de nombreux gages de dévouement à sa dynastie. Aussi la faveur secrète du chef de l'État et le peu d'importance des faits incriminés, devaient forcément aboutir à l'absolution du général. La défense, présentée par un avocat dont les relations avec la cour étaient notoires, ne fut que la critique impitoyable de la conduite du maréchal Clauze pendant tout le cours de l'expédition. Et, chose triste à dire, le maréchal, lui-même, par une faute impardon nable, devait assurer le succès des manœuvres de ses ennemis.

Au lieu de faire connaître les véritables causes du mauvais succès de nos armes et d'avouer ses propres fautes avec une noble franchise, qui honore toujours le courage malheureux, le maréchal eut la malencontreuse idée, ainsi que je l'ai déjà dit, d'accuser le 62me de ligne d'avoir pillé les vivres de la colonne et d'être ainsi la cause du mauvais résultat de la campagne. Cette assertion inexacte fut, pour la première fois, publiée par le *Moniteur* du 15 novembre, qui reproduisait une dépêche télégraphique du maréchal, conçue en ces termes :

« Le 24 novembre, le seul parti était de se retirer, puisque nous n'avions rien pour vivre. Sur nos subsistances prises pour quinze jours, la moitié, enterrée dans les boues du Mansourah, venait d'être abandonnée et pillée par les soldats chargés de les défendre. »

On peut lire, en outre, un rapport du maréchal, publié par le *Moniteur* du lendemain :

« On apprit bientôt qu'une partie du 62me, qui accompagnait les prolonges, avait pillé les vivres, défoncé les tonneaux de vin et d'eau-de-vie, et venait ainsi de nous priver d'une partie de nos ressources. »

Ces publications regrettables n'étaient que la suite d'un déplorable ordre du jour, rédigé à Bône, le 4 septembre, quatre jours à peine après la rentrée de la colonne. Il contenait les paroles qui suivent :

« Honneur soit rendu au courage, à la constance, à la fermeté dont les troupes ont fait preuve. Ces éloges ne s'adressent point à ceux qui, après avoir pillé et abandonné le convoi de vivres, ont mis le corps expéditionnaire dans l'impossibilité d'atteindre le but qu'il se proposait. »

Il est nécessaire d'ajouter quelques détails aux faits déjà connus qui avaient motivé cette accusation. Le convoi, escorté par le 62ᵐᵉ de ligne, ne put arriver le 21 novembre sur le plateau du Mansourah. Il fût forcé de s'arrêter à une lieue en deçà, dans un site tellement fangeux, que les soldats lui donnèrent le nom de *Camp de la Boue*. Le lendemain, 22, on fit de vains efforts pour le retirer du bourbier. On ne parvint qu'à échelonner les voitures et à en rendre, par conséquent, la garde plus difficile. Les Arabes commençaient à tirailler. Le commandant de l'arrière-garde donna l'ordre d'abandonner le convoi, dont on avait enlevé le peu de vivres qui restaient encore. Ils furent portés à dos de mulet sur le plateau de Mansourah. On n'abandonna, par conséquent, que les voitures de l'administration sur lesquelles étaient encore quelques tonneaux de vin et d'eau-de-vie que les soldats défoncèrent et qui seraient, du reste, forcément tombés au pouvoir des Arabes. Il est donc inexact que les soldats du 62ᵐᵉ aient pillé les vivres et nui, par ce fait, au succès de l'expédition.

Voici, du reste, comment s'exprime, à ce sujet, M. Baude dans sa relation de la campagne :

« Les soldats n'ont pas pillé les vivres, par la raison qu'il n'y en avait plus. Le général en chef était le seul dans l'armée qui parut l'ignorer, et il y avait au moins quelque exagération à qualifier ainsi le défoncement, par des hommes affamés, de quelques barriques d'eau-de-vie, enterrées dans les boues, et que le génie avait déclaré ne pouvoir enlever. Comment, d'ailleurs, si les résultats d'une expédition et le sort même d'un corps de sept mille hommes, avaient été compromis par un acte de pillage, comment le chef de ce corps ne livrait-il pas sur-le-champ à un conseil de guerre les auteurs de ce crime? »

M. Pélissier, dans ses Annales Algériennes, raconte les faits de la même manière, et son témoignage, dont on ne saurait contester la sincérité, donne un démenti formel à l'accusation inconsidérée du maréchal. A la lecture des rapports de M. Clouzel, les officiers du 62me adressèrent au ministre de la guerre une protestation énergique. D'après la demande du colonel, une commission d'enquête fut nommée. Le résultat de ses investigations ne pouvait être douteux ; néanmoins il ne fut point rendu public pour des raisons que je ferai bientôt connaître.

Ce nouveau conflit soulevé par le maréchal était donc une lourde faute: en premier lieu, parce que, sur ce terrain, il devait fatalement être battu; ensuite, parce qu'il déplaçait la question de responsabilité, qu'il ne pouvait débattre avec quelque chance de succès qu'en faisant ressortir le mauvais vouloir du pouvoir central et le refus obstiné de mettre à sa disposition les ressources nécessaires pour mener à bien l'expédition. On a pu remarquer avec quelle énergie M. Baude avait défendu les soldats du 62me et les attaques non moins vives dirigées contre le maréchal. Ces attaques, répétées sur tous les tons par les officieux de la tribune et de la presse, jointes aux critiques acerbes de la déplorable contribution de Tlemcen, avaient singulièrement ébranlé l'honneur militaire et la réputation de capacité du maréchal, lorsque les frères Dupin, courtisans avérés du chef de l'État, le plus jeune, par ses sarcasmes amers, à l'occasion de la défense du général de Rigny, et l'aîné, à la tribune, par des comparaisons blessantes, au mépris des bienséances parlementaires, lui portèrent le coup fatal. Voyant alors le maréchal accablé sous le poids de ses fautes et devenu le bouc émissaire des fausses mesures de la politique anti-nationale du chef de l'État, le pouvoir central n'hésita plus: le gouvernement général de l'Algérie lui fut retiré et confié au général Damrémont.

Lorsque le maréchal Clauzel eut vu le pouvoir lui échapper, et les accusations formidables portées contre son administration, il prit la plume pour se défendre. Il publia un manifeste dans lequel il accusait le gouvernement de vouloir abandonner l'Algérie. Mais, hélas!

ses moyens de défense, à l'exception de ceux relatifs à la retraite de Constantine, étaient d'une faiblesse tellement désespérante, que pas un de ses amis, si ce n'est le général Petit, n'essaya de répondre à ses accusations. Quant à ses attaques directes contre le gouvernement, elles étaient trop vagues. Il était, d'ailleurs, tombé trop bas dans l'opinion publique pour produire le moindre effet. Le trait suivant fera ressortir jusqu'à l'évidence l'attitude hostile du ministre de la guerre à son égard.

Une commission d'enquête avait été nommée pour prendre des renseignements sur le fait du pillage des vivres imputé au 62ᵐᵉ. Cette commission n'avait pas encore fait son rapport, lorsque le maréchal fut révoqué. Le 11 mars il écrivit au ministre pour demander la publication de ce rapport. Le général Bernard répondit à cette demande par une dépêche du 17 :

« J'ai l'honneur de vous prévenir, en réponse à la lettre que vous m'avez fait celui de m'adresser, que la mission de la commission d'enquête nommée pour rechercher les causes de l'abandon du convoi des vivres près Constantine, étant une affaire toute d'administration intérieure, j'ai décidé, après un mûr examen, que le rapport de cette commission ne pouvait être rendu public, ainsi que vous le désirez. Vous apprécierez, comme moi, je n'en doute pas, la réserve que je dois m'imposer dans une matière qui intéresse à un si haut point le régime intérieur de l'armée. »

Le pillage d'un convoi, *qui intéresse* le régime intérieur de l'armée, n'était qu'une pitoyable dérision qui ne dissimulait même pas l'odieux déni de justice dont le maréchal était en ce moment la victime. Ce n'est donc point le motif véritable qui avait déterminé le ministre à repousser cette demande. Il est bien plus probable que les critiques de la presse et de la tribune, n'ayant porté que sur la conduite de l'expédition et les actes particuliers du gouverneur général, le ministre avait craint qu'en livrant le rapport de la commission à la publicité, ce rapport ne fît naître de nouveaux débats, qui pouvaient avoir pour effet d'appeler l'attention des Chambres sur la triste politique dont il connaissait maintenant le résultat, et que cette politique, percée à jour, n'amenât la retraite du cabinet.

Un motif à peu près identique fut peut-être la cause de la décision prise par ce même ministre à l'égard du bey *in partibus* de la province de Constantine, l'ex-mameluk tunisien Youssouf. Cette décision présente un contraste si frappant avec la disgrâce du maréchal Clauzel, qu'il me paraît nécessaire de donner quelques explications.

Le ministre de la guerre n'ignorait point que Youssouf avait exercé une détestable influence sur le maréchal Clauzel, dont il était le confident intime. S'il n'était pas suffisamment prouvé qu'il fût l'instigateur de la contribution de Tlemcen, il n'était que trop certain qu'il s'était rendu coupable de sévices barbares sur ses malheureux habitants, pour leur faire suer de l'or, suivant l'expression de M. Baude. D'un autre côté, il n'était pas douteux qu'il n'eût suggéré au maréchal l'idée de la prise de Constantine, dont il devait recueillir les principaux avantages, puisqu'il s'était fait nommer bey de cette province dix mois avant l'entrée en campagne, et qu'au moment de l'expédition, le maréchal lui avait fait obtenir, par son crédit, un subside de cinquante mille francs, afin de donner plus d'éclat à cette brillante situation. On savait qu'il avait multiplié les plus vaines promesses pour déterminer le maréchal à ne reculer devant aucun obstacle. Ainsi, il devait être suppléé à la faiblesse numérique de la colonne par l'appoint de dix mille Tunisiens qui devaient se ranger sous nos drapeaux. En outre, il s'était fait fort de fournir les bêtes de somme nécessaires pour les convois. Ces promesses furent, sans nul doute, une des causes de l'entrée en campagne, malgré l'insuffisance des moyens de transport fournis par l'administration. Le mauvais succès de l'expédition était donc, en grande partie, dû à ses manœuvres coupables, et il n'était que juste de lui en faire supporter la peine. On pensait généralement que ce qui pouvait lui arriver de plus heureux c'était d'être expulsé de la Colonie.

Ce fut donc avec une extrême surprise qu'on apprit bientôt qu'il était promu au grade de lieutenant-colonel. Il importe de faire remarquer que le ministre de la guerre avait agi en pleine connaissance de cause. Des faits significatifs me paraissent établir qu'il était convaincu du triste effet que devait produire cette étrange nomination. Ainsi, bien que le mauvais état de nos affaires en Algérie eût exigé l'envoi de nouvelles troupes, et que nous eussions à combattre à la fois dans les trois provinces, Youssouf fut retenu à Paris pendant une année entière et n'alla prendre possession de son nouvel emploi que cinq mois après l'entrée de nos troupes à Constantine, et lorsque la prise de cette place eut entièrement guéri les blessures faites à notre amour-propre national par la première expédition.

C'était encore bien peu. Il fallait, de plus, pour légitimer la singulière faveur dont Youssouf avait été l'objet, jeter un voile épais sur ses déplorables antécédents. On profita, avec une merveilleuse habileté, de quelques succès qu'il avait obtenus dans plusieurs salons de Paris, grâce à la richesse de son costume oriental et à l'étrangeté de ses manières et de son langage, pour en faire un portrait de fantaisie que n'auraient certes pas reconnu les Algériens. Il m'a paru intéressant de rappeler les ridicules hyperboles d'un de ses admirateurs officieux. Il s'exprime ainsi :

« De rares qualités distinguent Youssouf. Nous n'en citerons qu'un exemple. Un homme qu'il avait connu à Alger, et que nous ne voulons pas nommer, était à Paris, sans emploi et sans fortune. Une longue maladie venait d'ajouter encore à la gravité de sa situation. Youssouf l'apprend, vole chez lui, attend qu'il soit seul, et le force d'accepter la totalité du traitement qu'il venait de toucher. Youssouf n'avait alors pour toute ressource que la demi-solde du grade de chef d'escadron. Il n'hésita pas, cependant : il secourut le malheur la veille, sans s'inquiéter pour lui du lendemain. Combien peu de Français, en pareil cas, eussent montré la même générosité qu'un Arabe ? Comment cette bonne action est-t-elle arrivée jusqu'à nous ? Nous garderons, là-dessus, le silence, et nous nous contenterons de dire que ce n'est pas de Youssouf que nous la tenons.

» Les causeries orientales de Youssouf sur les Arabes, sur leur sauvagerie, leur intrépidité, leur insouciance de la vie, sont empreintes de ce charme qui s'attache à tout ce qui vient d'un pays inconnu ; sa phrase est vive, abondante et imagée. Dans la paix comme dans les combats, il conserve les habitudes d'un guerrier, et des exercices violents peuvent seuls compenser, pour lui, le temps du repos. Il avait donné, à Bône, quelques jours d'hospitalité à Horace Vernet ; elle lui fut rendue à Paris, largement rendue. Pendant son séjour dans cette ville, la famille du grand artiste devint la sienne, et il fut pour elle un enfant de plus. Rarement la noblesse de cœur est séparée de l'éminence du talent, et toute sa vie Horace Vernet a réuni les deux.

» Les débats de la tribune après la retraite de Constantine, le rappel du maréchal Clauzel qui en fut la suite, le titre de bey de cette province prématurément donné à Youssouf, avaient rendu sa position délicate et l'avaient contraint à expliquer sa conduite. Il le fit avec dignité, avec calme, sans tenir compte des préventions de certains hommes. Fort des brillants services qui plaidaient pour lui, il obtint, après quelques mois d'attente, la récompense qu'il avait si bien méritée, et rentra lieutenant-colonel à Alger. Tel est cet homme, déjà célèbre dans la régence, qui ne dit, qui ne fait rien comme un autre : bravo parmi les braves, enthousiaste, fidèle, téméraire, audacieux surtout, avec quelque chose de ce grandiose d'Orient, qui ne voit souvent, entre une chaumière et un trône, que la distance d'une épée. Véritable Gengis-K... au petit pied.

» On a conféré à ...ssouf un grade dans l'armée ; à mon avis, c'est une fau... . Lui appliquer les dispositions de notre loi d'avancement, c'est l'étendre sur le lit de Procuste, lui mettre des lisières que sa nature ne comporte pas ; c'est l'étouffer sous un habit étranger ; il fallait lui laisser le sien. Qu'en est-il arrivé ? Officier pour nous, il a continué d'être bey pour les indigènes, qui lui rendent des honneurs inconnus, qui lui baisent les mains ; c'est que, malgré nous et malgré nos formes, il est resté lui, et c'était le seul rôle qui nous l'eût donné tout entier. Le gouvernement d'une province, le maintien de sa pacification, voilà la mission que, sous l'autorité de la France, j'aurais offert en perspective à Youssouf et que je n'eusse pas hésité à lui confier quand l'opportunité serait venue. Je l'aurais placé à Constantine et à Bougie comme bey, et grandi par la dénomination, si je n'avais pu aussitôt le grandir par le grade. En un mot, j'aurais voulu qu'exception pour tout le monde, il n'eût été objet d'envie pour personne. »

Laissons de côté cette vaine phraséologie qui, du reste, ne saurait faire illusion aux esprits sensés. D'ailleurs, les faits les plus authentiques permettent d'apprécier les services de ce personnage. Interprète avant l'entrée des Français à Alger, bas employé de la police après la capitulation, il fut emprisonné sous M. de Bourmont comme espion du bey de Tunis. Il ne fut nommé capitaine par M. Clauzel que pour avoir servi d'intermédiaire et d'interprète pour les malencontreux traités avec le bey de Tunis. Les quelques services qu'il avait pu rendre jusqu'au second commandement de M. Clauzel, étaient plus que payés par le maintien de son grade de capitaine et par sa nomination de chef d'escadron. Mais à partir de ce moment son influence sur le maréchal ne se fait sentir que par des actes essentiellement mauvais et contraires aux intérêts et à l'honneur de la France. Témoin son rôle odieux dans la contribution de Tlemcen, ses rapines et ses razzias contre les tribus inoffensives des environs de Bône, et enfin ses promesses artificieuses pour hâter les moments de l'expédition de Constantine. Il faut donc chercher ailleurs que dans de prétendus services les causes de son avancement scandaleux. Il nous a toujours paru qu'il n'avait dominé à ce point le maréchal Clauzel que parce qu'il était dépositaire de secrets dont il avait su tirer un merveilleux parti. Ne faut-il pas admettre que vis-à-vis du ministre il avait continué la même tactique? Confident du maréchal, il avait été le témoin non-seulement de tous ses actes, mais il avait eu connaissance des dépêches secrètes adressées par les ministres et peut-être des communications particulières émanées du chef de l'Etat. On conçoit, dès lors, tout le parti qu'il sut tirer de la possession d'écrits compromettants de la part de personnes intéressées à en empêcher la publication. Il me paraît impossible d'assigner une autre cause à sa nomination de lieutenant-colonel.

Gouvernement du général Damrémont

I

ÉTAT DES AFFAIRES A LA CHUTE DU MARÉCHAL CLAUZEL, GRAVITÉ DE LA SITUATION. — LE GÉNÉRAL DAMRÉMONT, GOUVERNEUR GÉNÉRAL. — SES ANTÉCÉDENTS MILITAIRES. — LIMITES IMPOSÉES AUX ATTRIBUTIONS DU GOUVERNEUR PAR L'ENVOI DU GÉNÉRAL BUGEAUD A ORAN AVEC UNE MISSION SPÉCIALE. — VUES DU CHEF DE L'ÉTAT. — CONTINUATION DE LA POLITIQUE DE L'OCCUPATION RESTREINTE.

Le mauvais succès de l'expédition de Constantine et les débats irritants qui en furent la conséquence, avaient eu en Algérie un contre-coup fatal. Le Arabes, que leurs croyances religieuses prédisposent à voir le doigt de Dieu dans tous les évènements, commencèrent à douter de notre puissance et à considérer comme infaillibles les prédications de leurs marabouts qui annonçaient notre expulsion prochaine de la colonie. Le prestige d'Abd-el-Kader en fut considérablement accru. Son autorité, qui ne s'était exercée jusque-là que dans une partie de la province d'Oran, comptait des partisans jusque sous les murs d'Alger. Milianah et Médéah s'étaient ouvertement déclarées pour lui. Blidah même était sur le point de nous échapper. En un mot, si les populations entières des deux provinces n'obéissaient pas encore à ses ordres, il est certain qu'il ne rencontrait plus d'ennemis dans toute l'étendue de ce vaste territoire. Il va sans dire que l'influence de l'émir n'avait grandi qu'à notre détriment. Ce n'était partout que démonstrations hostiles. Des cavaliers fanatiques sillonnaient la plaine de la Mitidja et les Hadjoutes envoyaient des partis jusque sous les canons de nos forts. Les attentats se multipliaient contre les propriétés et les personnes des colons européens qui osaient à peine franchir les points occupés par les troupes. C'était, en un mot, une conquête à recommencer.

On concevra sans peine qu'en raison d'une pareille insécurité, les progrès de la colonisation étaient impossibles. Pour en faire connaître les tristes résultats, il suffit de rappeler qu'à la fin de l'année 1837, après sept années de combat et de douloureux sacrifices, la population européenne avait à peine atteint le chiffre de seize mille âmes, dont six mille Français; que les communes formées dans le Fahs et le Sahel, sous l'administration du comte d'Erlon, possédaient tout au plus sept mille hectares de terre défrichée et occupée par environ deux mille Européens et quatre ou cinq cents familles indigènes. Dans la Mitidja, les établissements européens avaient été abandonnés, et cette magnifique plaine, dont la plupart des Arabes avaient fui, ne donnait d'autres produits que la récolte des foins pour le service de l'armée. Et cependant combien la population civile était remplie de sève et portée vers les entreprises agricoles ! Malgré les périls de la situation, la culture du mûrier avait été essayée en grand sur divers points du territoire de la province. Des colons aventureux et énergiques n'hésitèrent point à créer des fermes considérables. M. Mercier s'établit à l'Haouch-Reghaya, M. Montaigne dans le district de Beni-Mouça et M. de Tonnac dans celui de Krachenas, au pied des montagnes. Ces diverses entreprises échouèrent beaucoup moins par le défaut de sécurité que par la cherté de la main-d'œuvre et les difficultés des communications.

Je n'ai pas besoin de faire remarquer que, dans de pareilles conditions, l'établissement de petits cultivateurs étant tout à fait impossible, la spéculation dut se concentrer dans l'enceinte de la ville et donner un élan extraordinaire aux constructions urbaines. Ce fut la cause principale de la transformation rapide d'une partie d'Alger. Les trois grandes rues Bab-Azoun, Bab-el-Oued et de la Marine, qui aboutissent aux principales portes, furent créées comme par enchantement. On conçoit, en outre, que les travaux publics ne pouvaient avoir un champ plus vaste. A l'exception de quelques menues dépenses occasionnées par l'ouverture de deux ou trois chemins vicinaux dans le Sahel, les crédits à la disposition des ingénieurs ne pouvaient trouver un emploi utile que dans Alger même. M. Poirel profita de cette circonstance pour consacrer des sommes considérables aux constructions nécessaires pour assurer la sécurité du port et au prolongement du môle. Ainsi, les entreprises publiques et privées ne pouvant avoir lieu que dans un espace assez restreint devaient produire une concurrence illimitée. Cette concurrence, à son tour, engendra des spéculations immorales, qu'on a tant reprochées aux premiers Algériens et qui n'étaient, comme on le voit, que le triste fruit de la déplorable politique du gouvernement.

La situation de la province d'Oran était encore plus mauvaise. Abd-el-Kader, trop habile pour ne pas tirer le plus grand parti des répits impolitiques que lui assuraient les préparatifs inopportuns de l'expédition de Constantine, avait déployé une activité merveilleuse afin de réduire les tribus qui avaient refusé jusque-là de reconnaître son autorité, et pour compléter l'organisation militaire de ses trop nombreux partisans. Ses cavaliers étaient disséminés par groupes entre Oran et Tlemcen. Les communications entre ces deux villes étaient tout à fait impossibles.

Le général de Brossard, nommé depuis peu au commandement de la division d'Oran, osait à peine dépasser les lignes des fortifications de la place. D'un autre côté, l'émir ayant interdit à ses Arabes, sous les peines les plus sévères, toute espèce de communication avec les chrétiens, nos marchés étaient déserts; l'administration militaire, pour alimenter nos troupes, était dans la nécessité de faire acheter en Espagne des bestiaux qui nous coûtaient fort cher. Dans ces circonstances difficiles et à l'instigation d'un Juif indigène nommé Ben Durand, qui devait évidemment y trouver son compte, le général de Brossard eut recours à une combinaison étrange, pour faire ravitailler par Abd-el-Kader lui-même les places d'Oran et de Tlemcen. Je raconterai en son lieu tous les détails de cette singulière négociation, je ne l'ai mentionnée en ce moment que pour faire ressortir la gravité de la situation.

Dans la province de Constantine, pendant les six ans écoulés depuis la conquête, notre occupation avait été limitée à deux points du littoral. Nous n'avions tout à coup pénétré dans l'intérieur que pour essuyer les plus lamentables revers, qui avaient surexcité outre mesure le fanatisme musulman, et rallié à Hadj-Ahmet toutes les forces vives du pays.

Bien que le chef de l'Etat se fut systématiquement opposé à notre extension dans la régence, soit à cause des sacrifices qui devaient en être la conséquence, ou soit par crainte d'engager, dans une entreprise lointaine, une partie des forces militaires de la France, dont il pouvait avoir besoin pour repousser les attaques de l'extérieur, il avait compris, cette fois, que, pour conserver les sympathies de l'armée, il fallait se résoudre à relever l'honneur du drapeau et effacer, par une éclatante revanche, les derniers vestiges de notre défaite. L'occupation définitive de Guelma, dont le commandement supérieur avait été confié à un officier brave et expérimenté, était un signe non équivoque que le pouvoir central avait le dessein de faire procéder au plus tôt à une nouvelle expédition.

Il n'était pas moins nécessaire de frapper de grands coups dans les provinces d'Alger et d'Oran, afin de rétablir notre influence perdue et soumettre les tribus dissidentes à notre domination. C'était donc la guerre sur tous les points à la fois que les fautes du maréchal Clauzel avaient léguée à son successeur. Après avoir indiqué la lourde tâche qui lui était dévolue, il importe de le faire connaître avant de le montrer à l'œuvre et de dire les motifs qui allaient faire mettre à son pouvoir d'humiliantes restrictions.

Le général comte Denys de Damrémont, nommé, par ordonnance royale du 12 février 1837, gouverneur général des possessions françaises du Nord de l'Afrique, en remplacement du maréchal Clauzel, était né à Chaumont, en 1783. Élève de l'école de Fontainebleau en 1803, il fut nommé sous-lieutenant au 12me chasseurs à cheval en 1804, et ne parvint au grade de colonel qu'en 1813. Il servit la Restauration après la chute de l'Empire, commanda la légion de la Côte-d'Or, et fut nommé maréchal de camp en 1821. Il fit, en 1823, la campagne d'Espagne. Nous l'avons vu, en 1830, commander une brigade de la division Loverdo et aller prendre possession de Bône après la prise d'Alger. Le général Clauzel le fit partir, le 11 septembre, pour Oran, où il s'empara, le 14, des forts Saint-Grégoire et de Mers-el-Kebir. Le 16, il fut nommé lieutenant-général et chargé du commandement de la 8ᵐᵉ division militaire à Marseille. Mais il ne se rendit à son nouveau poste qu'après avoir installé le bataillon tunisien à Oran.

Si l'on considère que, pendant les formidables guerres de l'Empire, où l'avancement était si rapide, M. Damrémont, depuis le grade de sous-lieutenant, avait mis neuf années entières pour devenir colonel ; que, pendant les neuf années de la Restauration qui suivirent son élévation au grade de maréchal de camp, bien qu'il eût assisté à la guerre d'Espagne, et malgré son origine aristocratique (deux causes puissantes de faveur sous les Bourbons), il n'avait pu atteindre le grade de lieutenant-général, on est porté à croire que ses états de service n'avaient pas jeté un grand éclat. Si j'ajoute qu'il n'avait, jusque-là, commandé qu'en sous-ordre, on devrait s'étonner que, dans une situation aussi grave, le gouvernement eût confié la direction des affaires à un général dont la valeur militaire était inconnue, si les vues secrètes du chef de l'État, que nous allons indiquer, n'expliquaient suffisamment cette détermination. Disons, en attendant, que M. le général Damrémont était un homme intelligent, instruit, doué d'un grand courage personnel. Mais ce qui le rendait impropre aux fonctions qui lui étaient confiées, c'était un caractère faible, un militaire médiocre.

J'ai déjà raconté que Louis-Philippe avait la conviction que le séjour continu de nombreuses troupes dans la colonie était une cause d'affaiblissement de la puissance continentale de la France, et pouvait être, dans l'hypothèse d'un conflit européen, un grand danger pour sa dynastie. Cette conviction devait le conduire à mettre la main sur la direction exclusive des affaires algériennes et à imposer à ses divers agents la politique de l'occupation restreinte, qui permettait de nous établir solidement, avec une dizaine de mille hommes, sur trois ou quatre points du littoral. Il faut d'autant plus le rendre responsable des fautes commises pendant les premières années de son règne, qu'il n'avait confié le commandement de la colonie, dans les circonstances difficiles, qu'à des généraux qu'il savait, au préalable, devoir être les instruments serviles de sa volonté. Des faits indiscutables ne permettent pas le moindre doute à ce sujet. Ainsi, le général Clauzel, lors de son premier commandement, ayant, par une déclaration fausse, sans nul doute concertée d'avance avec le roi, décidé le ministère à réduire notablement l'effectif de l'armée, avait pu céder les deux provinces de Constantine et d'Oran au bey de Tunis, et encourir un désaveu public, sans rien perdre de la faveur royale. Sa promotion à la dignité de maréchal de France, qui eut lieu bientôt après, ne pouvait être que la récompense de son intention manifeste d'exécuter fidèlement les ordres du chef de l'État. S'il fut disgracié plus tard, ce fut beaucoup moins en raison de l'insuccès de la campagne de Constantine que pour avoir poussé à la prise de possession entière de l'Algérie, au moyen de l'occupation permanente de Tlemcen, et de sa malheureuse et dernière expédition. Le comte d'Erlon, enfin, avait été élevé au maréchalat pour avoir exécuté à la lettre les instructions venues de Paris, bien que, par son incapacité notoire, il eut, en maintes circonstances, compromis l'honneur et la dignité du commandement.

Ces détails m'ont paru indispensables pour apprécier les motifs qui déterminèrent le Pouvoir central à diviser le commandement entre MM. Damrémont et Bugeaud, au mépris de la législation coloniale, et à charger exclusivement ce dernier de conclure avec Abd-el-Kader le malheureux traité de la Tafna.

Cependant, la folle équipée du maréchal Clauzel avait eu pour résultat d'indiquer la nature des difficultés à vaincre pour mener à bonne fin la nouvelle expédition. Il fallait, surtout, pourvoir la colonne d'un certain nombre de pièces d'artillerie de gros calibre, dont le besoin avait été si vivement senti; organiser de puissants moyens de transports, que l'absence de routes carrossables rendait d'une nécessité absolue. Il fallait, enfin, augmenter, dans une notable proportion, l'effectif des troupes, pour occuper deux ou trois points intermédiaires, afin de faire circuler librement des convois de vivres et de munitions, seul moyen de permettre à la colonne de séjourner pendant un certain temps devant la place, si les opérations du siège venaient à se prolonger. Pour être en mesure d'agir avec succès dans ces diverses hypothèses, et occuper, en même temps, Bougie, Bône, Guelma, ce n'était pas trop d'une trentaine de mille hommes, qui, en raison des non-valeurs, pouvaient être réduits à vingt-cinq mille, au moment de l'entrée en campagne.

On ne pouvait songer à dégarnir entièrement les postes occupés par nos troupes dans la province d'Alger. Il était urgent de protéger les établissements agricoles de nos colons, de couvrir le Fahs et le Sahel, et d'assurer la sécurité des indigènes, que leur intérêt seul retenait encore dans notre parti.

Mais, dans la province d'Oran, il fallait concentrer de puissants moyens d'action, pour combattre utilement des ennemis nombreux et acharnés. Abd-el-Kader, profitant de nos fautes, avait grandi en force et en audace. Ce n'était plus ce marabout obscur qui, naguère encore, traînait, à sa suite, quelques tribus sans discipline, et trois ou quatre cents vagabonds, dont la plupart n'étaient pas armés. Nous allions avoir en face un souverain créé par nous, il est vrai, mais accepté de toutes parts comme le représentant vénéré de la nationalité arabe, dont il avait habilement réuni les tronçons, afin d'opposer une digue à l'invasion des chrétiens. Pour combattre à la fois des ennemis nombreux disséminés sur une étendue de près de mille kilomètres, dont les points extrêmes étaient Constantine et Tlemcen, il était nécessaire de faire voter des crédits considérables par les Chambres et porter l'effectif de l'armée d'Afrique à quatre-vingt mille hommes placés sous les ordres d'un capitaine énergique et expérimenté.

L'Algérie jouissait alors de si peu de faveur dans les sphères officielles, que je n'oserais affirmer qu'un pareil projet eût eu quelques chances de succès dans le Parlement, qui ne votait qu'à regret les subsides demandés par le ministère, les considérant, bien à tort, comme un sacrifice dont il n'y avait pas à espérer de compensation. Dans tous les cas, il est certain que le chef de l'État n'eût pas consenti à engager à ce point les finances de la nation, et bien moins à éloigner du sol de la patrie des troupes nombreuses, qui lui paraissaient beaucoup plus utiles en France pour imposer aux puissances du Nord dont il redoutait encore les mauvaises dispositions. Dans cette situation difficile, il prit un moyen terme. Dans la crainte de mécontenter l'armée, qu'il considérait comme le plus ferme soutien de son trône, il fit annoncer publiquement que des mesures énergiques seraient bientôt prises pour venger notre échec devant Constantine, se promettant bien d'en différer l'exécution jusqu'à ce qu'il eût négocié la paix avec Abd-el-Kader et assuré, par ce moyen, la tranquillité des deux provinces d'Alger et d'Oran. Dans cette hypothèse, un effectif relativement peu considérable devait suffire à tous les besoins. C'était toujours, on le voit, la même politique égoïste et personnelle. Elle allait indignement sacrifier, une fois de plus, les intérêts les plus sacrés et l'honneur de la nation.

D'autres considérations avaient une bien plus grande puissance sur l'esprit du chef de l'État et lui auraient, d'ailleurs, imposé cette triste politique. En effet, il résuite de données indiscutables que, pour des motifs précédemment déduits, il s'était jeté, dès le début de son règne, dans les bras de l'Angleterre. Or, les Anglais avaient vu du plus mauvais œil notre établissement en Algérie, et chacune de nos étapes vers le Maroc leur causait de vives alarmes. Ils y voyaient la ruine de leur commerce dans ces vastes contrées, et le principe d'une dangereuse concurrence pour leurs échanges avec le Soudan, dont la possession de Gibraltar leur assurait depuis longtemps le monopole.

Un traité avec l'émir, ayant pour résultat l'abandon de notre souveraineté sur une partie notable de la province d'Oran, devait calmer leur ombrageuse jalousie et nous faire pardonner l'occupation future de la province de Constantine. Ainsi, ce malencontreux traité devait avoir pour effet aux yeux du monarque de consolider l'alliance anglaise, à laquelle il attachait encore un si grand prix, et de l'affranchir de l'obligation d'éloigner de France des troupes nombreuses, deux conditions de salut pour sa jeune royauté. On comprendra, dès lors, aisément, avec quelle énergie de volonté il dut pousser à sa conclusion, et combien il dut apporter de soins dans le choix de son intermédiaire.

Cet intermédiaire ne pouvait être qu'un personnage qui eût déjà donné des gages d'un dévouement exclusif à sa personne et à sa dynastie, et assez dépourvu de tout scrupule patriotique pour lui prêter tout son concours dans l'œuvre anti-nationale qu'il se proposait d'accomplir. Bien que M. de Damrémont se fût franchement rallié à la monarchie de Juillet, il est probable que Louis-Philippe ne songea même pas à lui donner un pareil mandat. Il savait fort bien que la vieille noblesse de France, dont le général faisait partie, avait le sentiment trop profond de la dignité nationale, pour qu'un de ses membres s'abaissât au point d'attacher son nom à un acte si éminemment contraire à l'honneur et aux intérêts du pays. Il savait, également, que dans cette circonstance plusieurs de ses officiers généraux, façonnés à la servitude par le despotisme du premier Bonaparte, s'empresseraient d'exécuter ses ordres à la lettre. Mais, le général Bugeaud, seul, avait fait preuve à son égard d'une abnégation personnelle incomparable, sûr garant de sa docilité à venir. Dès lors M. Bugeaud fut choisi. Il partit bientôt pour Oran. Nous connaissons le but secret de sa mission; il importe également de déterminer sa situation effective.

Aux termes des ordonnances qui avaient force de loi en Algérie, le commandant de la division d'Oran était placé sous les ordres du gouverneur général. Si M. Bugeaud n'avait été promu qu'à cet emploi, il est certain que sa nomination eût été insérée dans le *Bulletin des actes du Gouvernement* ou dans le journal officiel de la métropole, ce qui n'eut pas lieu. Ensuite, le général de Brossard, commandant titulaire de la division, aurait reçu une destination différente, et ne serait pas demeuré à son poste. Enfin, dans cette hypothèse, le général Bugeaud étant indubitablement sous les ordres du général Damrémont, un conflit d'autorité ne se serait pas élevé entre ces deux généraux.

Voici à quelle occasion ce conflit prit naissance :

M. Bugeaud s'était mis en rapport avec l'émir, par l'intermédiaire du juif Ben Durand. Soit qu'Abd-el-Kader eût la conviction qu'il lui serait plus facile de traiter avec le gouverneur général, soit pour tout autre motif demeuré inconnu, il écrivit à M. Damrémont une lettre en termes assez vagues, mais dont le sens réel était une demande de paix. Le général Damrémont, qui ignorait la mission secrète du général Bugeaud, se montra disposé à accueillir des ouvertures plus complètes; il en donna avis au ministre de la guerre, et lui proposa les bases d'un traité qui limitait Abd-el-Kader au Chélif. Le général Bugeaud ayant appris la correspondance du gouverneur général et de l'émir, se plaignit avec énergie de l'immixtion du gouverneur général dans cette affaire, qui était, disait-il, de nature à compromettre le résultat des négociations qu'il avait lui-même entamées; il prétendit, en outre, avoir seul le droit de traiter. Le général Damrémont ayant refusé de reconnaître les pouvoirs absolus que s'arrogeait M. Bugeaud, le conflit fut soumis au ministre de la guerre. Il répondit, suivant sa coutume, par une dépêche équivoque qui ne pouvait que perpétuer le conflit. Cette dépêche, du 26 avril 1837, fut adressée à M. Damrémont. Elle contenait les passages suivants :

« Je rappelle au général Bugeaud que, dans le cours de ses négociations, il ne doit rien faire sans vous avertir, *ni rien conclure sans votre attache.* De votre côté, vous aurez soin de ne rien arrêter définitivement sans l'approbation du gouvernement du Roi, et de m'adresser, à cet effet, toutes les propositions qui vous seraient faites. »

Les deux parties de cette dépêche présentaient un contraste frappant qui n'aurait pas dû échapper à la sagacité de M. de Damrémont. La première était exclusivement relative aux pouvoirs conférés à M. Bugeaud. Elle était écrite en termes ambigus, qui décelaient l'embarras suprême éprouvé par le ministre, pour faire l'aveu de la position anormale faite au général, sans froisser, en même temps, la susceptibilité du gouverneur. Car, *la nécessité de l'avertir des négociations pendantes et de ne rien conclure sans son attache*, n'impliquait nullement un lien de subordination à son égard. Il était bien plus simple de dire: M. Bugeaud est placé sous vos ordres; tandis que les expressions claires et précises de la seconde enjoignaient au gouverneur de ne rien arrêter définitivement, et d'adresser au ministre de la guerre les propositions qui lui seraient faites.

Cette dépêche fut interprétée différemment par le général Bugeaud et le gouverneur. Ce dernier, la considérant, à tort, comme la consécration de son pouvoir, écrivait, le 14 mai, à M. Bugeaud, qu'il devait se borner à la préparation du projet de traité avec Abd-el-Kader. Le général Bugeaud répondit, à la date du 25 mai, en ces termes :

« Il n'est dit nulle part que vous devez sanctionner la paix que je ferai, et que, selon l'expression de votre lettre du 14 mai, je ne dois que préparer le traité. Si le gouvernement vous a dit autrement, si vous avez des pouvoirs qu'on m'a tenu cachés, les *quiproquos*, les inconvénients qui sont survenus, ne sont ni de votre faute ni de la mienne. Ils sont le fait du gouvernement, qui n'a pas établi, d'une manière nette et bien tranchée, la séparation des pouvoirs..... que la faute soit rejetée sur ceux à qui elle appartient. »

Il faut, malheureusement, reconnaître que les prétentions de M. Bugeaud étaient fondées, car le ministre de la guerre, par une dépêche nouvelle, sous la date du 16 mai, due, très-probablement, à la pression du chef de l'État, lui conférait le soin exclusif de terminer à son gré notre conflit avec Abd-el-Kader par un traité de paix ou par une victoire. Il importe, ici, de remarquer que, bien que cette dépêche eût précédé de plusieurs jours la réponse faite au gouverneur général par M. Bugeaud, cette réponse n'en faisait nulle mention, ce qui doit, évidemment, faire présumer que la dépêche du 16 mai était confidentielle et fut dissimulée à M. le général Damrémont afin de ménager son amour-propre, que l'évolution étrange du ministre aurait soumis à une trop rude épreuve. Néanmoins, il est impossible d'admettre que M. Damrémont ait pu ignorer plus longtemps la nature du mandat confié au général Bugeaud, en présence d'une lettre écrite quelques jours après et dont la forme et le fond ne souraient être attribués à un inférieur. Par cette lettre, M. Bugeaud voulut, sans doute, se faire pardonner l'inconvenance de son langage. Elle portait la date du 27 mai, et était co‑‑‑‑ie en ces termes :

« Général, je vous dois une réparation, je vais vous la faire avec franchise. Abd-el-Kader assure que vous ne lui avez jamais fait de propositions de paix. J'ai donc été trompé par Durand, qui jouait un double jeu, pour obtenir des concessions des deux parties contractantes, en mendiant à l'une et à l'autre. Il travaillait, surtout, à sa fortune; c'est un homme sordide. Je ne l'ai pas employé dans ces dernières négociations ; j'ai travaillé directement. Recevez mes excuses, général ; effacez de votre esprit les impressions qu'ont dû y laisser mes reproches mal fondés. »

Le général Bugeaud n'était donc pas commandant de la division d'Oran, et, cependant, il donnait des ordres impératifs au général titulaire de la division, M. de Brossard, ainsi que le prouve une lettre du 2 septembre 1837, écrite à ce général :

« Mon cher général, vous savez s'il me tarde de vous remettre les rênes de mon commandement. Votre affectionné, Bugeaud. »

Et, ce qui est plus étonnant encore, c'est qu'il fit traduire ce même général, ainsi que je le raconterai dans un des chapitres suivants, devant un conseil de guerre à l'occasion de faits dont la plupart s'étaient passés avant son arrivée et sans l'intervention du gouverneur général. C'était donc une espèce de proconsul, revêtu d'un immense pouvoir discrétionnaire, souverainement illégal, afin de vaincre toutes les résistances qui auraient pu mettre des entraves à l'accomplissement de son mandat.

La mission confiée à M. Bugeaud avait donc considérablement réduit les pouvoirs du général Damrémont. Le traité de la Tafna allait restreindre son commandement à quelques points du littoral et lui laisser tout le loisir nécessaire pour organiser la deuxième expédition de Constantine, qui me parait avoir été l'unique objet de sa nomination. Ici, encore, la confiance du gouvernement envers le général était plus apparente que réelle. On n'ignorait pas que pendant le pénible trajet de Bône à Constantine, la colonne, commandée par le maréchal Clauzel, n'ayant pas eu à subir d'attaque sérieuse, il était à peu près certain que des troupes beaucoup plus nombreuses, et pourvues de puissants moyens de destruction, ne seraient point inquiétées dans leur marche et qu'elles arriveraient devant la place sans coup férir. Que le succès de la campagne dépendait uniquement de l'habile direction des travaux du siège; que c'était affaire des officiers d'artillerie et du génie, que le général en chef serait en réalité placé sur le second plan. On s'étonne, dès lors, que M. Damrémont ait ainsi laissé amoindrir dans ses mains le commandement dont il était le dépositaire légal et que sa fierté de gentilhomme ne se soit pas révélée par l'envoi de sa démission. Mais il devait rester à son poste et racheter, par une mort glorieuse, les fautes impardonnables dues à une déplorable faiblesse.

Ces faits, dont l'existence ne peut être mise en doute, me paraissent établir que le pouvoir central persistait, plus que jamais, dans sa triste politique de l'occupation restreinte. Néanmoins, je crois devoir faire connaître deux documents officiels qui viendront, en cas de nécessité, compléter ma démonstration.

M. le général Damrémont était arrivé à Alger le 3 avril, pour prendre possession de son commandement; le surlendemain, il adressait aux habitants d'Alger la proclamation suivante :

« Habitants des possessions françaises dans le nord de l'Afrique,

» Le roi m'a confié le gouvernement des possessions françaises dans le nord de l'Afrique. En arrivant dans ce pays, j'aime à rappeler que j'ai pris part à sa conquête. Ce souvenir est une garantie des dispositions que j'apporte; ce que j'ai aidé à conquérir, je viens le consolider.

» Le roi veut la *conservation d'Alger;* il veut tout ce qui peut assurer cette conservation, en la rendant avantageuse à la France; son gouvernement le veut aussi, et tout ce qui sera nécessaire pour arriver à ce but, il le fera.

» Longtemps, peut-être, il a fallu combattre, il a fallu porter en tous lieux l'idée de notre puissance, prouver que nos armes pouvaient aller partout protéger nos amis, atteindre nos ennemis. Ce résultat est pleinement acquis, et, si l'autorité du nom français réclame encore une satisfaction à Constantine, tout se prépare pour que cette satisfaction soit assurée.

» Sept ans de combats et de sacrifices doivent avoir leur prix, et le moment est venu de recueillir les fruits de la conquête.

» Concentrer nos forces sur les points les plus importants pour nous y établir en maîtres, d'une manière absolue et définitive; livrer, autour de nous, le sol à la culture et nous enraciner par elle dans cette terre d'Afrique; encourager les entreprises particulières en leur assurant protection; couvrir leurs travaux par un cercle de défense impénétrable; agrandir ce cercle à mesure que ces travaux s'étendent; avancer, ainsi, pas à pas, avec sagesse, mais utilement et sûrement; n'avançant qu'avec la résolution et la certitude de nous maintenir.

» Créer au commerce de la France et du midi de l'Europe un aliment nouveau; ouvrir pour les navires des ports commodes et sûrs; offrir pour les transactions des moyens d'échanges avantageux et toutes les facultés compatibles avec l'intérêt combiné de la métropole et de la colonie.

» Rendre notre domination bienfaisante et féconde pour les populations indigènes; les appeler à nos marchés; leur donner le goût du travail en leur en assurant le prix. Par le travail leur faire aimer l'ordre; les attacher à nous par leur propre intérêt. En un mot, faire succéder à l'état de guerre une pacification fondée sur cet intérêt même, sur la justice, mais aussi, sur la force; une pacification bienveillante et protectrice pour ceux qui l'observent, menaçante pour ceux qui tenteraient de l'enfreindre. Voilà, désormais, la mission réservée à l'administration de ce pays; mission lente, difficile, à laquelle je viens me consacrer. »

Je n'ai pas le dessein de faire ressortir les déplorables erreurs contenues dans cette phraséologie nuageuse; je me borne, pour le moment, à faire remarquer que les mots significatifs, *le roi veut conserver Alger*, et le désir immodéré de faire la paix, qui *sue*, pour ainsi dire, par tous les pores de cette malencontreuse proclamation, étaient en concordance beaucoup trop parfaite avec la politique occulte du chef de l'État pour ne pas justifier pleinement mes assertions. Du reste, ces idées sont reproduites, avec une bien autre précision, dans une dépêche du 22 mai, adressée par le ministre de la guerre au général Damrémont, dont voici les termes :

« Le but que le gouvernement se propose n'est pas la domination absolue, ni, par conséquent, la conquête immédiate et l'occupation effective de tout le territoire de l'ancienne régence.

« La guerre acharnée et ruineuse qu'il faudrait soutenir pour en venir là, imposerait à la France des sacrifices hors de proportion avec les avantages que pourrait lui procurer le succès. Le principal objet qu'elle doit se proposer dans ses possessions du nord de l'Afrique, *c'est son établissement maritime, c'est la sécurité et l'extension de son commerce, c'est l'accroissement de son influence dans la Méditerranée* et parmi les populations musulmanes qui en habitent le littoral. La guerre est un obstacle à tous ces résultats. Le gouvernement ne l'accepte que comme une nécessité dont il désire, dont il espère pouvoir hâter le terme. Il s'y résigne parce qu'il est impossible de passer brusquement d'un système à un autre, et parce qu'au point où en sont les choses, ses intentions ne seraient pas comprises s'il se montrait pacifique sans se montrer fort. Dans le système dont les bases ont été posées en votre présence par le Conseil, le point le plus important pour la France, c'est la possession du littoral. Les principaux points à occuper sont Alger, Bône et Oran. Toutefois, vous le savez, cette occupation ne doit pas s'entendre seulement de l'enceinte des villes et de leur banlieue, mais d'une certaine partie de territoire qui doit être réservée à la colonisation. Le reste doit être abandonné à des chefs indigènes, choisis parmi les hommes qui ont une influence déjà faite, et assez nombreux, s'il est possible, pour qu'aucun d'eux n'ait sur les autres une prépondérance marquée. »

La politique du gouvernement de la métropole ainsi définie et caractérisée, nous n'avons plus qu'à la montrer à l'œuvre et à signaler ses tristes et inévitables résultats.

II

MESURES PRISES PAR LE GÉNÉRAL DAMRÉMONT AU DÉBUT DE SON COMMANDEMENT. — SUCCÈS DES MANŒUVRES D'ABD-EL-KADER POUR L'EXTENSION DE SON POUVOIR. — OPÉRATIONS MILITAIRES DANS LA PROVINCE D'ALGER.

M. de Damrémont avait, ainsi que je l'ai déjà dit, pris en main la haute administration de l'Algérie dans les premiers jours d'avril 1837. Bien qu'il eût rappelé avec complaisance, dans sa proclamation, qu'il avait fait partie de l'expédition de 1830, et qu'il était venu pour consolider ce qu'il avait contribué à conquérir, il est certain qu'étant constamment resté à la tête de sa brigade, pendant son séjour de si peu de durée dans les trois provinces, il ne pouvait avoir acquis la moindre notion des affaires algériennes. D'un autre côté, comme la plupart des nouveaux venus, il apportait pas mal d'idées fausses, résultat des instructions reçues en Conseil de la part d'un cabinet si misérablement inféodé à la politique personnelle du roi. En effet, il est impossible d'expliquer l'inqualifiable bévue qui avait marqué son premier pas dans sa carrière, si l'on ne reconnait que ces instructions avaient dû produire une influence détestable sur son esprit. Proclamer, dans un acte officiel, au mépris du célèbre adage de la sagesse antique, *si tu veux la paix, prépare toi à la guerre*, que le temps de combattre était passé, et cela au moment même où l'on entamait des négociations pour la paix avec l'émir, était une insigne folie, qui devait avoir pour conséquence d'accroître, outre mesure, ses prétentions et de nous forcer à conclure un traité désavantageux.

Il était, dès lors, fort à craindre qu'une pareille ignorance des hommes et des choses, bien que M. Damrémont fut, d'ailleurs, un homme intelligent, ne devînt la source d'une infinité de mesures incomprises et fort mal appropriées aux besoins du pays. Mais, le conflit soulevé par M. Bugeaud, et les entreprises d'Abd-el-Kader sur les provinces d'Alger et de Tittery, dès le début et, plus tard, le traité de la Tafna et l'expédition de Constantine, ayant attiré toute son attention, le gouverneur général n'eut que très-peu de temps à donner aux affaires civiles. Il ne prit, durant le cours de son administration, que trois arrêtés principaux qu'il importe d'analyser successivement afin de ne pas scinder le récit des opérations militaires, qui feront toucher du doigt avec quel art Abd-el-Kader profita des fautes de nos généraux pour augmenter le nombre de ses adhérents. Mais, il importe, au préalable, de faire connaître une mesure qui témoigne du vif désir de M. de Damrémont de faciliter les relations commerciales de la colonie avec la métropole.

Pendant les premières années de la conquête, les communications entre la France et l'Algérie ne s'opéraient qu'à des époques indéterminées et au moyen de navires à voiles, que le commerce n'expédiait dans les différentes villes du littoral que lorsqu'ils étaient pourvus d'un chargement rémunérateur. Le défaut de transports réguliers et à jour fixe se faisait vivement sentir. Il avait le double inconvénient de rendre les échanges entre les deux pays à peu près impossibles et d'assujétir la plupart des voyageurs à un séjour prolongé sur divers points de la côte de France et de leur imposer des charges onéreuses et presque toujours hors de proportion avec les ressources restreintes des immigrants. Le général Damrémont ayant bientôt compris qu'il était urgent de mettre fin à une pareille situation, fit publier, dans le *Bulletin officiel* du 28 avril 1837, un règlement pour le service des bateaux à vapeur affectés aux communications entre Toulon et l'Algérie, fait, il est vrai, par le ministre de la marine, dans les derniers jours de novembre 1835, mais dont l'exécution était restée soumise au bon plaisir de l'autorité maritime. Cette organisation du service, quoique bien imparfaite, réalisait un notable progrès. Pour en donner une idée, à peu près exacte, il suffit de faire connaître les quatre premiers articles du règlement :

« Article premier. — Le service de correspondance établi au moyen de bâtiments à vapeur de la marine royale entre Toulon et les possessions françaises du nord de l'Afrique, a pour but principal le transport de la correspondance et celui des passagers militaires. Néanmoins, afin de faciliter les relations commerciales qui existent entre la France et ses possessions d'Afrique, il sera réservé, à bord de chaque bâtiment, un certain nombre de places pour les particuliers voyageant à leurs frais.

» Le service comprendra trois lignes distinctes :

» 1° La ligne de Toulon à Alger et retour;
» 2° La ligne d'Alger à Bône, par Bougie, et retour;
» 3° La ligne d'Alger à Oran et retour.

» Art. 2. — Les départs des bâtiments affectés aux communications entre Toulon et Alger seront hebdomadaires et à jour fixe.

» Ces bâtiments partiront de Toulon le dimanche pour se rendre à Alger, d'où ils repartiront le samedi suivant pour retourner à Toulon.

» Art. 3. — En attendant que le nombre de bâtiments à vapeur affectés au service ci-dessus désigné puisse être augmenté, il n'y aura, tant sur la ligne d'Alger à Oran, que sur celle d'Alger à Bône, qu'un seul départ tous les quinze jours.

» Les départs auront lieu le lendemain du jour de l'arrivée des bâtiments venant de France, s'ils arrivent avant midi, ou le surlendemain du même jour, s'ils arrivent après midi.

» Art. 4. — Les bâtiments partant d'Alger pour Oran, relâcheront à Arzew, où ils séjourneront deux heures; ils repartiront d'Oran pour Alger le surlendemain, et relâcheront également, au retour, à Arzew pendant deux heures.

» Les bâtiments expédiés d'Alger pour Bône feront, à Bougie, une relâche de six heures. Ils en repartiront le surlendemain de leur arrivée et relâcheront, au retour, pendant douze heures à Bougie. Les heures de départ d'Alger pour Bône et de Bône pour Alger, seront réglées de manière à ce que les arrivées à Bougie, ainsi qu'aux termes du voyage, aient lieu de jour, en calculant d'après les vitesses moyennes. »

Ce service, comme on le voit, était encore bien imparfait. Il avait fallu sept années d'occupation effective pour obtenir ce mince résultat. Qu'on s'étonne, après cela, qu'il n'y eût à cette époque que six mille Français en Algérie !

Si le général Damrémont a droit à nos éloges pour avoir doté l'Algérie d'un service de transports réguliers, si éminemment utile au commerce, il est juste, aussi, de reconnaître que le 15 avril 1837 il avait été le jouet inconscient d'une bien fâcheuse inspiration. Il avait, à cette date, rapporté l'arrêté du 22 novembre 1834, qui créait un agha des Arabes, pour le remplacer par une institution plus large, qui devait prendre le titre de *direction des affaires arabes*. J'ai signalé, ailleurs, les inconvénients de cette dangereuse institution ; il importe, aujourd'hui, d'étudier sa marche progressive, avec d'autant plus de soin qu'elle a été le principe et la source de cette oligarchie puissante, qui a si longtemps enlacé dans ses réseaux l'Algérie entière, et a été un des plus grands obstacles au développement de la colonisation.

Le maréchal de Bourmont, le lendemain de la conquête, avait supprimé la place d'agha, comme une conséquence nécessaire de la chute du dey, et parce que les attributions de ce grand chef indigène ne pouvaient se concilier avec le régime militaire et le mode d'administration nouvellement établi. Mais, ayant bientôt senti le besoin d'un intermédiaire pour l'administration des tribus soumises, il crut devoir revenir sur sa première décision, et donna de nouveau le titre d'agha des Arabes à un maure nommé Hamdam-ben-Amin-Secca, mais, toutefois, sans déterminer ses attributions. Le général Clauzel supprima, à son tour, la place d'agha, mais il crut devoir la rétablir le 18 février 1831, pour en confier les fonctions à M. Mendiri, officier supérieur de gendarmerie et grand prévôt de l'armée. Ses fonctions consistaient uniquement à guider les colonnes allant en expédition ou en reconnaissance et à diriger le service habituel de la correspondance avec les chefs des tribus.

L'agha, qui n'avait jusqu'ici, comme on le voit, que des fonctions de bien peu d'importance, va, sous le commandement du général Berthezène, devenir un personnage. Ses attributions sont considérablement accrues. Il nommera, désormais, les cheiks et les caïds des tribus, sera spécialement chargé de maintenir l'ordre et la paix sur leur territoire et sera, en outre, investi du droit exorbitant de recevoir les plaintes des Arabes et de leur infliger des punitions d'après les lois musulmanes. Mais, heureusement, ce pouvoir redoutable fut confié à un marabout influent des environs de Coléah, qui n'en fit usage que dans l'intérêt de la domination française et à l'entière satisfaction de ses administrés.

Ces attributions furent transmises intactes au premier bureau arabe nommé par le général Avizard et supprimé quelques mois après par le comte d'Erlon. Le comte d'Erlon rétablit le titre et la charge d'agha des Arabes, mais en ayant soin de limiter ses fonctions à la police du territoire des tribus et à l'exécution des ordres émanés du gouvernement général. Tels étaient les précédents lorsque le général Damrémont crut devoir instituer, dans l'intérêt de la sécurité publique, la direction des affaires arabes. Nous allons, maintenant, faire connaître ses attributions.

Nous lisons dans le considérant qui précède l'arrêté:

« Considérant que cette institution a pour but de faciliter et d'étendre les rapports avec les tribus de l'intérieur, de les attirer sous notre domination, en respectant leurs usages, en protégeant leurs intérêts, en faisant rendre bonne et exacte justice, en maintenant parmi elles l'ordre et la paix ;

» Que ce but sera plus sûrement atteint en plaçant près du gouverneur général, et sous son action immédiate, la direction de toutes les affaires arabes. »

Cette dernière phrase me dispense de tout commentaire. En effet, la centralisation excessive qui réunissait en un seul faisceau la justice, les finances et l'administration pour en imposer la charge à un seul individu, ou à une corporation, ne pouvait aboutir qu'à un absolutisme sans frein, dont les agents, en raison de leurs connaissances spéciales, parviendront avec une grande facilité à dominer le commandement général. Il est plus que probable que le général Damrémont n'avait pas prévu cet affligeant résultat ; qu'il n'avait d'autres vues que d'organiser de puissants moyens d'action afin de prévenir plus promptement les attentats commis journellement par les indigènes.

Le même ordre d'idées lui fit prendre l'arrêté du 4 juin 1837, qui a pour objet de soumettre les Kabyles à une surveillance incessante. Les considérants de cet arrêté ne peuvent laisser aucun doute à cet égard ; ils sont conçus de la manière suivante :

« Considérant que les Kabyles qui habitent Alger et le Fahs ne forment pas, comme les Mozabites, une corporation ;

» Qu'ils n'obéissent pas à un amin responsable ;

» Qu'aucun arrêté n'a, jusqu'à ce jour, défini leurs obligations et les règles de police auxquelles ils doivent être soumis ;

» Attendu qu'il est urgent de faire succéder un ordre plus régulier à un pareil état de choses, afin d'offrir aux personnes établies, sur le territoire que nous occupons, et qui emploient à leur service ces indigènes, les garanties et la sécurité dont elles ont besoin. »

Les Kabyles furent organisés en corporation et soumis à la surveillance d'un amin, qui devint un auxiliaire précieux pour la police afin d'assurer la répression des crimes et délits.

Après avoir adopté ces dispositions qui devaient, dans sa pensée, exercer une influence salutaire sur les esprits, M. le général Damrémont, dans le secret dessein de réprimer cette spéculation hideuse, poussée dans les derniers temps, sur la place d'Alger, jusqu'au scandale, ou plutôt sous l'empire de perfides conseils qu'il est du plus grand intérêt de préciser, prit, le 10 juillet, un arrêté pour interdire provisoirement les transactions immobilières dans une partie de la Mitidja.

Si cette mesure illégale n'eût été qu'une simple prohibition d'acquérir, et un plagiat plus ou moins heureux de l'arrêté du maréchal Clauzel, je l'aurais probablement passée sous silence; mais elle m'a paru digne d'être rapportée, parce qu'elle fut, à mon avis, l'œuvre de la direction des affaires arabes; qu'elle contient le germe de la division de l'Algérie en deux territoires, le territoire civil et le territoire militaire; et qu'on doit la considérer comme un essai audacieux de ce système de restrictions inventé pour assurer la prépondérance de cette institution, et opposer un obstacle invincible au développement de la population européenne; l'article suivant de l'arrêté va nous en fournir la preuve.

« Article premier. — Toute transmission, toute transcription nouvelle d'immeubles situés en dehors des limites déterminées, à l'ouest de la Mitidja, par la ligne tracée depuis l'embouchure de l'Oued-el-Aghar dans la mer jusqu'au blockhaus de Sidi-Yaïch, en suivant la ligne de défense et passant par Sidi-Abd-el-Kader-ben-Chaban, Ben-Daly-Bey et le blockhaus de Mered, sont et demeurent provisoirement interdites. »

Cet article ne contient pas seulement une prohibition d'acquérir, mais, par la défense expresse d'opérer toute transcription à venir, il avait sans nul doute atteint un certain nombre de ventes antérieures, au mépris du grand principe de la non rétroactivité des lois. L'oubli de ce principe et l'imperfection si évidente de la forme, ne permettent pas de supposer qu'un homme de loi ait pu être l'instigateur d'un acte si contraire aux règles du droit, et me paraissent suffisantes pour en établir l'origine incontestable.

En outre, cet article ne saurait trouver une excuse dans l'intérêt particulier des colons et dans le devoir impérieux de veiller à leur sécurité, car les terres dont la vente était si inutilement proscrite, se trouvant sous le canon du camp retranché de Boufarik, leurs possesseurs n'auraient eu rien à redouter de l'attaque de prétendus ennemis. Du reste le malencontreux traité de la Tafna, qui venait d'être ratifié depuis peu, ayant fait succéder l'état de paix à la guerre, la tranquillité était parfaite dans les deux provinces d'Alger et d'Oran.

La nécessité de la formation d'établissements pour les besoins de l'armée et les autres services publics, mise en avant pour justifier la mesure, est on ne peut plus chimérique, par la raison que ces établissements sont toujours situés dans l'enceinte des villes. Enfin, le gouvernement ne pouvait songer à la création de centres agricoles, les crédits votés par les chambres ayant une destination spéciale, les frais de la seconde expédition de Constantine.

Je ne puis admettre, non plus, que la pensée d'imposer un frein à la spéculation ait pu être le principal mobile du général Damrémont. Il ne devait pas ignorer que les colonies, à leur début, ne comptent dans leur sein que des esprits ardents et aventureux; que la possession de la richesse est l'objet de leurs plus brûlantes convoitises; que pour y arriver ils se livrent aux spéculations les plus hasardées; que toute mesure restrictive peut seulement en changer la nature, et ne saurait en arrêter l'essor; que leur faire une part plus large est le seul moyen de leur donner une bonne et utile direction.

Après ces détails, qui m'ont paru indispensables pour faire apprécier l'administration du gouverneur général, il est urgent de raconter les opérations militaires antérieures au traité de la Tafna, et qui eurent probablement pour résultat d'en accélérer la conclusion.

Abd-el-Kader était beaucoup trop habile; il avait suivi d'un œil trop attentif les évènements survenus depuis 1830, pour ne pas avoir démêlé, en partie, les intentions du gouvernement. Il savait, par expérience, que le désastre de la Macta avait été promptement vengé par la prise et l'incendie de sa capitale; que l'échec du général d'Arlanges et le blocus du camp de la Tafna avaient été suivis de l'arrivée du général Bugeaud en Afrique, qui lui avait fait subir des pertes fort sensibles sur les bords de la Seika. Les exemples si concluants du passé ne lui laissaient aucun doute sur les évènements à venir. Il avait la conviction que le gouvernement avait résolu de prendre, au plutôt, une éclatante revanche contre Hadj-Hamet; qu'une nouvelle expédition contre Constantine aurait lieu prochainement. D'un autre côté, les longues hésitations du pouvoir, les expéditions partielles qui en avaient été la conséquence, et, par dessus tout, la première expédition de Constantine, qui avait eu pour effet d'abandonner à ses intrigues les deux provinces d'Alger et d'Oran, lui avaient donné l'espoir que, cette fois encore, on le laisserait en repos et qu'il aurait tout le temps de donner de la consistance à son autorité, encore mal établie.

Mais, l'arrivée de nombreuses troupes à Oran; la présence du général Bugeaud, qui devait les commander; la valeur de ce redoutable adversaire, qu'il avait appris à connaître à ses dépens; la proclamation menaçante adressée aux Arabes en ces termes: *La campagne commencera lorsque vos moissons jauniront; elle finira lorsqu'elles seront détruites ainsi que vos arbres et vos forêts*, tout contribuait à jeter le doute dans son esprit et à lui inspirer de vives alarmes. Il est vrai que des ouvertures pacifiques lui avaient été faites par l'intermédiaire du juif Ben Durand; mais, pour donner du prix à ses prétendus services, Ben Durand s'efforçait de persuader aux deux parties que la conclusion d'un traité de paix présentait de graves difficultés.

Sur ces entrefaites survint la déclaration inconsidérée du général Damrémont, *que le temps des combats était passé*. Abd-el-Kader ayant cru y voir la preuve des dispositions pacifiques du gouvernement, s'empressa d'écrire au général, ainsi que je l'ai raconté précédemment. Avait-il l'espérance qu'un traité avec le gouverneur serait plus aisé à conclure; ou bien, avait-il la pensée que sa situation supérieure lui permettrait de faire de plus larges concessions, le général Bugeaud se trouvant, par sa situation subalterne, ainsi qu'autrefois le général Desmichels, sans qualité pour traiter, en dehors de sa province? Je l'ignore; mais ce qui me paraît hors de doute, c'est que la réponse prudente et réservée du général Damrémont le rejeta dans une poignante perplexité. Toutefois, bien qu'il eût un besoin pressant de faire la paix, il était trop habile pour agir comme nos généraux, et manifester ses intentions. Il partit immédiatement pour la province d'Alger dans le double but de réchauffer le zèle de ses partisans et de nous créer des embarras, qui auraient, peut-être, pour résultat de lui faire obtenir un traité avantageux. Le succès ne tarda pas à couronner ses efforts. Les nombreuses populations du Chélif se soulevèrent au moment de son passage, et reconnurent son autorité. La ville de Cherchel reçut un caïd de son choix. Il est vrai que les Beni-Menasser, qui habitent les montagnes voisines de cette ville, ne voulurent prendre part ni pour ni contre nous, et refusèrent de payer l'impôt qu'il avait eu l'intention de leur imposer. Pressé par les circonstances, et craignant, d'ailleurs, de faire naître un conflit, qu'il voulait éviter à tout prix, Abd-el-Kader n'insista pas, se rendit à Millanah, où il ne passa que quelques jours, et fit annoncer publiquement qu'il avait le dessein de retourner à Mascara. Mais, après avoir atteint l'Oued-Feddah, il fit une brusque contre-marche, gagna Médéah le 22 avril, où il donna l'ordre d'arrêter une centaine de Coulouglis, qui lui causaient de l'ombrage et les envoya prisonniers à Millanah. Après ce coup de vigueur, auquel personne n'osa résister, il envoya le marabout Si-Saadi, dont nous avons signalé en plusieurs circonstances le fanatisme aveugle, prêcher la guerre sainte dans les tribus de la province d'Alger.

Dès que la présence de l'émir à Médéah fut connue, presque toutes les tribus voisines lui envoyèrent, en secret, des députations pour lui rendre hommage. La ville de Blidah se déclara ouvertement pour lui. Les douars mêmes, placés sous le canon de Boufarik, que nous n'avions jamais su mettre à l'abri contre les incessantes incursions des Hadjoutes, envoyèrent des présents au bey de Milianah pour obtenir aide et protection. Ainsi, l'insurrection gagnait de proche en proche, et Abd-el-Kader pouvait, à l'aide d'un simple signal, mettre en feu toute la Mitidja et venir promener ses étendards jusque sous les murs de la ville d'Alger.

Ces évènements, d'une gravité exceptionnelle, ayant enfin dissipé les funestes illusions qu'il avait apportées de Paris, le général Damrémont comprit, peut-être un peu tard, la nécessité de recourir à la force des armes, seul moyen pour mettre un terme aux manifestations hostiles de nos ennemis. Il partit, le 28 avril, avec un corps nombreux dans la direction de Blidah. Une colonne, commandée par le général Bro, reçut l'ordre de marcher vers la droite pour tenir en respect les montagnes des Beni-Salah. Une autre, conduite par le général Négrier, se porta vers la gauche, tandis que la troisième, ayant à sa tête le général Damrémont en personne, se dirigeait vers la plaine. Dès le matin, nos troupes ayant couronné les hauteurs et paralysé la résistance des montagnards, le gouverneur étudia l'assiette de la ville. Il avait le projet d'en assurer l'occupation par un camp placé sur l'Oued-el-Kebir, au point où un barrage élevait les eaux de la rivière pour les conduire à Blidah. Mais, les officiers du génie lui ayant déclaré qu'ils ne pouvaient faire exécuter, avec la célérité désirable, les travaux nécessaires pour nous assurer la possession de ce barrage, le général dut renoncer à son dessein.

Le barrage, en effet, était construit dans une vallée étroite, qui eût exigé des fortifications fort dispendieuses. D'ailleurs, il aurait fallu détruire la zone entière d'orangers et de citronniers, qui entourent Blidah du côté de la plaine, et, très-certainement, le général Damrémont eût reculé devant un pareil acte de vandalisme. Il dut se borner, dès lors, à l'établissement de quelques blockhaus, et ramena la colonne à Boufarick.

Pendant cette expédition, dont les résultats furent à peu près négatifs, Abd-el-Kader surveillait, de Médéah, tous nos mouvements. Rassuré sur les événements de la province d'Alger, par la retraite du général Damrémont, il reprit le chemin d'Oran, et laissa El-Hadj-Mustapha, son frère, à Médéah, et lui donna pour mission de nous susciter tous les embarras possibles, sans se livrer, toutefois, à des hostilités trop manifestes, qu'il avait encore un pressant intérêt à éviter. Cette ligne de conduite fut suivie, avec une grande habileté, par El-Hadj-Mustapha.

Mais on ne déchaîne pas impunément le fanatisme des populations. Malgré les ordres, si précis, d'Abd-el-Kader, le 7 mai, un fort parti de cavaliers des Améraouas et des Issers vint surprendre la ferme de Reghaya et semer l'effroi dans la plaine. Le gouverneur général fit partir, sur-le-champ, une colonne sous les ordres du colonel Schauembourg, du 1er chasseurs d'Afrique, qui avait joué un rôle odieux dans le massacre des El-Ouffias. Un brillant fait d'armes de cet officier allait jeter un voile épais sur ces tristes souvenirs.

A peu de distance, à l'est de la Reghaya, s'étend, du nord au sud, une chaîne de montagnes qui bornent, dans cette direction, la plaine de la Mitidja, et la séparent du bassin des Issers. Ces montagnes, assez abruptes, ne présentent que deux passages. L'un est un défilé étroit, entre la mer et des roches escarpées. Il est connu, dans la contrée, sous la dénomination significative de *Cherob-ou-Eurob* (bois et fuis). Il tire son nom d'une fontaine d'eau pure, située dans ce lieu solitaire, où le voyageur a fort à redouter la rencontre des malfaiteurs ou des bêtes féroces, qui viennent y chercher un refuge, et où, par conséquent, il est fort dangereux de s'arrêter. Le second passage, situé à trois lieues plus haut, est un col très-prolongé, dont les abords sont assez facilement accessibles. Le pays où l'on rencontre ces deux voies de communication est habité, du nord au sud, par les Djebils, les Bou-Khranfar et les Beni-Aïcha. Ces montagnards étaient restés étrangers à l'attaque de la Reghaya, mais ils avaient livré passage à l'ennemi.

L'approche de la colonne leur causa de vives inquiétudes. Ils n'hésitèrent pas à déclarer au colonel Schauembourg les auteurs de l'agression qu'il venait réprimer. Il apprit, par eux, en même temps, qu'au-delà de leurs montagnes, se formaient des rassemblements hostiles. Mais, le colonel, d'après les instructions reçues à Alger, avant son départ, devant combiner ses mouvements de manière à opérer sa jonction avec une colonne de mille hommes et une demi-section d'obusiers, partie d'Alger, sous le commandement du général Perrégaux, pour débarquer sur les côtes des Issers, franchit le col des Beni-Aïcha, sans calculer le nombre des ennemis qu'il aurait à combattre. Dans la nuit du 17 au 18 mai, il avait quitté son bivouac de la rive gauche du Boudouaou avec deux bataillons du 2me léger, un du 48me, 200 chasseurs d'Afrique ou spahis, et, malgré une pluie battante, qui rendait les chemins impraticables, il était arrivé au col vers huit heures du matin. Cette position, assez mal défendue par une centaine de montagnards, n'avait pu résister à une vigoureuse attaque de front. Le col franchi, la tête de colonne fit halte, pour rallier les traînards; mais la vallée des Issers était couverte d'une nuée d'Arabes et de Kabyles, conduite par Ben-Zamou, pour nous disputer l'entrée de leur territoire. Cependant, cette multitude se dispersa, presque sans combattre, devant l'ordre et la décision qu'annonçaient les mouvements de la colonne. Deux compagnies du 2me léger, chargées de balayer les mamelons de droite, eurent à soutenir un engagement assez sérieux, qui nous coûta la perte de quelques hommes et d'un officier.

Le colonel Schauembourg prit, sans hésitation, la ligne qui conduisait vers l'embouchure de l'Isser, dans le dessein d'opérer sa jonction avec la colonne du général Perrégaux. A la vue de nos soldats, les Arabes, effarés, pliaient leurs tentes et fuyaient en désordre avec leurs troupeaux. Le soir, les troupes atteignirent le rivage de la mer, sans avoir été inquiétées dans leur marche. Mais, un violent orage, survenu au moment où le général Perrégaux devait quitter la rade d'Alger, avait mis obstacle à son départ, et le gouverneur avait donné contre-ordre. Ce fâcheux incident fut cause d'une lutte extrêmement acharnée. Le colonel Schauembourg fit preuve, en cette circonstance, d'un courage admirable et d'un sang-froid digne des plus grands éloges.

Le 19, au point du jour, la colonne n'ayant plus que très-peu de vivres, car on avait compté sur les provisions que devait apporter le général Perrégaux, commença son mouvement de retraite pour regagner les bords du Boudouaou, par le passage de Cheròb-ou-Enrob, qui était la voie la plus directe et la plus courte. A ce moment nos troupes furent assaillies par une masse d'Arabes et de Kabyles, qui comptaient les acculer à la mer. Ils se précipitèrent, en poussant des cris sauvages, sur le flanc gauche et les derrières de la colonne. Il fallut reprendre le terrain pied à pied, et combattre, de mamelon en mamelon, contre des ennemis qui semblaient se multiplier. Le brillant courage de nos troupes fut à la hauteur du danger; elles atteignirent, sans pertes considérables, le passage du Cheròb, où, par bonheur, les ennemis se trouvaient en trop petit nombre pour nous opposer une résistance sérieuse. Après cinq heures de combats, la colonne arriva sur le Boudouaou, exténuée de fatigue et de faim. Elle y trouva un convoi de vivres et de munitions, amené par le lieutenant-colonel Bourlon, du 84me de ligne.

Le gouverneur général, après avoir conféré avec le colonel Schauembourg sur les divers incidents et le résultat de cette expédition, avait résolu d'établir un camp sur le Boudouaou. Mais, comme il était convaincu que la province d'Oran devait être le théâtre d'une lutte prochaine avec l'émir, il sentit le besoin de concentrer ses forces pour être en mesure de faire face aux éventualités qui pourraient se produire. Il fit donc revenir, successivement, sous sa main, les colonels Schauembourg et Bourlon, avec la majeure partie des troupes réunies au Boudouaou, et confia la défense de ce poste au commandant de la Torré, du 2ᵐᵉ léger, avec neuf cents fantassins, quarante-cinq cavaliers et deux pièces de montagne.

Le commandant de la Torré se mit immédiatement à l'œuvre pour commencer les travaux d'un camp retranché. Mais, le 25 au matin, sa petite troupe fut assaillie par plus de cinq mille cavaliers, qui débouchèrent par la rive droite. M. de la Torré fit aussitôt disposer en carré son matériel et ses bagages. Il envoya deux compagnies occuper le village du Boudouaou, et le peloton de cavalerie prit position sur la droite, derrière une ligne de tirailleurs, qui liaient entre eux les points de la défense.

L'ennemi passa la rivière et s'établit parmi des ruines, en avant du village, pendant qu'un détachement se déployait de façon à couper aux troupes la route d'Alger. Mais cette manœuvre fut brisée par une charge à fond exécutée, avec une brillante valeur, par notre poignée de cavaliers. L'avantage était déjà décidé en notre faveur, lorsqu'une sonnerie, mal comprise, fut sur le point de compromettre le succès de la bataille. Les deux compagnies, embusquées dans le village, ayant cru entendre le signal de la retraite, évacuèrent cette position, qui tomba, dès lors, au pouvoir de l'ennemi. Deux autres, placées sur la droite du camp, trompées par ce faux mouvement, s'étaient repliées à leur tour. Les Arabes nous cernaient de toutes parts. Les officiers, ayant vu le péril, se jetèrent en avant pour enlever leurs troupes, après avoir commandé une nouvelle attaque à la baïonnette. Nos soldats, électrisés par cette noble audace, coururent sur l'ennemi, malgré un feu roulant qui ne put les arrêter. On se battit corps à corps, la lutte fut meurtrière de part et d'autre, mais le résultat n'en pouvait être douteux. La victoire resta à la discipline et à l'intelligence militaire. Le village fut repris, les autres positions retombèrent promptement en notre pouvoir, et nos obusiers débusquèrent les fuyards qui essayaient de se rallier parmi les ruines. Enfin, une compagnie du 48me, envoyée de la Reghaya, au bruit de la lutte, fit croire aux Arabes que ce faible renfort était l'avant-garde d'une colonne. Ils se retirèrent en bon ordre, après avoir enlevé leurs blessés. Ils ne cessèrent le feu, dans leur retraite, que lorsqu'ils furent hors de portée.

Les combats que le colonel Schauembourg avait eu à soutenir et l'attaque acharnée repoussée avec une remarquable énergie par la petite troupe du commandant de la Torré, avaient fait sentir au général Damrémont la nécessité d'une démonstration décisive. Il fit partir sur-le-champ deux colonnes pour prendre une offensive éclatante. La première, commandée par M. de Schauembourg, se porta vers le défilé de Cherob-ou-Eurob; la seconde, dirigée par le général Perrégaux, franchit le col des Beni-Aïcha. Ces deux troupes, combinant leurs opérations, dispersèrent de nombreux rassemblements et les jetèrent dans une telle épouvante, que, le 28 mai, les marabouts des Issers vinrent au camp du général, à Haouch-Nakrel, au bord de la mer, implorer sa pitié, en offrant toutes les satisfactions désirables. Les deux colonnes rentrèrent dans leurs cantonnements et une députation des tribus de l'Est se rendit à Alger, pour faire agréer par le gouverneur la soumission des insurgés. L'influence de nos succès s'était fait sentir jusqu'à la petite ville de Dellys, à l'est du cap Bengut, qui nous livra pour otages son hakem, son cadhi et plusieurs de ses notables habitants. Ainsi, quelques actes de vigueur avaient suffi pour éteindre le foyer de la guerre dans l'Est de la province d'Alger. Les Hadjoutes infestaient encore la plaine et tentaient de fréquentes razzias sur les douars abrités par nos postes. Le gouverneur général leur opposa, dans toutes les directions, d'excellents officiers; le chef d'escadron d'état-major Maumet, son aide-de-camp, fut chargé de couvrir le Sahel et d'observer la vallée du Mazafran. Le général Négrier, campé à Boufarick, d'où il ne pouvait prendre une offensive utile, fut bientôt rejoint par

M. Damrémont lui-même, pour entreprendre une expédition sur Médéah ou le Chélif, suivant les nouvelles que lui ferait parvenir le général Bugeaud, dont son ignorance des secrets desseins du chef de l'État lui laissait encore espérer le concours actif. Mais, au moment où il allait se mettre en marche, des cavaliers du kalifa de Millanah lui apportèrent des dépêches de M. Bugeaud et la copie d'un traité de paix conclu avec Abd-el-Kader, le 30 mai, sur les bords de la Tafna. M. Damrémont dut se résigner à attendre que le ministère se prononçât sur cet acte qui mettait un obstacle invincible à ses projets de campagne sur des contrées que le traité cédait à l'émir.

III

TRAITÉ DE LA TAFNA. — OPINION DU GOUVERNEUR GÉNÉRAL SUR CE TRAITÉ. — ENTREVUE DU GÉNÉRAL BUGEAUD AVEC ABD-EL-KADER. — ACCUSATION PORTÉE PAR M. BUGEAUD CONTRE LE GÉNÉRAL DE BROSSARD. — LE GÉNÉRAL EST TRADUIT DEVANT UN CONSEIL DE GUERRE ET CONDAMNÉ.

Quand l'historien rencontre, sur ses pas, des faits d'une gravité exceptionnelle ; si ces faits, comme le déplorable traité de la Tafna, ont porté une atteinte profonde à la fortune et à la dignité nationales, il a le devoir rigoureux d'en étudier soigneusement les causes pour faire la part de responsabilité de chacun des agents qui en furent les auteurs. Il ne faut donc pas s'étonner si je reviens encore sur la politique personnelle du monarque qui aurait, à mon avis, imposé ce funeste traité.

Louis-Philippe, lors de son avènement au trône, n'avait pas vu sans un vif déplaisir l'exiguïté de nos forces militaires, en présence des mauvaises dispositions de l'étranger. Dès lors, la nécessité de l'emploi de troupes pour la fondation d'un grand établissement colonial lui parut une lourde charge, pendant longtemps incompatible avec les intérêts de sa dynastie. Il avait, dès lors, fait réduire des deux tiers l'effectif de l'armée d'Afrique, avait mis la main sur les affaires algériennes et n'avait même pas reculé devant la violation de la charte pour en conserver personnellement la direction. Il est donc plus que probable qu'après le fatal échec de Constantine, il n'avait pas abandonné, au ministère du 6 septembre, qui n'était, au surplus, que l'exécuteur passif de sa volonté toute puissante, le soin exclusif de remédier à ce mauvais état de nos affaires. Du reste, l'arrivée à Oran d'un général dont le dévouement à la personne du souverain était connu, l'antipathie prononcée de ce général pour la colonie, la situation exceptionnelle qui lui était faite, son indépendance vis-à-vis du gouverneur, tout concourait pour établir que M. Bugeaud avait reçu la mission secrète de faire la paix avec Abd-el-Kader, seul moyen, aux yeux du chef de l'État, pour alléger, en ce moment, le fardeau de l'occupation.

Mais il tombe sous les sens que, dans l'ignorance des vues d'Abd-el-Kader, il était impossible de déterminer, par anticipation, les différentes clauses du traité, et que, sur ce point, une assez grande latitude devait être abandonnée au négociateur. C'est là le point de départ et la source de sa responsabilité. Le général Bugeaud avait eu, sans nul doute, le tort impardonnable d'accepter un pareil mandat. Mais sa responsabilité ne réside que dans l'établissement des clauses du traité. A cet égard, elle est d'autant plus lourde, que le pouvoir central avait mis à sa disposition des troupes en nombre suffisant pour inspirer des craintes sérieuses à l'émir, et le contraindre, au besoin, par l'emploi de la force des armes, à se relâcher de la rigueur de ses prétentions. Il faut donc rechercher si, dans les différentes phases de sa négociation, il s'est toujours montré jaloux des intérêts et de l'honneur de la France, ou s'il ne les a pas, au contraire, indignement sacrifiés pour satisfaire tout à la fois ses convoitises personnelles et les appréhensions dynastiques du chef de l'État. Il faut, au préalable, rappeler quels étaient nos droits et nos devoirs vis-à-vis des populations indigènes, soit d'après les faits accomplis, soit d'après les traités antérieurs passés par nos généraux.

La capitulation d'Alger avait eu pour effet de substituer à la conquête turque la souveraineté de la France. Cela ne faisait aucun doute dans l'esprit des indigènes. Aussi, le surlendemain même de la capitulation, l'agha des janissaires était venu proposer à M. de Bourmont l'entrée des milices ottomanes à notre service, et le belliqueux chef des Kabyles du Jurjura, Ben-Zamoun, écrivait, peu de jours après, que, la providence nous destinant à régner à la place des Turcs, il fallait, au plus tôt, régler, par un traité amiable, les rapports des tribus arabes avec les vainqueurs. C'était, enfin, dans le même esprit, que M. le général Clauzel avait passé, avec le bey de Tunis, un double traité pour la cession des provinces de Constantine et d'Oran, dont le gouvernement avait refusé la ratification parce que la souveraineté de la France n'était pas suffisamment garantie. Mais, il faut, pourtant, reconnaître que ce droit était essentiellement relatif. Si la prise de possession effective de toutes les parties de la régence en était la conséquence naturelle et légitime, il ne nous autorisait nullement à céder de vastes contrées et à soumettre les populations, sans leur consentement, à un joug oppresseur. A ce point de vue, le traité du 26 février 1834, conclu par le général Desmichels, ne fut qu'une faute politique; mais, par sa conduite ultérieure, ayant voulu lui donner une portée qu'il ne pouvait avoir et prêter aide et assistance à Abd-el-Kader, pour réduire les Douairs et les Smélas et vaincre la résistance héroïque des Coulouglis de Tlemcen, il commit un crime abominable, sévèrement proscrit par le droit des gens, et qui fut probablement la cause que le traité ne fut pas ratifié officiellement.

Les Douairs et les Smélas, ainsi que les Coulouglis de Tlemcen, avaient donc conservé, en fait et en droit, la plénitude de leur indépendance. Et, si le général Trézel avait pu valablement, le 16 juin 1835, conclure, avec les Douairs et les Smélas, le traité dit du Figuier ou de *Messoulam*, pour les attacher à la fortune de la France, et, un peu plus tard, au mois de juin 1836, le maréchal Clauzel avait, par les mêmes raisons, le droit incontestable de conclure un arrangement identique avec les Turcs et les Couloughs. Ces obligations contractuelles et réciproques, librement consenties, avaient engendré un lien juridique et moral, que l'honneur nous commandait de respecter et dont il fallait imposer à Abd-el-Kader la stricte exécution. Il nous était donc rigoureusement interdit de céder le territoire des Douairs et des Smelas, et nous ne pouvions, sans forfaiture, mettre l'émir en possession de la citadelle et de la ville de Tlemcen.

Ces considérations m'ont paru indispensables pour faire apprécier la conduite du général Bugeaud. Le premier acte du général fut le choix d'un intermédiaire pour porter ses propositions de paix à Abd-el-Kader. Ce choix tomba sur un Juif algérien, nommé Ben Durand. Il faut convenir qu'il n'était pas heureux. Ce Ben Durand passait pour un espion à la solde de l'émir. Il est certain qu'il avait exercé une détestable influence sur l'esprit du comte d'Erlon, et, qu'admis, imprudemment, dans les conseils de ce triste gouverneur, il avait été un des plus ardents soutiens de la cause de notre dangereux ennemi. Il était notoire que, dès son arrivée à Oran avec le général de Brossard, dont il était le confident intime, il avait fait sortir de la place plusieurs voitures chargées de marchandises de guerre, telles que fer, acier, soufre, et qu'elles avaient été livrées, aux environs de Dar-Beïda, aux agents de l'émir. Quel était donc le mobile qui avait dicté un pareil choix ? Par quels motifs secrets Ben Durand avait-il obtenu la préférence sur les interprètes militaires, qui rendaient, à ce moment, de bons et utiles services, et dont le dévouement à notre cause n'était pas douteux?

La confiance du général de Brossard envers ce personnage, et ses relations particulières avec l'émir, ne me paraissent pas des explications satisfaisantes. Il est bien plus rationnel d'en indiquer, comme seule et unique cause, la nature même de certaines propositions à transmettre à l'émir, dont on ne confie, en général, le secret qu'à des hommes qui ne reculent devant aucun moyen pour satisfaire leur cupidité.

Il résulte, en effet, d'un aveu public du général Bugeaud, lui-même, qu'avant de partir de Paris pour se rendre en Afrique, il avait demandé la permission à M. le comte Molé, président du Conseil des ministres, dans le cas où les évènements de la guerre l'amèneraient à faire la paix avec Abd-el-Kader, de se faire remettre, par un article secret, une somme de cent mille francs qu'il désirait consacrer aux chemins vicinaux de son département. M. Molé, ajoute M. Bugeaud, aurait répondu : « Je ne vois là rien que de très-honorable; je serai votre avocat dans le conseil, lorsque vous lui en soumettrez la demande. » Mais il ne dit pas s'il adressa, plus tard, cette demande au Conseil des ministres. Du reste, une pareille démarche ne pouvait avoir pour effet de diminuer l'immoralité de cet acte inqualifiable, et, bien que les cent mille francs fussent destinés aux chemins vicinaux, le général devait en recueillir le bénéfice, puisqu'au moyen de cette dépense, il allait acheter les suffrages de ses électeurs et faire de son arrondissement un véritable bourg pourri. Des faits de ce genre s'expliquent tout naturellement; car il est fort probable que M. le général Bugeaud, qui avait sacrifié sans pudeur les intérêts les plus sacrés de la patrie pour venir faire les affaires de la royauté, dut également songer à faire quelque peu les siennes; ce qui le prouve, c'est qu'au lieu de demander cent mille francs, sous le prétexte singulier que l'unité monétaire en Algérie est le boudjou, dont la valeur est d'un franc quatre-vingt-six centimes, il demanda cent mille boudjous, ou soit la somme de cent quatre-vingt-six mille francs, près du double des cent mille francs retenus avec l'assentiment prétendu du comte Molé.

Il est vrai que pour justifier ce que j'appelle simplement une tentative d'extorsion, n'ayant pas la preuve que l'émir ait payé la somme des cent quatre-vingt-six mille francs, M. Bugeaud se hâta d'ajouter, qu'après avoir prélevé les cent mille francs pour les chemins vicinaux, il voulait distribuer les quatre-vingt-six mille francs restant aux officiers d'état-major qui lui avaient *rendu service*. Il voulait payer au juif Ben Durand quelques *missions dont il avait été chargé*, et enfin remettre dix mille francs au général de Brossard. Essaie qui voudra de pénétrer ces mystérieuses réticences qui ne peuvent recéler qu'un tissu d'infâmies. Elles m'inspirent un tel dégoût, que je me borne à en faire le récit sans ajouter le moindre commentaire. Néanmoins, je dois me résoudre à raconter une action peut-être plus blâmable encore, parce qu'elle fut, sans nul doute, une des causes de la prompte conclusion du traité. Il y avait en 1837, à Oran, un négociant espagnol d'une moralité douteuse. Ce négociant, qui s'appelait Puig y Mundo, avait l'entreprise de la fourniture des vivres viande pour les troupes de la garnison. Abd-el-Kader ayant interdit aux Arabes, sous les peines les plus sévères, toutes relations avec les chrétiens, et ses cavaliers venant, par intervalles, jusque sous les murs de la place pour faire respecter cet ordre, notre marché était désert. Puig se vit dans la nécessité de faire venir des bestiaux d'Espagne, qui lui coûtaient fort cher, pour exécuter les clauses de son marché. L'augmentation considérable de l'effectif des troupes qui eut lieu à cette époque, afin de mettre à la disposition de M. Bugeaud des moyens coërcitifs puissants, avait rendu le marché de Puig très-onéreux. Il était peut-être sous le coup d'une ruine totale. A ce moment, le général de Brossard et son acolyte Ben Durand, mus par je ne sais quel secret dessein, conseillèrent à Puig d'intéresser M. Bugeaud dans l'opération de la fourniture de la viande. J'ignore ce qui se passa entre ces trois hommes, mais il est certain que la proposition fut faite à M. Bugeaud et acceptée par lui. Ainsi le général en chef des troupes d'Oran fut l'associé du sieur Puig et devint le fournisseur de ses propres troupes. Ce fait est tellement étrange, que j'aurais hésité pour en faire le récit s'il n'était établi par un aveu complet de M. Bugeaud lui-même, qui reconnait avoir reçu dans un moment donné, du sieur Puig, une somme de douze mille francs, pour sa part des bénéfices dans l'association. Or, M. le général Bugeaud n'ignorait pas que la conclusion de la paix avec Ab-del-Kader pouvait, seule, rendre cette association fructueuse par la facilité d'acheter, dans cette hypothèse, des bœufs aux Arabes. Il dut se montrer beaucoup plus coulant et accepter, sous la pression si puissante de l'intérêt personnel, toutes les exigences de l'émir.

Il est superflu de faire remarquer qu'un diplomate de cet acabit, aux prises avec un personnage rusé, artificieux, habile à profiter des fautes d'autrui et à dissimuler ses impressions les plus profondes, devait nous conduire à un résultat fatal. Et cependant les circonstances étaient on ne peut plus favorables pour conclure un traité qui aurait laissé intact notre amour-propre national ; car l'émir désirait vivement la paix, qui était, du reste, une nécessité de sa situation. Il est vrai que, profitant du désarroi de nos affaires, produit par notre échec de Constantine, il avait pénétré dans les provinces d'Alger et de Tittery, et occupé Millanah et Médéah. Mais son autorité encore mal affermie et la nécessité de défendre de vastes contrées, dont les points extrêmes étaient à plus de cent lieues de distance, étaient une cause réelle de faiblesse. Il était trop habile pour ne pas comprendre que son organisation militaire, encore à l'état d'ébauche, ne pouvait faire face aux éventualités qui pouvaient se produire, et qu'il était beaucoup plus que par le passé exposé à nos coups. Il n'avait donc vu, qu'avec une anxiété profonde, la formation à Oran, d'une colonne expéditionnaire nombreuse et l'arrivée du général Bugeaud pour la commander. Il avait, en conséquence, donné à El-Hadj-Mustapha, son frère, résidant à Médéah, l'ordre précis de s'abstenir de tout acte d'hostilité directe qui aurait amené de dangereuses complications. C'est par ces motifs que les différentes colonnes mises en mouvement par le gouverneur général n'avaient eu à faire qu'à des tribus isolées et en avaient eu si facilement raison. Un esprit clairvoyant en eût bien vite reconnu les causes et en aurait tiré le plus grand parti dans le courant des négociations qui allaient avoir lieu. Mais, malheureusement, les âpres convoitises de M. Bugeaud devaient jeter un voile sur ces faits et l'empêcher d'en apercevoir la signification pourtant si manifeste. Elles devaient, en outre, arriver presque aussitôt à la connaissance d'Abd-el-Kader, bannir toute crainte de son esprit et accroître considérablement ses prétentions. En effet, par l'intermédiaire de Ben Durand, il avait déjà fait sonder la conscience vénale du général de Brossard, et, par l'habile emploi des puissants moyens de séduction qui lui étaient familiers, il avait promptement gagné le commandant de la division d'Oran à sa cause. Le ravitaillement de Tlemcen, opéré par ses soins, était une preuve certaine de leur parfaite entente. Il y a donc lieu de croire que les confidences indiscrètes du général Bugeaud sur les tendances du chef de l'État, ainsi que ses relations avec le fournisseur des vivres viande, furent divulguées à l'émir par cette voie, et qu'il comprit, alors, qu'il pouvait donner carrière à ses projets ambitieux en toute sécurité. Telles étaient, à mon avis, les dispositions respectives du général Bugeaud et de l'émir, au moment de l'ouverture des négociations.

Les premières propositions de paix, apportées par Ben Durand à Abd-el-Kader, limitaient ses possessions à la province d'Oran. Il devait faire évacuer au plus tôt, par ses agents, les provinces d'Alger et de Tittery, et payer un tribut à la France. Dans la province d'Oran même, les villes d'Oran, de Mostaganem, Mazagran, et une zone importante qui comprenait les territoires des Douairs et des Smelas, étaient réservées.

Quant on réfléchit aux faits accomplis depuis le traité du 26 février 1834, à l'extension de pouvoir de l'émir, conséquence déplorable de nos fausses mesures, à l'occupation successive de Médéah, Milianah et Cherchel, on est forcé d'admettre qu'un projet de traité qui ne tenait aucun compte des possessions acquises ne pouvait être accepté par Abd-el-Kader. Céder, sans combattre, une si grande étendue de territoire, eût été considéré, par les Musulmans fanatiques, comme une marque de faiblesse qui eût porté une grave atteinte à son prestige. Pour obtenir un pareil résultat, il aurait fallu se résoudre à entrer promptement en campagne pour détruire son infanterie régulière et disperser ses nombreux cavaliers. Il se peut que, dans cette hypothèse, il eût accepté de semblables conditions.

Abd-el-Kader répondit par une contre-proposition

dont l'existence serait très certainement révoquée en doute, si je n'avais raconté, avec le plus grand soin, les circonstances étranges qui l'autorisaient à afficher les plus incroyables prétentions, et si, d'ailleurs, quelques jours après, elles n'avaient été presque intégralement admises par le traité de la Tafna. Il revendiquait les deux provinces d'Alger et de Tittery, moins Alger et le Sahel. Dans celle d'Oran, il demandait la remise de Tlemcen et de la citadelle, et la cession de tout le territoire situé en dehors des communes de Mazagran, Mostaganem et Oran, moins une zone fort restreinte située entre cette dernière ville et les marais de Brédéah et de la Macta. Cette contre-proposition était muette sur le tribut à payer à la France et il n'y était fait nulle mention de sa souveraineté.

Ces revendications avaient paru tellement excessives à Ben Durand lui-même, qu'il en fut d'abord tout abasourdi. Mais les suggestions de l'intérêt personnel, qui est presque toujours un guide sûr, lui ayant bientôt fait comprendre qu'il déciderait plus facilement l'émir à s'imposer des sacrifices pécuniaires en retour de la cession d'une plus grande partie du sol, il lui adressa la demande positive des cent mille boudjous du général Bugeaud. Plusieurs écrivains ont singulièrement travesti cette demande. L'un d'eux raconte que le juif Ben Durand avait demandé, durant le cours des négociations, une somme considérable à l'émir, pour corrompre les généraux français, et qu'à la même époque, il demandait aussi de l'argent au général Bugeaud pour gagner à notre cause les conseillers de l'émir. Cette double assertion ne doit pas être prise au sérieux ; car Ben Durand n'ignorait pas que le général Bugeaud était venu en Afrique avec l'intention de demander cent mille francs à Abd-el-Kader ; il n'ignorait pas davantage son association avec Puig, et il savait par expérience que les hommes qui ne reculent pas devant les moyens illicites pour se procurer de l'argent sont généralement peu disposés à en donner. Dans ces conditions, demander de l'argent à M. Bugeaud n'eût été qu'une grosse bévue, que Ben Durand était trop habile pour commettre. On ne peut supposer avec plus de fondement qu'il ait proposé à l'émir de corrompre les généraux français. L'émir était déjà fixé sur leur valeur morale, et il avait la certitude que si des obstacles imprévus empêchaient la réalisation de ses desseins, ces obstacles viendraient d'ailleurs.

Cependant, la contre-proposition d'Abd-el-Kader avait jeté le général Bugeaud dans le plus grand embarras. Bien qu'il fût, par la confiance absolue du roi, souverain appréciateur des conditions à établir, il ne pouvait se dissimuler qu'aux termes d'une dépêche du ministre de la guerre, il devait limiter Abd-el-Kader au Chélif, et qu'il en avait lui-même, par sa correspondance, reconnu la nécessité, dans l'intérêt de notre domination. Il ne pouvait donc, sans transgresser les ordres du ministre de la guerre et sans se démentir lui-même, donner son adhésion aux exigences si imprévues d'Abd-el-Kader ; mais, ce qui l'inquiétait tout autrement, bien qu'on d'autres circonstances il se fût fait fanfaron d'impopularité, c'était la crainte des critiques ardentes de la tribune et de la presse, s'il apposait sa signature au bas d'un pareil traité. Il résolut donc d'envoyer de nouveau Ben Durand à l'émir pour lui déclarer qu'il entrerait promptement en campagne, si ses propositions n'étaient pas acceptées. L'émir ne se laissa pas émouvoir par cette menace. Des communications secrètes dont il est facile de deviner la source, lui en avaient fait connaître la valeur. Il consentit, néanmoins, à se relâcher un peu de la rigueur de ses prétentions et d'abandonner quelques lambeaux de territoire dans la province d'Alger. Ces concessions n'ayant pas paru suffisantes au général, les pourparlers furent rompus le 14 mai. Il se mit en route le 15, à la tête de neuf mille hommes, pour ravitailler Tlemcen, faire évacuer le camp de la Tafna et revenir opérer sur le Chélif. Il entra, le 20, à Tlemcen, et retourna, le 23, sur la Tafna.

Ben Durand, qui avait continué son rôle de négociateur, sans l'aveu du général Bugeaud, vint alors le prévenir qu'Abd-el-Kader consentait à traiter avec lui pour la province d'Oran ; mais que, pour celles d'Alger et de Tittery, il avait l'intention de s'adresser au gouverneur général. Cette déclaration, combinée, évidemment, entre Ben Durand et l'émir, n'était qu'une manœuvre pour amener le général à composition ; car il est impossible d'admettre que l'émir, qui connaissait l'extrême désir du général Bugeaud, de conclure la paix, les avantages personnels qui devaient en résulter pour lui, eût songé sérieusement à s'adresser au gouverneur général, qu'il était sûr de trouver dans des dispositions toutes différentes.

Quoi qu'il en soit, cette déclaration eut pour effet de confirmer les soupçons du général Bugeaud sur le rôle odieux de Ben Durand, et lui inspira le dessein de se servir désormais d'un autre intermédiaire. Elle produisit, néanmoins, un si grand effet sur son esprit, qu'il résolut de précipiter le dénouement et de conclure la paix à tout prix. Il expédia au camp de l'émir un indigène nommé Sidi-Hamadi-ben-Sekkal qui vint annoncer le lendemain à M. Bugeaud que l'émir consentait à traiter avec lui seul, à la condition qu'il abandonnerait la province de Tittery et la partie de la province d'Alger réservée intégralement jusque-là. Un projet de traité fut rédigé sur ces bases et présenté à l'acceptation d'Abd-el-Kader. Mais ce projet de traité, contenant la stipulation d'un tribut annuel payable par l'émir, Ben-Sekkal revint déclarer que l'émir repoussait cette clause. Le général Bugeaud consentit à sa suppression, comme il avait abandonné successivement la province de Tittery, la majeure partie de celle d'Alger et foulé aux pieds nos traités avec les Koulouglis de Tlemcen et les Douairs et Smelas.

Le traité fut définitivement conclu et signé le 30 mai. En voici la teneur :

« Entre le général Bugeaud, commandant les troupes françaises à Oran, et l'émir El-Hadj-Abd-el-Kader-ould-Mahi-Eddin, a été convenu le traité suivant :

» 1° L'émir reconnaît la souveraineté de la France en Afrique.

» 2° La France se réserve, dans la province d'Oran : Mostaganem, Mazagran et leur territoire; Oran, plus un territoire limité à l'est par la rivière de la Macta et le marais d'où elle sort ; au sud, par une ligne partant du marais ci-dessus mentionné, passant par le bord sud du lac Sebka et se prolongeant jusqu'à l'Oued-Malah (Rio-Salado), dans la direction de Sidi-Saïd, et de cette rivière jusqu'à la mer, de manière à ce que tout le terrain compris dans ce périmètre soit territoire français. Dans la province d'Alger : Alger, le Sahel, la plaine de la Mitidja, bornée à l'est jusqu'à l'Oued-Keddara et au-delà : au sud, par la première crête de la première chaîne du petit Atlas jusqu'à la Chiffa en y comprenant Blidah et son territoire ; à l'ouest, par la Chiffa jusqu'au coude du Mazafran, et de là, par une ligne droite, jusqu'à la mer, renfermant Koléah et son territoire, de manière à ce que tout le terrain compris dans ce périmètre soit territoire français.

» 3° L'émir administrera la province d'Oran, celle de Tittery et la partie de celle d'Alger qui n'est pas comprise, à l'ouest, dans la limite indiquée par l'article 2. Il ne pourra pénétrer dans aucune autre partie de la régence.

» 4° L'émir n'aura aucune autorité sur les musulmans qui voudront habiter sur le territoire réservé à la France, mais ceux-ci resteront libres d'aller vivre sur le territoire dont l'émir a l'administration, comme les habitants du territoire de l'émir pourront s'établir sur le territoire français.

» 5° Les Arabes vivant sur le territoire français exerceront librement leur religion. Ils pourront y bâtir des mosquées et suivre en tout point leur discipline religieuse, sous l'autorité de leurs chefs spirituels.

» 6° L'émir donnera à l'armée française 30,000 fanègues d'Oran de froment, 30,000 fanègues d'Oran d'orge et 6,000 bœufs. La livraison de ces denrées se fera à Oran par tiers. La première aura lieu du 1er au 15 septembre 1837 et les deux autres de deux mois en deux mois.

» 7° L'émir achètera en France la poudre, le soufre et les armes dont il aura besoin.

» 8° Les Koulouglis qui voudront rester à Tlemcen ou ailleurs, y posséderont librement leurs propriétés et y seront traités comme les Hadars. Ceux qui voudront se retirer sur le territoire français, pourront vendre ou affermer librement leurs propriétés.

» 9° La France cède à l'émir Rachgoun, Tlemcen, le Méchouar et les canons qui étaient anciennement dans cette citadelle. L'émir s'oblige à faire transporter à Oran tous les effets ainsi que les munitions de guerre et de bouche de la garnison de Tlemcen.

» 10° Le commerce sera libre entre les Arabes et les Français, qui pourront s'établir réciproquement sur l'un et l'autre territoire.

» 11° Les Français seront respectés chez les Arabes comme les Arabes chez les Français. Les fermes et les propriétés que les Français auront acquises ou acquerront sur le territoire arabe leur seront garanties. Ils en jouiront librement, et l'émir s'oblige à rembourser les dommages que les Arabes leur feraient éprouver.

» 12° Les criminels des deux territoires seront réciproquement rendus.

» 13° L'émir s'engage à ne concéder aucun point du littoral à une puissance quelconque sans l'autorisation de la France.

» 14° Le commerce de la régence ne pourra se faire que dans les ports occupés par la France.

» 15° La France pourra entretenir des agents auprès de l'émir et dans les villes soumises à son administration, pour servir d'intermédiaires auprès de lui aux sujets français pour les contestations commerciales et autres qu'ils pourraient avoir avec les Arabes. L'émir jouira de la même faculté dans les villes et ports français. »

Je n'ai pas besoin d'insister pour faire comprendre que ce traité honteux jetait par dessus bord les intérêts matériels de la France; que ses engagements d'honneur étaient méconnus et qu'il imprimait une tache indélébile à son drapeau, lâchement abaissé devant un misérable chef de quelques milliers de fanatiques. Comment le général Bugeaud, ce fier soldat qui devait quelques années plus tard, avec une poignée de combattants, culbuter et mettre en déroute la nombreuse armée de l'empereur du Maroc, avait-il pu nous préparer et subir lui-même une semblable humiliation? C'était le fruit amer de la politique immorale qui avait si maladroitement substitué le culte hideux de l'intérêt personnel aux loyales et patriotiques traditions de l'ancienne monarchie.

Au reste, le général Bugeaud avait tellement la conscience d'avoir forfait à son devoir et trahi les intérêts de la France, que, même avant la signature du traité, il sentit le besoin de justifier sa conduite, dans l'espérance d'échapper à la réprobation dont il devait bientôt être l'objet. Le 29 mai, il écrivit, en ces termes, au comte Molé, président du conseil des ministres :

« J'ai toujours pensé que, dans les grandes circonstances, un général ou un homme d'État doit savoir prendre sur lui une grande responsabilité, quand il a la conviction qu'il sert bien son pays. Ce principe, gravé depuis longtemps dans mon esprit, je viens d'en faire l'application. J'ai cru qu'il était de mon devoir, comme bon Français, *comme sujet fidèle et dévoué du roi, de traiter avec Abd-el-Kader*, bien que les délimitations du territoire soient différentes de celles qui m'ont été indiquées par le ministre de la guerre. Je me suis dit que le ministre et ses bureaux ne pouvaient juger des nuances de la question comme moi qui suis sur les lieux. J'ai, d'ailleurs, reconnu que l'on était encore dominé, à Paris, par des idées qui pouvaient être justes il y a un an ou dix-huit mois, mais qui ne sont plus, aujourd'hui, en rapport avec les circonstances. J'ai fait connaître, par ma dépêche du 27 (qui a passé par l'Espagne), le peu d'importance que j'attachais à ne donner à l'émir que telle ou telle portion de territoire ; que, même, je trouvais des avantages à lui céder plus, parce qu'il nous offrait plus de garanties de sécurité et plus d'avantages commerciaux que des beys sans influence que l'on voudrait établir entre l'émir et nous... Je réponds que la connaissance que j'ai acquise du caractère religieux et sincère de l'émir, comme de sa puissance sur les Arabes, me donne la conviction profonde que toutes les conditions seront parfaitement exécutées. Je me rends garant de l'émir, et je prouve la foi que j'ai dans sa parole par la grande responsabilité que j'assume sur ma tête.

» Je l'avouerai, cependant, une seule pensée m'a fait hésiter : Il faut, me suis-je dit, trois semaines ou un mois avant que ce traité puisse être autorisé par le gouvernement. Cet espace de temps est le plus propre à la guerre contre les Arabes ; ce sera une campagne à moitié manquée ; que pensera-t-on de moi comme militaire ? Voici comment j'ai vaincu ces scrupules : J'ai d'abord envisagé tout ce qu'il y avait de barbare, de déchirant, à incendier les moissons d'un peuple qui ne demande pas mieux que de traiter et avec qui j'ai traité, et puis, j'ai considéré que la campagne serait encore très profitable en juillet, qui sera, cette année, la véritable époque des moissons de froment, et que, si la campagne commence plus tard, elle se prolongera aussi plus longtemps. Si le traité, mal exécuté, ne remplit pas nos espérances, ne pourrons-nous pas faire, l'année prochaine, ce que nous voulions faire cette année ? Les Arabes le redouteront, car ils avaient parfaitement compris toute la puissance dévastatrice d'une colonne comme la mienne. Ils disaient, hautement, qu'ils savaient bien qu'ils ne pourraient pas m'empêcher de brûler leurs moissons, mais qu'ils fuiraient vers le désert, où ils avaient des provisions en réserve, et qu'ils reviendraient quand la lassitude nous forcerait à rentrer dans nos places.

» On me dira peut-être : Comment, avec de tels avantages, n'avez-vous pas pu limiter Abd-el-Kader dans la province d'Oran ? J'ai fait tout ce qu'il était humainement possible de faire pour atteindre ce but ; et j'aurais obtenu d'Abd-el-Kader, livré à lui-même, quelques concessions ; mais les autres chefs et les marabouts se sont écriés plusieurs fois qu'ils aimeraient mieux mourir que de céder davantage. Il a fallu disputer longtemps pour obtenir l'article 4, qui établit que les Musulmans qui vivront sur notre territoire ne seront pas soumis à la domination de l'émir. Il n'a pas fallu moins de débats pour obtenir la concession de quelques portions de territoire appartenant à des tribus dévouées qui, les premières, ont élevé Abd-el-Kader sur le pavois. Enfin, il n'est pas un article qui n'ait été vivement disputé. J'ai la ferme persuasion qu'il était impossible d'obtenir davantage avant d'avoir fait une longue guerre semée de succès.

» Tout sanctionne mon traité, excepté ce seul passage des instructions du ministre de la guerre :

« Vous devez insister d'une manière absolue, comme
» vous m'en annoncez vous-même l'intention, pour
» réserver autour d'Oran la zone que vous avez indiquée
» et pour renfermer Abd-el-Kader dans la province
» d'Oran. Dans celle-ci même, vous devez exiger pour
» limite, si ce n'est le Fedah au moins le Chélif, et
» n'abandonner à Abd-el-Kader ni Milianah, ni Cher-
» chel. Les trois points essentiels dont vous ne devez
» pas vous départir, c'est la souveraineté de la France,
» la limitation d'Abd-el-Kader dans la province d'Oran,
» bornée au moins par le Chélif, c'est-à-dire en laissant
» en dehors Cherchel et Milianah, et la réserve de la
» zone que vous avez indiquée depuis l'Habra jusqu'au
» Rio-Salado. »

» Ce qui a dû m'enhardir à passer outre ces prescriptions, c'est que l'idée première de cette délimitation
paraît avoir été prise dans ma correspondance avec le
ministre. Ce sont donc, en quelque sorte, mes idées que
je modifie moi-même. »

Ce pitoyable factum n'était certes pas de nature à
pallier les torts du général Bugeaud. Je ferai bientôt
connaître les principaux griefs formulés contre son
œuvre avec autant de force que de raison. En attendant,
je ne puis m'empêcher de dire qu'il faut s'armer d'une
foi robuste pour admettre que le juif Ben Durand avait
disputé longtemps avec Abd-el-Kader pour obtenir l'article 4 du traité et qu'il se fût astreint à de longs débats

pour nous faire réserver une plus grande partie de territoire. Quant à Hamadi-ben-Sekkal, il n'était intervenu *in extremis* dans la négociation, que pour informer l'émir que le général abandonnait la province de Tittery, une partie de celle d'Alger, et qu'il consentait à l'affranchir de tout tribut envers la France.

Quoi qu'il en soit, lorsque le Gouverneur, qu'on avait laissé dans l'ignorance des différentes phases de la négociation, reçut par les émissaires d'Abd-el-Kader une copie du traité, il adressa au ministre de la guerre et au président du Conseil un mémorable rapport, où se révèlent à la fois une appréciation exacte des choses et le sentiment le plus élevé de l'honneur national. Si ce rapport eût été publié, il aurait bien vite pris les proportions d'un évènement, et le général Bugeaud, malgré la haute faveur dont il était l'objet, eût été irrévocablement perdu dans l'opinion. Ce document appartient à l'histoire; il importe de le reproduire en entier, malgré son étendue :

« Une convention a été conclue, le 30 mai, entre M. le général Bugeaud et l'émir Abd-el-Kader. Cette convention semble inexplicable; elle soulève mille objections; on se demande comment il était possible de prévoir un dénouement pareil aux projets annoncés, aux efforts faits par le gouvernement pour réduire l'émir. On cherche les causes qui ont amené un résultat aussi imprévu, aussi fâcheux et les conséquences qui s'ensuivront pour la puissance et la durée de notre établissement dans le Nord de l'Afrique ! Cette convention rend l'émir souverain de fait de toute l'ancienne régence d'Alger, moins la province de Constantine, et l'espace étroit qu'il lui a plu de nous laisser sur le littoral autour d'Alger et d'Oran. Elle le rend souverain indépendant puisqu'il est affranchi de tout tribut ; que les criminels des deux territoires sont rendus réciproquement ; que les droits relatifs à la monnaie ne sont pas réservés et qu'il entretiendra des agents diplomatiques chez nous comme nous en aurons chez lui.

» Et c'est lorsqu'on a réuni à Oran quinze mille hommes de bonnes troupes, bien commandées, abondamment pourvues de toutes choses ; lorsque des dépenses considérables ont été faites ; lorsqu'une guerre terrible a été annoncée avec éclat, que, sans sortir l'épée du fourreau, au moment où tout était prêt pour que la campagne s'ouvrît avec vigueur, à Oran comme Alger, c'est alors, dis-je, qu'on apprend tout à coup la conclusion d'un traité plus favorable à l'émir que s'il avait remporté les plus brillants avantages, que si nos armées avaient essuyé les plus honteux revers ! Que pouvait-il exiger, que pouvait-on lui accorder de plus après une défaite totale ? Il y a peu de jours, on voulait le forcer, le réduire à la paix, c'est-à-dire, je pense, lui en dicter les conditions ; et tout à coup, sans qu'aucune circonstance apparente ait changé notre situation ou la sienne, on lui accorde plus qu'il n'avait songé à demander ; plus assurément que les adversaires les plus ardents de notre établissement en Afrique n'ont jamais osé l'espérer! On souscrit un traité peu honorable pour la France; on abandonne sans pitié des alliés qui se sont compromis pour nous et qui le paieront de leur tête ; on nous met en quelque sorte à la discrétion de notre ennemi. Il y a peu de jours que l'on donnait pour instructions de ne permettre, sous aucun prétexte, à Abd-el-Kader, de sortir de la province d'Oran. On parlait même de le limiter à l'Oued-Feddah ; on insistait avec raison sur l'importance de conserver Médéah et Milianah pour y placer des beys indépendants et éviter la réunion de toute la puissance arabe dans les mains d'un seul homme, et voilà que d'un seul trait de plume on cède à cet homme la province de Tittery, Cherchel, une partie de la Mitidja et tout le territoire d'Alger qui se trouve hors des limites précédemment fixées, et sur lequel il n'avait encore ni autorité ni prétentions ! Ainsi, tous nos préparatifs, toutes nos dépenses, toutes nos menaces n'ont abouti qu'à un résultat pire que celui qu'on aurait obtenu si, sans déplacer un soldat et sans dépenser un sou, on avait négocié depuis Paris, par l'intermédiaire du plus humble de nos agents diplomatiques.

» Les résultats de la guerre n'étaient pas douteux : Abd-el-Kader n'aurait pas accepté le combat; s'il l'acceptait, il aurait été battu partout, son infanterie aurait été détruite, sa cavalerie dispersée, lui-même rejeté dans le désert. Nos troupes auraient semé l'épouvante, agi puissamment sur l'imagination des Arabes, fait comprendre à tous qu'ils devaient opter entre la paix avec la France ou l'abandon d'un pays que nous pouvions ravager chaque année, même avec de petites colonnes. Il fallait essayer du moins, tout était prêt, les dépenses consommées, l'armée pleine de confiance et d'ardeur. Que risquait-on ? Quelque opiniâtre et orgueilleux que l'on suppose Abd-el-Kader, il est impossible que des défaites ne l'eussent pas rendu plus traitable, et que, dans son conseil, des voix ne se fussent pas élevées pour proclamer que nos succès étaient l'œuvre de Dieu, et pour prêcher la soumission. Et lors même que l'on eût été décidé à lui donner tout le pays que lui laisse cette convention, il eût été d'une meilleure politique de le faire après qu'il aurait éprouvé la force de nos armes.

» Enfin, quelle nécessité de traiter si on voulait le faire de cette manière ? Nous avions assez de forces, même en rentrant dans les limites du budget ordinaire de l'Afrique, pour nous établir solidement dans la Mitidja et autour d'Oran. Qui nous empêchait de le faire ? d'annoncer que, pour le moment, nous nous renfermions dans ces limites, que nous voulions vivre en paix avec les Arabes et que désormais nos armées ne seraient employées qu'à protéger en dedans de ces limites nos colons et nos alliés, et à repousser toutes les agressions ? Ce système, poursuivi avec persévérance, avec modération et avec énergie, devait réussir en fort peu de temps. Les Arabes en auraient promptement compris les avantages. Ils savent bien qu'il leur est impossible de nous résister, encore plus, de nous faire évacuer le pays. Ils auraient peu à peu repris leurs habitudes de commerce, et la paix se serait établie d'elle-même. Abd-el-Kader aurait peut-être grandi malgré nous, mais, du moins, la question restait entière, intacte. Nous n'étions pas liés, nous conservions la faculté de profiter de toutes les circonstances favorables et, surtout, notre honneur n'éprouvait aucune atteinte. Nous n'étions pas humiliés, rabaissés aux yeux des Arabes !

» En France on a les idées les plus fausses sur Abd-el-Kader ; on s'exagère sa puissance ; on le croit un grand prince, on le met presque sur la ligne du pacha d'Égypte. On perd de vue qu'il y a quatre ans, cet homme n'était rien ; que la position qu'il a acquise, ce sont nos fautes qui la lui ont faite ; que l'influence dont il jouit, c'est nous qui l'avons créée. On oublie combien il a été rabaissé, l'année dernière. On ne tient aucun compte des haines et des rivalités qu'il a soulevées, de ses spoliations, de la lassitude des Arabes, du besoin qu'ils ont de commercer avec nous, de la misère, du découragement auquel ils sont livrés. Enfin, et ceci est le pire de tout, on ne prend aucun soin des populations éloignées qui, après avoir réclamé notre protection, ont résisté à l'ennemi commun, se sont refusés à lui rendre hommage, l'ont attaqué, battu, et ont fait souvent une diversion utile à notre cause. Que deviendront-elles ? Que deviendront surtout leurs chefs, aujourd'hui qu'ils ont amassé sur eux la haine et la vengeance de l'émir ? Ce traité ne stipule rien en leur faveur. Maudissant notre alliance, ils achèteront leur soumission aux conditions les plus dures. Ils la cimenteront du sang des principaux d'entre eux. S'ils réussissent à émigrer et qu'ils viennent nous demander un asile, que sera-t-il permis de leur répondre ?

» Enfin, voyons l'avenir que nous prépare le traité. J'admets qu'on ait l'intention de le maintenir et qu'il dure plusieurs années ; car si l'on n'avait traité que pour obtenir une trêve de quelques mois, j'avoue que je comprendrais encore moins ce système, puisque jamais nous ne serons placés dans des conditions meilleures pour la guerre, que nous ne le sommes aujourd'hui ; mais si nous supposons que la paix durera par exemple trois ans (et cette supposition n'est pas invraisemblable, puisqu'il est dans l'intérêt d'Abd-el-Kader de prolonger cet état de choses si avantageux pour lui), nous le verrons mettre habilement le temps à profit pour étendre sa domination sur les Arabes ; pour devenir leur chef spirituel, lorsque nous le déclarons déjà leur maître temporel ; pour former un seul et grand état compacte et bien discipliné ; pour se créer un trésor par des impôts qu'on n'osera pas refuser, et plus encore par le commerce qui, malgré la prétendue liberté de l'article 10, ne se fera qu'avec sa permission et à son profit ; surtout, enfin, pour augmenter ses moyens de défense et d'agression contre nous. Trop prévoyant pour ne pas se préparer à une nouvelle lutte désormais inévitable, trop éclairé pour ne pas reconnaître la supériorité de notre organisation militaire, mais trop sage pour l'imiter servilement, il s'appropriera celles de nos institutions dont il pourra faire usage, et quand le moment de recommencer la guerre sera venu, nous retrouverons les Arabes plus nombreux, mieux armés, plus instruits, plus confiants. Leurs moyens de résistance se seront puissamment accrus et nos chances de succès auront diminué dans une égale proportion. J'ai dit qu'Abd-el-Kader deviendrait le chef spirituel des Arabes ; pour y parvenir, sa conduite est aussi adroite que la nôtre a été inhabile. La prière se faisait dans la régence comme elle se fait dans tout l'Orient, au nom du sultan de Constantinople. L'émir a obtenu que le nom du sultan serait remplacé par celui de l'empereur du Maroc, dont il se dit le lieutenant. Laissons-le faire et bientôt la prière se fera en son nom. Si un jour il tient cette arme puissante à la main, il sera maître de soulever les populations à son gré et de les déchaîner contre nous par le double motif de la religion et de la haine de l'étranger.

» Si j'arrive maintenant à l'examen des articles du traité, je trouve d'abord que la reconnaissance de la souveraineté de la France n'est qu'un vain mot, puisqu'il n'est pas expliqué en quoi consistera cette souveraineté vis-à-vis d'Abd-el-Kader. Au contraire, il est partout traité comme un égal. Il ne paye point de tribut ; il aura le droit de rendre la justice en son nom ; de battre monnaie ; car, apparemment, si on eût voulu l'en empêcher, on aurait pris la peine de le dire. Abd-el-Kader n'est pas homme à en négliger la remarque. Qu'est-ce donc que cette souveraineté qui, en traitant avec lui, le rend maître de tout le pays, moins deux petits coins que la France se réserve ? Il est vrai que l'émir s'engage à ne commercer que dans les ports occupés par nous et à ne céder aucun point du littoral à une autre puissance sans l'autorisation de la France ; mais l'obligation où l'on s'est cru d'introduire cette dernière réserve, n'est-elle pas la meilleure preuve du pouvoir indépendant d'Abd-el-Kader ? Et quant à l'autre, elle est un peu illusoire, car ce qu'il ne fera pas à Dellys ou à Cherchel, il le fera dans le premier petit port du Maroc, avec lequel, sans doute, on ne prétend pas entraver son commerce.

» Si j'examine la délimitation qui résulte de l'article 2, je vois que, dans la province d'Oran, Mostaganem et Mazagran resteront séparés d'Oran et d'Arzew, c'est-à-dire qu'ils seront en état constant de blocus. Puisqu'on gardait ces deux villes, il était naturel de les lier à la zone que nous conservons. Pour cet effet, au lieu de se borner à la Macta, il fallait garder les montagnes au-delà de cette rivière que s'étendent le long de la mer, et leurs versants dans la plaine, et ne s'arrêter qu'à l'embouchure du Chélif. Cette extension valait mieux que le Rio-Salado et ses environs.

» Dans la province d'Alger, la délimitation est plus défectueuse encore. Qu'est-ce qu'une limite comme la Chiffa, qui, les trois quarts de l'année, n'a pas deux pieds d'eau, qu'on peut franchir partout, et dont la rive opposée est habitée par la population la plus turbulente de la régence ? Pourquoi ne pas garder, au moins, toute la plaine de la Mitidja ? Pourquoi en abandonner une des parties les plus riches, sans avantage et sans nécessité ? Certes, une telle prétention était bien modeste, et jamais, à ma connaissance, la possession de cette plaine n'avait été mise en doute. En l'occupant tout entière, depuis Chenouah, qui domine Cherchel, jusqu'aux crêtes des montagnes qui la bornent au sud, nous étions maîtres des routes de Médéah et de Milianah, et du col de Mouzaïa, de ce passage si difficile qui est la clef de la Mitidja d'un côté et de Médéah de l'autre.

» L'article 9 cède à l'émir la possession de Rachgoun. Cette position avait eu pour but d'empêcher les Arabes de recevoir, à la Tafna, des armes et des munitions. L'établissement que nous y avions formé répondait à cet objet. Pourquoi l'abandonner, et quel intérêt Abd-el-Kader a-t-il à cette évacuation ? De deux choses l'une : ou il veut observer le traité de bonne foi, et alors il doit, aux termes de l'article 14, renoncer à faire le commerce de la Tafna, ou il se promet de violer cet article, et, dans ce cas, la possession de Rachgoun nous est nécessaire pour en assurer l'observation.

» L'article 15 et dernier est encore une reconnaissance de la souveraineté indépendante d'Abd-el-Kader, car il place ses agents sur le même pied que les nôtres. Leur titre n'est pas déterminé, rien ne stipule qu'ils devront reconnaître la souveraineté de la France et se considérer comme les envoyés d'un pouvoir établi par elle et dans sa dépendance.

» Enfin, quelle est la garantie de ce traité ? Quel gage Abd-el-Kader donne-t-il à la France de son désir d'en observer les conditions, de sa sincérité, de sa bonne foi ? Aucun ! Le général Bugeaud le dit lui-même. L'exécution du traité ne repose que sur le caractère religieux et moral de l'émir. C'est la première fois, sans doute, qu'une pareille garantie a fait partie d'une convention diplomatique! Mais, alors, comment serons-nous à l'abri d'une rupture imprévue, d'une insurrection subite et générale qui ruinerait nos colons et coûterait la vie à un grand nombre d'entre eux ?

» Je me résume. Le traité n'est pas avantageux, car il rend l'émir plus puissant qu'une victoire éclatante n'aurait pu le faire, et nous place dans une position précaire, sans garantie, resserrés dans de mauvaises limites. Il n'est pas honorable, car notre droit de souveraineté ne repose sur rien, et nous abandonnons nos alliés; il n'était pas nécessaire, car il ne dépendait que de nous de nous établir solidement dans la Mitidja et autour d'Oran, et de nous y rendre inattaquables, en réservant l'avenir. »

Ce document, qui était de nature à produire un effet décisif sur une administration nationale, ne parvint au ministère qu'après la ratification du traité. Il suffit, pour s'en convaincre, de rapprocher deux dates. Ainsi, il est constant qu'il ne fut expédié par le général Damrémont que par un bateau parti pour Toulon le 15 juin 1837, et, dans cette même journée, à cinq heures et demie du soir, le ministre de la guerre lui adressait le télégramme suivant :

« Le roi a approuvé, aujourd'hui, le traité conclu par

le général Bugeaud avec Abd-el-Kader. Le lieutenant-colonel Delarue part aujourd'hui pour porter cette approbation au général Bugeaud, à Oran ; il se rendra, ensuite, à Alger. Je vous enverrai copie de ce traité par le courrier. »

Du reste, il y a lieu de croire que les observations du gouverneur général, en les supposant arrivées en temps opportun, se seraient heurtées, sans succès, contre la politique personnelle du chef de l'État, qui avait définitivement pris le dessus et dont les décisions ne rencontraient plus d'obstacles. Un exemple concluant va nous en donner la preuve. Bien que la question algérienne fut imparfaitement connue, la nouvelle du traité de la Tafna avait soulevé une profonde émotion à la Chambre des députés. On y voyait, à juste titre, l'abandon partiel de la souveraineté de la France sur la Colonie. Le cabinet, en butte à des attaques pressantes, afin d'échapper à un ordre du jour hostile qui aurait mis son existence en jeu, vint déclarer à la tribune, le 15 juin, par l'organe de son président, le comte Molé, que le traité de la Tafna ne serait ratifié qu'après avoir subi d'importantes modifications. Et, cependant, deux heures après cet engagement solennel, le ministre de la guerre annonçait sa ratification. Je ne prendrais certes pas la peine de faire observer que le ministre, qui avait ainsi trompé la confiance de la Chambre, conserva tranquillement son portefeuille, si je n'avais vu, dans ce fait, un indice accusateur de l'intervention du roi, de la servilité des pouvoirs publics et de la décadence de nos mœurs parlementaires, et si, enfin, l'envoi direct du traité par le général Bugeaud, l'ignorance absolue du gouverneur et sa ratification avant même d'avoir pris son avis, n'établissaient clairement la mission spéciale du général et le véritable auteur de cette infâme négociation.

L'exécution du traité eut lieu avec le même empressement. Le général Bugeaud était rentré, le 9 juillet, à Oran, et, le 12, le bataillon du 47ᵐᵉ, qui avait relevé le commandant Cavaignac à Tlemcen, fit la remise de la place à un khalifa de l'émir. Ainsi, l'œuvre était accomplie : en moins de cinq années, Abd-el-Kader était parvenu, du rang de simple marabout, à la puissance suprême. Ce résultat étonne d'autant plus, que, pendant cette période, nulle action d'éclat, nulle manœuvre stratégique de quelque valeur, n'étaient venues signaler son commandement. Il ne devait son élévation extraordinaire qu'à son ascendant moral sur les indigènes, fruit de son habileté à manier le fanatisme religieux et à des intrigues mystérieuses dont la qualité de certains de ses agents, tels que Mardochée Amar et le fameux Ben Durand, nous font soupçonner la nature. Néanmoins, son immense ambition, le projet grandiose de reconstituer la nationalité arabe, malgré la déchéance séculaire de sa race, son inébranlable constance, enfin, le résultat acquis en si peu de temps, malgré des compétitions rivales et avec des ressources presque nulles, font briller son front d'une auréole qui ressemble singulièrement au génie. Je saisirai donc toutes les occasions de faire ressortir les côtés saillants de cet homme extraordinaire.

La ratification du traité de la Tafna et son exécution si rapide causèrent à Abd-el-Kader une joie inexprimable. La quiétude momentanée qui en fut la conséquence et son besoin actuel de repos vont se refléter dans une lettre simple et presque amicale qu'il écrivit peu de jours après au général Damrémont. Voici cette lettre :

« L'émir des croyants, Sidi-el-Hadj-Abd-el-Kader, au très illustre gouverneur Damrémont, chef des troupes françaises à Alger.

» Que le salut et la bénédiction de Dieu, ainsi que sa miséricorde, soient sur celui qui suit la voie de la justice.

» Tu ne dois pas ignorer la paix que nous avons faite avec le général Bugeaud. Nous aurions désiré que la paix se fît par ton entremise, parce que tu es un homme sage, doux et accoutumé à ce qui se pratique dans le conseil des rois. Mais le général d'Oran nous ayant écrit qu'il avait la signature *du roi* pour traiter, ainsi que cela a eu lieu, vu aussi sa proximité, nous avons passé avec lui un acte authentique à ce sujet, comme la nouvelle t'en est parvenue en son entier. Je suis donc, maintenant, avec toi, sur la foi et le traité passé entre nous et la nation française. Calme-toi donc de ton côté, compte que tout tournera à bien et selon tes désirs. Tu n'éprouveras aucun mal de ce que pourront faire les

Arabes des contrées placées sous mon autorité, du côté de Boufarik, de la Mitidja et des environs. Dans peu, s'il plaît à Dieu, je me porterai de ton côté, je ferai cesser le désordre, je tirerai au clair toutes les affaires, tant avec toi qu'avec d'autres, pour qu'il ne reste plus rien qui ne soit en harmonie avec la raison. Si tu as besoin de quelque chose qui soit en notre pouvoir, nous te satisferons, et nous ne resterons pas en arrière. Il doit en être de même de toi à nous. Ainsi que tes lettres nous arrivent, demandant tout ce que tu veux, comme cela a été, comme cela sera toujours entre des *princes amis*, moi aussi, je t'écrirai pour tout ce qui concerne les affaires de ce monde.

» Écrit le soir du 1er jour du mois de Rabâa-el-Tani, de l'an de l'hégire 1253, par ordre de notre seigneur l'émir des croyants, celui qui rend la religion victorieuse ; que Dieu le protège et que la délivrance arrive par lui ! »

Il importe de remarquer que l'émir affectait non-seulement de se mettre sur un pied d'égalité avec le gouverneur général, mais qu'il se montrait digne et convenable. Cette lettre contenait même quelques flatteries adroites à l'adresse de M. de Damrémont. J'ai cru devoir la reproduire pour établir combien, dans une entrevue que je vais décrire, la rudesse de son langage et l'inconvenance de sa conduite à l'égard du général Bugeaud étaient appropriées aux circonstances ; avec quel art infini, il avait su se rehausser aux yeux des autres chefs indigènes et amoindrir le général, qui, pour donner satisfaction à une vaine curiosité, n'avait pas craint de compromettre la dignité du commandement.

En recevant le double du traité, revêtu du cachet de l'émir, le général Bugeaud lui fit demander une entrevue pour le lendemain, à trois lieues du camp français et à six ou sept de celui des Arabes. Abd-el-Kader y consentit.

Il est regrettable que M. Bugeaud n'ait pas compris que de puissants motifs lui faisaient un devoir de s'abstenir d'une pareille démarche. La tournure fâcheuse des négociations qui avaient abouti à la reconnaissance successive de toutes les prétentions de l'émir, et, par dessus tout, la demande honteuse de subsides secrets, plaçaient le général dans une situation d'infériorité indigne du représentant d'une grande nation. Quel pouvait être, en outre, le sujet de l'entretien, sinon le traité déjà conclu et dont Abd-el-Kader attendait avec la plus vive impatience la ratification? Sur ce point, le général devait s'imposer une certaine réserve que l'ignorance de nos usages diplomatiques pouvait faire prendre en très mauvaise part par l'émir et donner lieu à des propos blessants que la situation fausse de M. Bugeaud l'aurait mis dans la nécessité de subir.

Cependant, le général Bugeaud se rendit, le 1er juin, avec six bataillons, son artillerie et sa cavalerie, au lieu fixé pour le rendez-vous. Mais, à son grand désappointement, il n'y trouva point l'émir, qui aurait craint, par une exactitude pourtant commandée par les plus strictes convenances, de donner une marque de déférence envers le négociateur, tandis qu'il désirait prendre à son égard un air de supériorité, afin que sa démarche irréfléchie fût regardée, par les Arabes, comme un hommage rendu à la souveraineté de leur chef. Toutefois, M. Bugeaud excusait de son mieux les retards d'Abd-el-Kader. N'avait-il pas sept lieues à faire? Et n'était-ce pas une énorme distance à franchir pour un corps de cavalerie? Cependant, à deux heures après-midi, l'émir n'apparaissant pas encore, les officiers qui entouraient le général commençaient à croire à une mystification. On vit arriver, à ce moment, quelques Arabes qui apportaient de pitoyables excuses dont il fallut bien se contenter : l'émir avait été malade, il n'avait pu quitter son camp qu'un peu tard, peut-être demanderait-il que l'entrevue fût ajournée. D'autres Arabes vinrent annoncer successivement que l'émir n'était plus qu'à très peu de distance. Puis, il était tout près, mais arrêté. Enfin, un dernier porteur de paroles engagea le général à s'avancer un peu, disant qu'il ne pouvait tarder à rencontrer Abd-el-Kader.

Si M. Bugeaud avait eu le moindre sentiment de la dignité nationale, le peu d'égards et de considération affecté par l'émir, envers le représentant officiel de la France, l'aurait d'autant plus froissé, qu'il n'est pas douteux que, vis-à-vis d'un personnage de cette importance, rehaussé encore par son attitude patriotique dans l'accomplissement de sa mission, l'émir se serait conduit avec plus de convenance. Il est certain qu'il aurait détaché un de ses khalifas pour justifier son retard par l'état de sa santé ou par tout autre motif. A défaut d'un mobile plus élevé, son amour-propre personnel lui conseillait donc de revenir sur ses pas. Mais il résolut de poursuivre l'aventure, entraîné, sans doute, par le courant irrésistible d'une fâcheuse curiosité. Car je ne puis croire, malgré sa demande positive à l'émir Abd-el-Kader, que le désir immodéré du rétablissement immédiat des relations entre les Européens et les indigènes, qui lui eût fait empocher quelques milliers de francs de plus, ait été pour quelque chose dans sa détermination.

Il était déjà tard, car on avait attendu l'arrivée de l'émir pendant près de huit heures. Le général Bugeaud fit alors arrêter ses troupes et se porta en avant, suivi de son état-major. Après avoir cheminé pendant une heure dans les détours d'une gorge étroite entrecoupée de collines qui empêchaient la vue de s'étendre dans le lointain, il arriva, vers six heures du soir, en face de la troupe arabe, massée au fond d'une vallée, sur des mamelons épars. A ce moment, un chef de tribu vint avertir le général qu'Abd-el-Kader se trouvait à peu de distance, sur un coteau qu'il lui montra du doigt. Il fallut marcher encore pendant près d'un quart d'heure, et l'on aperçut, enfin, l'escorte de l'émir qui s'avançait, au pas, du côté des officiers français. Ses lenteurs calculées avaient produit un résultat qui dépassait ses espérances; car l'arrivée au milieu de son camp d'un général français, sans armée, sans appareil, ne pouvait être considérée, par les Arabes, que comme un hommage rendu à la puissance de leur chef, et devait accroître considérablement son prestige.

La magnificence de l'escorte de l'émir offrait un imposant spectacle. On pouvait y compter deux cents chefs d'un physique remarquable, relevé encore par la beauté de leurs costumes. Ils étaient tous montés sur des chevaux de prix qu'ils faisaient piaffer avec beaucoup d'adresse. L'émir les devançait de quelques pas, sur un coursier noir qu'il maniait supérieurement. Plusieurs Arabes tenaient les étriers et les pans de son burnous. M. Bugeaud lance son cheval au galop, arrive auprès de l'émir et lui tend la main. Abd-el-Kader met pied à terre et s'assied presque aussitôt, laissant debout le général qui s'empressa de prendre place à ses côtés. L'aspect des deux interlocuteurs présentait un singulier contraste.

Abd-el-Kader était, à cette époque, âgé d'environ trente ans. Il était entièrement vêtu à la manière arabe, avec un costume d'une extrême simplicité. Quand on considérait l'exiguïté de sa taille, bien au-dessous de la moyenne, sa complexion frêle et délicate, ses mains petites, blanches et fort soignées, on était tenté de croire qu'il avait dû s'abstenir, durant son adolescence, des exercices pénibles du métier des armes, et qu'il ne fallait pas chercher dans la force matérielle le secret de sa puissance. Un examen plus attentif venait confirmer ces premières impressions. La physionomie douce et spirituelle de l'émir, la vivacité de son regard voilé par intervalles sous l'influence d'un travail intérieur, les rides précoces qui plissaient parfois son front large et beau, l'habitude de pencher sa tête vers l'épaule gauche comme pour se recueillir, dénotaient une intelligence supérieure, développée par de longues et laborieuse méditations. Enfin, le chapelet enroulé autour de son bras droit, et dont il ne se séparait jamais, était un indice qu'il s'était voué aux pratiques minutieuses du culte religieux pour conquérir un ascendant moral qui, d'après les traditions sacerdotales de tous les âges, devait lui servir à s'emparer plus aisément du pouvoir temporel.

A la différence de l'émir, le général Bugeaud était doué d'une force physique peu commune. Malgré ses cinquante-deux ans, il n'avait encore rien perdu de sa vigueur. Sa haute stature, un corps solide, dans de justes proportions avec sa taille élevée, des membres souples et nerveux, et, par-dessus tout, une activité incomparable, fruit des habitudes de sa vie entière, de ses longues campagnes pendant le premier empire et sous la restauration, de la surveillance constante et de la direction de travaux agricoles continus, le rendaient éminemment propre aux fatigues de la guerre. Mais cette grande activité ne se maintient qu'à l'aide d'exercices de tous les instants, qui absorbent, dans une certaine mesure, les facultés intellectuelles et morales.

Abd-el-Kader et le général Bugeaud symbolisaient

donc, en ce moment, deux forces sociales bien distinctes dont on ne saurait nier la puissance : la force du prêtre et la force du soldat. Et il tombe sous les sens que ces deux forces, se trouvant aux prises sur le terrain des intrigues diplomatiques, le soldat devait être battu.

Cependant, une longue conversation s'était engagée entre Abd-el-Kader et le général :

— Sais-tu, s'écria tout à coup M. Bugeaud, qu'il y a peu de généraux qui eussent osé faire le traité que j'ai conclu avec toi ? Je n'ai pas craint de t'agrandir et d'ajouter à ta puissance, parce que je suis assuré que tu ne feras usage de la grande existence que nous te donnons que pour améliorer le sort de la nation arabe et la maintenir en paix et en bonne intelligence avec la France.

— Je te remercie de tes bons sentiments pour moi, répondit Abd-el-Kader. Si Dieu le veut, je ferai le bonheur des Arabes, et si jamais la paix est rompue, ce ne sera pas de ma faute.

— Sur ce point, je me suis porté ta caution auprès du roi des Français. As-tu ordonné de rétablir les relations commerciales avec Alger et autour de nos villes ?

— Non. Je le ferai dès que tu m'auras rendu Tlemcen.

— Tu sais bien, reprit le général, que je ne puis te le rendre que quand le traité aura été approuvé par mon roi.

— Tu n'as donc pas le pouvoir de traiter ?

— Si. Mais il faut que mon traité soit ratifié. C'est nécessaire pour sa garantie, car, s'il était fait par moi tout seul, un autre général qui me remplacerait pourrait le défaire.

— Si tu ne me rends pas Tlemcen, comme tu le promets dans le traité, je ne vois pas la nécessité de faire la paix. Ce ne sera qu'une trêve.

— Cela est vrai. Mais c'est toi qui gagnes à cette trêve, car, pendant le temps qu'elle durera, je ne détruirai pas tes moissons.

— Tu peux le faire, cela nous est égal, et, à présent que nous avons fait la paix, je te donnerai par écrit l'autorisation de brûler tout ce que tu pourras. Tu ne peux en ravager qu'une bien faible partie, et les Arabes ne manquent pas de grain.

— Je crois, reprit M. Bugeaud, que tous ne pensent pas comme toi, et quelques-uns m'ont remercié d'avoir ménagé les campagnes.

Abd-el-Kader sourit d'un air dédaigneux et demanda, ensuite, combien il faudrait de temps pour avoir l'approbation du roi des Français.

Sur l'observation qu'elle ne pouvait arriver avant trois semaines, l'émir fit un geste d'impatience.

— Eh bien, en ce cas, reprit-il, nous ne rétablirons les relations commerciales que lorsque la paix sera définitive.

Le général Bugeaud, un peu embarrassé de la tournure que prenait l'entretien, jugea prudent de ne pas insister. Désireux de terminer une entrevue pendant laquelle l'émir lui avait témoigné peu de sympathie, il se leva pour prendre congé. Abd-el-Kader étant resté assis, M. Bugeaud crut comprendre que, par cet acte, l'émir affectait de prendre un air de supériorité qui lui parut intolérable. Il lui fit dire par son interprète : « Quand un général français se lève devant toi, tu dois te lever aussi », et, avant même que l'interprète eût fini de traduire ces paroles, il prit la main d'Abd-el-Kader et le souleva.

Après cet incident, qui vint terminer l'entrevue d'une façon presque identique à son ouverture, car on se souvient qu'Abd-el-Kader s'était assis en laissant le général debout, les deux interlocuteurs s'éloignèrent, après s'être salués froidement. L'émir s'élança sur son cheval, au milieu des acclamations de son escorte, répétées par les Arabes placés sur les penchants des collines environnantes pour ne pas perdre de vue l'émir pendant son entretien avec le général français. Des témoins oculaires ont évalué l'armée d'Abd-el-Kader à plus de dix mille cavaliers massés en grande profondeur sur une ligne de près de trois quarts de lieue. Au moment même où finit l'entrevue, un long et violent coup de tonnerre, répercuté par les échos d'alentour, vint encore ajouter à tout ce que cette scène avait déjà d'imposant. Le cortège arabe frémit, des cris d'admiration se firent entendre, pendant que le général Bugeaud rejoignait ses troupes en continuant à s'entretenir d'Abd-el-Kader et du beau spectacle auquel on venait d'assister. Les officiers de la colonne, qu'il avait laissés pendant si longtemps à plus d'une lieue en arrière, fort inquiets de ce qui pouvait être survenu, songeaient à marcher à son secours, lorsqu'ils le virent reparaître. On lui représenta le péril auquel il venait de s'exposer. Sa conduite, en effet, était plutôt celle d'un partisan intrépide que d'un général en chef d'une armée régulière. — Messieurs, dit-il, cette multitude d'Arabes ne fait rien à l'affaire. Il n'y a là que des individualités et pas de force d'ensemble. J'en aurais eu facilement raison avec mes dix bataillons et mon artillerie. — Ces paroles de l'homme de guerre étaient la condamnation éclatante du négociateur.

La dernière partie de l'entretien du général Bugeaud et de l'émir avait une haute signification. Le mouvement d'impatience échappé à un personnage si maître de lui, au moment de l'annonce qu'un délai de trois semaines était indispensable pour la ratification du traité, témoignait à la fois de l'immense désir d'Abd-el-Kader de faire la paix et de l'étendue des fautes de M. Bugeaud. Outre la fatale conclusion du traité de la Tafna, ces fautes devaient avoir un autre résultat bien difficile à prévoir : elles allaient exercer une triste influence sur une nature profondément perverse. Le trop fameux général de Brossard y puisa, sans doute, le dessein insensé d'entamer des négociations avec Abd-el-Kader pour lui faire, moyennant finances, la remise de la place d'Oran. Ce fait, fort étrange, serait probablement révoqué en doute, si je ne faisais connaître avec le plus grand soin les présomptions graves qui me paraissent en établir l'existence.

Dans les premiers jours de janvier 1837, M. de Brossard était venu à Oran pour prendre le commandement de la division, en remplacement du général de Létang, rentré en France. Son arrivée, en compagnie des frères Ben Durand, causa aux Arabes du parti français, et notamment aux Douairs et aux tribus ennemies déclarées de l'émir, de vives appréhensions et de noirs pressentiments. Les évènements ultérieurs devaient bientôt donner la preuve que leurs craintes n'étaient que trop fondées. Néanmoins, en cette circonstance, M. de Brossard n'avait fait que suivre l'exemple de la plupart des généraux français qui, sans se préoccuper du mauvais effet qu'elles pouvaient produire, n'avaient pas craint de manifester à tout propos, depuis la conquête, de scandaleuses préférences pour les Juifs indigènes. On se souvenait encore que tout Alger avait vu l'aîné des deux frères Ben Durand se pavaner dans la voiture du comte d'Erlon et faire parade, dans l'intérêt de son crédit, de ses relations étroites avec le Gouverneur général, dont il avait, du reste, singulièrement abusé. Cette étrange prédilection des généraux français, si préjudiciable aux affaires algériennes, avait pour principe des causes multiples qu'il importe de signaler.

L'obéissance passive qui est la base incontestable de la discipline des armées modernes, a presque toujours pour résultat de rendre les grands chefs militaires inhabiles à supporter les plus légères contradictions. Or, les Juifs indigènes, façonnés, dès longtemps, à la servitude par le despotisme séculaire des Turcs, constidéraient leurs désirs comme des ordres, qu'ils exécutaient, sans mot dire, avec un empressement fort apprécié. Les plus habiles même avaient un merveilleux instinct pour découvrir les secrets penchants et les faiblesses des commandants militaires, qu'ils savaient ensuite soumettre à un genre d'exploitation souvent couronné de succès. L'aîné des frères Ben Durand possédait au suprême degré les défauts et les qualités de sa race. Ces qualités et ces défauts avaient pris, il est vrai, les proportions de sa vaste intelligence, mais il ne se distinguait de la foule de ses coreligionnaires que par l'audace extraordinaire et l'habileté de ses combinaisons. C'était donc à tort qu'on l'avait considéré comme un espion stipendié par Abd-el-Kader. Il n'était pas plus dévoué à la politique de l'émir, qu'il n'était le partisan sincère de notre domination. Ce n'était qu'un Juif disposé à vendre ses services à qui les lui paierait le plus cher, et il ne s'était fait, dans des circonstances données, contrairement aux intérêts de la France, le champion des exigences de l'émir, que parce qu'il en avait obtenu une plus large rémunération. J'avoue que, malgré son égoïsme odieux et l'immoralité révoltante de ses actes, je ne puis parfois me défendre d'un sentiment d'admiration pour cette nature d'élite, que la profondeur et la sûreté de ses desseins rendaient digne de figurer sur une scène de premier ordre. Le trait suivant, qui fut, à n'en pas douter, le chef-d'œuvre des intrigues de sa vie entière, nous le fera connaître à fond. Il offre, en outre, le précieux avantage de nous ramener à l'administration du général de Brossard.

Nous avons déjà vu qu'Abd-el-Kader, profitant de nos embarras, avait pénétré dans la province d'Alger et s'était emparé de Milianah et de Médéah. Cette extension si imprévue de sa puissance l'avait contraint de disséminer ses forces. Il devait, en outre, se pourvoir des ressources nécessaires pour résister aux agressions diverses dont elles pouvaient être si facilement l'objet ; mais les munitions de guerre lui manquaient. On comprendra aisément que, dans une pareille situation, il était résolu d'avance à ne reculer devant aucun sacrifice pour s'en procurer. Il envoya un messager sûr à Ben Durand, qui se trouvait alors à Alger, pour le charger de cette mission. Mais comme il connaissait le prix de son dévouement, et qu'il ne pouvait se dissimuler les difficultés de l'entreprise, il lui laissait le soin d'en déterminer les conditions.

Tout autre que Ben Durand eût, sans nul doute, repoussé avec énergie les offres de l'émir. On ne se décide pas facilement à jouer une formidable partie où il faut mettre pour enjeu sa position et son existence. En effet, il était impossible d'acheter, dans les villes occupées par nos troupes, les marchandises de guerre demandées par Abd-el-Kader, car le commerce en était interdit sous les peines les plus sévères, et les délinquants auraient été l'objet d'une répression inexorable. Il est à peu près certain, en outre, qu'il n'en existait qu'une très-petite quantité hors de proportion avec la demande d'Abd-el-Kader. Il aurait donc fallu se résoudre à les faire venir de l'étranger, mais le débarquement de la contrebande de guerre était bien difficile sinon impossible. Le littoral était en notre pouvoir depuis Alger jusqu'à Oran, et la possession de Tlemcen et du camp de la Tafna ne permettait pas à l'émir de se mettre en communications sûres avec un point quelconque de la côte. Enfin, le service des douanes était fait avec une rigueur extrême. De telle sorte, qu'en supposant qu'un débarquement clandestin fût opéré, la remise des munitions eût encore présenté des obstacles d'autant plus grands que la livraison de ces munitions aurait rendu les coupables passibles de peines sévères et, sans doute, entraîné leur expulsion de la colonie. Certes, Ben Durand n'était pas homme à courir ces chances redoutables. D'un autre côté, je ne puis admettre qu'il ait eu, un seul instant, le dessein de renoncer à des bénéfices qui devaient être fort considérables en raison des difficultés de l'entreprise. Pour échapper à cette double alternative, son génie, stimulé par l'appât du gain, lui suggéra un projet original, dont l'exécution était exempte de péril. Il consistait à faire livrer, par l'administration militaire elle-même, à Abd-el-Kader, les munitions de guerre dont il avait besoin et à amener Abd-el-Kader, en retour, à ravitailler les places d'Oran et de Tlemcen. Comme bénéfices personnels de cette double opération, il avait conçu la pensée de se faire payer, par Abd-el-Kader, le prix des munitions de guerre fournies par l'administration et d'exiger de celle-ci le paiement des denrées alimentaires livrées par Abd-el-Kader. Il faut maintenant signaler la série de combinaisons qu'il mit en œuvre pour obtenir ce prodigieux résultat.

Son premier soin fut d'en conjurer le péril. Il résolut tout d'abord de n'entretenir des relations directes avec Abd-el-Kader qu'au vu et au su de l'administration supérieure et avec son assentiment. Ses rapports intimes avec le comte d'Erlon l'avaient quelque peu initié aux mystères de la politique courante ; cela lui permit de bien apprécier la situation et de prévoir la conduite que le gouvernement allait tenir. Une trêve avec l'émir lui paraissant commandée par les circonstances, il résolut d'en profiter pour se mettre à l'œuvre. Mais comme il ne voulait rien abandonner au hasard, il fit demander une entrevue au maréchal Clauzel dans les derniers jours de décembre 1836, afin de s'assurer de ses dispositions et prendre un parti définitif en parfaite connaissance de cause. Le maréchal, qui considérait une entente avec l'émir comme une nécessité du moment, n'avait pas dissimulé sa manière de voir. Ben Durand s'empressa de présenter le rétablissement des relations commerciales avec les tribus soumises à l'émir comme un préliminaire indispensable pour arriver à la conclusion de la paix, et, sous le prétexte spécieux d'applanir les premières difficultés, il fit l'offre au maréchal de tenter lui-même l'aventure si l'administration voulait prendre l'engagement de recevoir, à des prix déterminés à l'avance, les denrées qu'il pourrait acquérir. Le maréchal étant entré dans ses vues, un marché fut passé entre Ben Durand et l'administration, dans les conditions suivantes :

L'administration s'engageait à recevoir, à des prix

convenus et très-avantageux pour la maison Durand, les fournitures faites par cette maison. Mais Ben Durand ne prenait aucun engagement positif. Il avait, du reste, déclaré au maréchal qu'il espérait réussir dans son entreprise, mais qu'avant d'entreprendre il voulait être sûr du placement de ses marchandises. Si je vous envoie des bœufs, disait-il, vous serez forcé de les prendre, et si je ne vous en envoie pas, vous n'aurez rien à me réclamer. Il tombe, en effet, sous les sens que, pour rester dans son rôle, Ben Durand ne pouvait aller au-delà, et qu'un marché ferme conclu dans cette circonstance eût été une preuve trop manifeste de sa connivence avec l'émir.

Ce traité insolite était un véritable coup de maître. Ben Durand pouvait désormais se livrer sans crainte à toutes ses intrigues si habilement placées sous le couvert de l'utilité publique. Le traité lui fournissait, en outre, l'occasion de présenter au commandant supérieur des troupes à Oran, la remise des munitions demandées par Abd-el-Kader comme un moyen infaillible pour obtenir les denrées nécessaires pour l'approvisionnement des deux places d'Oran et de Tlemcen et donner ainsi pour cause à un acte profondément criminel l'intérêt sacré de l'État. Il est vrai qu'il fallait des arguments d'un autre genre pour exercer une influence décisive sur le général de Brossard. Mais Ben Durand, ayant pris ses précautions pour se mettre à l'abri de toute poursuite judiciaire, n'était pas homme à renoncer pour si peu à l'exécution de ses desseins. Du reste, ces deux personnages étaient si bien faits pour s'entendre, qu'une liaison intime ne tarda pas à exister entre eux. Elle était tellement manifeste, qu'elle frappa tous les regards dès leur arrivée à Oran, et qu'elle ressort jusqu'à l'évidence des faits ultérieurs qu'il faut nécessairement raconter.

Un premier convoi de quelques centaines de bœufs fut promptement expédié à Ben Durand. Il est impossible d'admettre que le besoin de pourvoir à l'alimentation de nos troupes à Oran eût déterminé cet envoi, car l'administration locale, qui ne pouvait compter pour l'approvisionnement de la place sur les conventions par trop éventuelles passées à Alger avec Ben Durand, avait fait un marché particulier avec Puig, ainsi que je l'ai dit. Et Puig, ayant fait venir une grande quantité de bœufs d'Espagne, se trouvait en mesure de faire face à toutes ses obligations. Cet envoi ne pouvait évidemment avoir d'autre but que de mettre à la disposition de Ben Durand les sommes nécessaires pour déterminer le général de Brossard à faire la remise immédiate des munitions de guerre demandées par Abd-el-Kader. En effet, on apprit bientôt que plusieurs prolonges de l'artillerie, chargées de soufre, d'acier et de fer, avaient franchi les murs d'enceinte, et que la livraison de ces marchandises avait été faite à des agents de l'émir. Cette opération, qui n'aurait pu trouver d'excuse que dans une nécessité inexorable, fut l'objet de critiques amères. Elle accusait hautement les tripotages scandaleux du général, qui perdit dès ce moment la confiance et l'estime de ses subordonnés. Une lettre adressée par le général Bugeaud au ministre de la guerre, le 26 juin, en fait foi. Elle contient le passage suivant :

« J'ai jugé Monsieur le général de Brossard fort au-dessus de la réputation que quelques personnes ont voulu lui faire, et appréciant chaque jour son intelligence des affaires de la guerre et de l'administration, je n'ai pu m'expliquer l'indifférence et presque le dédain dans lesquels il est tombé dans l'esprit de certains chefs. »

On comprend qu'il importait au général de faire cesser au plus tôt ces critiques et, surtout, de ne pas appeler l'attention du gouverneur général sur les faits accomplis, en demandant les moyens de faire une expédition pour ravitailler la place de Tlemcen, qui en avait un besoin fort pressant. Il fut décidé que Ben Durand s'adresserait de nouveau à l'émir pour tâcher d'obtenir ce résultat. Mais cette fois les difficultés étaient bien plus grandes et la réussite, par conséquent, très-douteuse. Abd-el-Kader, à toutes les époques, avait désiré ardemment la possession de la ville de Tlemcen. Il la considérait, non sans raison, comme devant être la clef de ses rapports futurs avec le Maroc et le plus solide fondement de sa puissance. En outre, il savait fort bien qu'il ne pouvait s'en emparer que par famine. Espérer, dès lors, qu'il ferait lui-même passer des vivres à la garnison de Tlemcen; lui demander en quelque sorte de renoncer volontairement au plus ardent de ses vœux et de ne pas profiter des circonstances exceptionnelles qui lui permettaient d'espérer que nos troupes évacueraient prochainement la place, c'était presque de la démence. Néanmoins, Ben Durand n'hésita pas, pour faire la démarche, et ce qui est bien plus étonnant, elle fut couronnée de succès.

Cette fois, Ben Durand n'avait pas cru devoir dissimuler ses relations avec l'émir. Bien qu'il fut porteur de la convention passée à Alger, soit qu'il considérât cette convention comme insuffisante pour sauvegarder ses intérêts, soit qu'il voulût obtenir une augmentation des prix stipulés, il passa avec un des membres de l'intendance d'Oran un nouveau marché pour fixer tout à la fois les prix, la nature et la quantité des denrées à fournir. Il partit immédiatement après pour se rendre auprès d'Abd-el-Kader, afin de le déterminer à lui fournir les moyens d'exécuter cette convention.

On comprendra que je ne puis rapporter les paroles échangées par les deux interlocuteurs en cette circonstance. Mais il me paraît certain que, pour vaincre les premiers refus de l'émir, Ben Durand lui fit observer que les sommes produites par la vente des bœufs avaient dû être remises au général de Brossard pour faire cesser ses hésitations; que le prix des munitions de guerre était dû en entier; qu'enfin il avait le plus grand intérêt à ménager le général en raison des services qu'il pouvait lui rendre dans l'avenir, et, comme moyen extrême de vaincre sa résistance, il prit l'engagement, au nom du général, de lui rendre les prisonniers faits à la bataille de la *Sickа*. L'émir, qui considérait comme un devoir impérieux de délivrer des musulmans des fers des chrétiens, finit par céder. Il fournit lui-même le blé, l'orge et les bœufs. Le convoi fut organisé par ses soins et conduit par Ben Durand à Tlemcen, qui se hâta de retourner à Oran, pour en toucher le prix.

Dans quelles proportions cette somme fut-elle partagée entre Ben Durand et le général de Brossard? Je l'ignore. Mais si l'on ne peut raisonnablement admettre que le général ait pris dans les magasins de l'État des munitions de guerre pour les livrer gratuitement à Abd-el-Kader, il n'est pas plus admissible qu'il ait relâché les prisonniers de guerre sans exiger, au préalable, une large compensation. Cette dernière opération venait d'être terminée, lorsque le général Bugeaud arriva à Oran pour négocier le traité de paix de la Tafna. Il résulte des aveux mêmes du général, que Ben Durand et M. de Brossard devaient avoir leur part de bénéfices personnels stipulés par le négociateur. Si j'ajoute maintenant que M. de Brossard avait poussé le fournisseur de l'armée, l'Espagnol Puig, à conclure son association avec le général Bugeaud, il faut bien reconnaître que les quatre mois de commandement du général de Brossard avaient été féconds en turpitudes, et qu'il n'avait même pas reculé devant le crime pour assouvir son insatiable cupidité. Mais le temps était proche où tous ces méfaits allaient recevoir leur récompense.

Le général avait donc reçu des sommes considérables,

mais ces sommes avaient été promptement dissipées par des dépenses folles. Les besoins factices qu'il s'était créés se faisant de nouveau sentir, il songea à se procurer de nouvelles ressources pour les satisfaire. Ayant à cet effet jeté un coup d'œil synthétique sur les diverses branches de son administration, il ne tarda pas à s'apercevoir que les différents moyens généralement mis en œuvre pour battre monnaie étaient totalement épuisés. Considérant alors que le général Clauzel avait cédé impunément les deux provinces d'Oran et de Constantine au bey de Tunis, que le général Desmichels avait abandonné à Abd-el-Kader la majeure partie de la province d'Oran, et qu'enfin, par le traité de la Tafna, le général Bugeaud venait de céder implicitement à l'émir la presque totalité de nos possessions africaines, ne pouvant, à l'exemple de ses devanciers, faire une nouvelle cession de territoire, il résolut de lui proposer la remise de la place d'Oran. Il faut convenir que les circonstances étaient fort opportunes pour la réalisation de cet abominable dessein. Le traité de la Tafna avait été conclu et exécuté. Le général Bugeaud, ayant accompli sa mission, était sur le point de rentrer en France, et l'effectif de la garnison allait être considérablement réduit pour faire face aux éventualités de la seconde expédition de Constantine. Je crois pouvoir affirmer, sur la foi de renseignements contemporains, que l'offre de la remise de la place d'Oran fut faite à l'émir à la charge de certaines obligations que je ferai bientôt connaître.

Après avoir fait à l'émir les premières ouvertures de ce projet peut-être plus insensé que coupable, Ben Durand recula épouvanté. Il comprit, enfin, que son intimité avec le général de Brossard, les actes opérés en commun, et, enfin, sa participation au traité de la Tafna, le feraient forcément considérer comme complice. Dans ce cas, il était perdu. Voulant, à tout prix, se soustraire à un pareil danger, il s'empressa de dévoiler le projet au général Bugeaud.

La révélation si inattendue de Ben Durand frappa le général Bugeaud de stupeur. Il est bien difficile d'en douter, quand on lit attentivement une lettre du 6 septembre, adressée au ministre de la guerre, qui contient ce qui suit :

« Le général de Brossard est capable de tout pour refaire sa fortune, qu'il ne refera jamais, parce qu'il dépense, en femmes ou autrement, avec aussi peu de réserve qu'il ramasse. C'est l'homme le plus corrompu, en tous points, que j'aie encore rencontré ! Je ne me persuadais même pas qu'il pût y avoir tant de perversité dans le cœur humain ! Je ne puis vivre avec ce monstre, et encore moins le laisser derrière moi ! Sans doute, les preuves de ses crimes ne sont peut-être pas de nature à le faire condamner par un conseil de guerre, mais je crois à leur réalité comme si j'avais vu et entendu ! »

A cette lettre était joint un long rapport contenant

l'exposé des faits imputés au général de Brossard. M. de Brossard fut traduit devant un conseil de guerre. Il fut accusé :

1° D'avoir vendu à Abd-el-Kader la remise des prisonniers faits au combat de la Sikka, en échange de denrées envoyées par l'émir à Tlemcen, denrées dont M. de Brossard se serait approprié le prix soldé par l'administration française.

2° D'avoir passé des marchés onéreux à l'État pour en partager les bénéfices avec les fournisseurs, et d'avoir touché, pour sa part, une somme de cent vingt mille francs.

3° D'avoir chargé le juif Ben Durand de négocier son passage au service d'Abd-el-Kader, moyennant une prime de deux cent mille francs et le paiement annuel de cinquante mille francs de rente à sa famille.

Il suffit de lire avec soin ces trois chefs d'accusation pour être convaincu qu'on avait laissé de côté, probablement à dessein, les faits les plus graves de l'administration du général de Brossard, tels que la livraison des munitions de guerre à l'émir et l'offre de la remise de la place d'Oran, qui avait été convertie en l'offre pure et simple, faite par M. de Brossard, d'entrer au service d'Abd-el-Kader. On aurait bien dû réfléchir, en effet, que l'offre de passage, par un général français, au service d'une puissance étrangère en paix avec la France, peut bien faire perdre au général sa qualité de Français, mais ne constitue ni crime, ni délit ; que M. de Brossard était parfaitement libre de se dénationaliser et même de se faire musulman ; que le gouvernement français n'avait rien à y voir. Ce qui constituait le crime, c'était l'offre de passer au service de l'émir en lui faisant la remise de la place d'Oran, dont la défense lui avait été confiée. Du reste, l'importance et la nature même des avantages stipulés par le général prouve qu'il ne pouvait être question que d'une affaire très importante. En effet, pour quel autre motif Abd-el-Kader aurait-il pris l'engagement de remettre deux cent mille francs au général et de payer une rente annuelle de cinquante mille francs à sa famille ? Ce n'était certes pas pour mettre à la tête de ses troupes un général dont la capacité militaire était inconnue et qui lui aurait très certainement rendu moins de services que le dernier de ses khalifas.

Les deux autres chefs d'accusation n'étaient guère mieux fondés, car il était constant que M. de Brossard n'avait passé personnellemet aucun traité avec les fournisseurs, qu'ils portaient la signature de deux membres de l'intendance. Il était, en outre, inexact qu'Abd-el-Kader eût fait directement la moindre fourniture au gouvernement français. Les denrées de toute nature qui avaient servi au ravitaillement de Tlemcen, avaient été livrées par Ben Durand en personne, en vertu de deux conventions, dont la première avait été faite à Alger avec l'agrément du maréchal Clauzel, et la seconde avait eu lieu à Oran dans les conditions ordinaires. Que Ben Durand se fût entendu avec Abd-el-Kader pour exécuter ses propres engagements, cela ne regardait qu'eux seuls. L'administration avait dû si peu s'en préoccuper, que le paiement des denrées avait été fait à Ben Durand, et qu'il n'aurait pu d'ailleurs être valablement fait à autrui. Il est vrai que, dans ces conditions, la mise en liberté des prisonniers arabes n'avait plus de cause apparente, mais elle pouvait parfaitement avoir eu lieu pour déterminer l'émir à permettre à notre fournisseur d'acquérir sur son territoire les denrées dont nous avions le plus grand besoin. Du reste, ce fait avait beaucoup perdu de son importance depuis la conclusion du traité de la Tafna, qui aurait infailliblement amené la libération de ces prisonniers. Si j'ai cru devoir faire ressortir le peu de fondement des différents chefs de l'accusation portée contre le général de Brossard, ce n'est donc pas dans le dessein de faire un reproche à l'administration de la légèreté dont elle aurait fait preuve en cette circonstance. Je suis, au contraire, parfaitement convaincu qu'elle n'a agi qu'après de mûres réflexions et que les actes criminels n'avaient été laissés en dehors de la poursuite que pour éviter de scandaleux débats, dont les éclaboussures auraient pu rejaillir sur la politique du gouvernement. Ce qui lève tous les doutes à ce sujet, c'est la pression occulte exercée sur les principaux témoins, car les dépositions de Mustapha-ben-Ismaël et des autres chefs des Douairs et Smelas, qui avaient eu tant à pâtir de la conduite du général, ne furent insignifiantes que parce qu'on leur avait écrit de rester en dehors de cette affaire, dont il ne pouvait résulter pour eux que des désagréments et des ennuis. Quant aux autres témoins, leur situation était tellement fausse, ils avaient pris une part si active aux faits incriminés, qu'on n'avait pas à redouter leurs indiscrétions. Néanmoins, l'immoralité de certains faits relevés aux débats était telle, que, malgré l'habileté de sa défense, le général de Brossard fut condamné par le Conseil de guerre.

Le procès du général de Brossard ayant clos la série des actes honteux de nos administrateurs militaires, pendant l'année 1837, il n'est que temps de détourner nos regards attristés par tant de défaillances morales, pour contempler enfin avec une joie patriotique le noble courage de nos soldats et la brillante valeur de leurs chefs. Le récit glorieux de la seconde expédition et de la prise de Constantine, nous fera oublier l'opprobre de la Tafna.

IV

NÉGOCIATIONS POUR AMENER HADJ-HAMET A RECONNAÎTRE LA SOUVERAINETÉ DE LA FRANCE. — LA SECONDE EXPÉDITION CONTRE CONSTANTINE EST RÉSOLUE. — FORMATION DE LA COLONNE EXPÉDITIONNAIRE. — SON DÉPART. — TRAVAUX DU SIÉGE. — MORT DU GÉNÉRAL DAMRÉMONT. — LA VILLE EST PRISE D'ASSAUT.

Le traité de la Tafna ayant eu pour effet immédiat la pacification momentanée des deux provinces d'Alger et d'Oran, le gouverneur général dut reporter toute son attention sur les affaires de Constantine. Bien que le pouvoir central n'eut pas encore dévié de sa ligne de conduite et que la politique de l'occupation restreinte fut toujours le mobile de ses actes, il faut pourtant reconnaître qu'en cette occasion ses allures furent bien plus dignes et les instructions données au général Damrémont beaucoup plus nationales. La dépêche suivante, qui lui fut adressée le 1er septembre par M. le comte Molé, président du Conseil des ministre, en fait foi :

« Jusqu'au dernier moment, la paix plutôt que la guerre. Mais la paix aux conditions fixées, sans y rien ajouter, ou la prise de Constantine à tout prix. »

Ces conditions fixées antérieurement, étaient la souveraineté de la France reconnue par Hadj-Hamet et le paiement d'un tribut. En conséquence, le général Damrémont avait envoyé à Tunis le commandant Foltz, un de ses aides de camp, pour entamer de là ces difficiles négociations. Mais, sur ces entrefaites, le juif Busnach ayant annoncé au gouverneur que le bey de Constantine l'avait choisi pour intermédiaire afin d'arrêter les conditions de la paix avec la France, M. Damrémont le chargea de porter à Constantine un projet de traité qui aurait eu pour résultat de faire passer une grande partie du territoire de la province sous notre domination, et la reconnaissance de notre souveraineté par le paiement d'un tribut. M. le commandant Foltz revint alors de Tunis, où sa présence était désormais sans objet, avec un autre Juif qui lui avait été donné comme auxiliaire pour l'accomplissement de sa délicate mission. Il est à peine croyable que, malgré les mécomptes dus à l'emploi des Juifs algériens, on eût encore recours à de pareils auxiliaires. Si le mépris profond qu'ils inspiraient aux Turcs et aux membres des grandes familles indigènes avait été mieux connu, le général Damrémont aurait compris qu'avec des agents de cette espèce, il ne pouvait espérer la réussite d'une seule de ses propositions. Les démarches de Busnach devaient donc aboutir à un échec à peu près certain. Elles n'eurent d'autre effet que de nous faire perdre un temps précieux. Cependant, M. Damrémont, qui avait eu le tort de prendre au sérieux l'importance que s'était donnée ce piètre personnage, ne négligea pas entièrement les préparatifs indispensables pour entrer promptement en campagne, dans l'hypothèse probable de la rupture des négociations. L'incertitude se prolongea jusqu'à la fin du mois d'août. Hadj-Hamet espérait, d'un côté, que la Turquie viendrait à son secours, et encouragé, de l'autre, par les avantages concédés à Abd-el-Kader par le traité de la Tafna, il ne put se résoudre à accepter des conditions moins avantageuses. Il opposa donc un refus formel aux propositions apportées par Busnach. Les rapports diplomatiques furent dès lors entièrement rompus.

Sitôt que la nouvelle de la rupture des négociations parvint à Paris, la seconde expédition contre Constantine fut immédiatement décidée. On avait songé, un instant, à mettre le prince royal à la tête de la colonne expéditionnaire. Mais on comprit bientôt que l'humiliante situation faite au gouverneur général par l'indépendance anormale dont jouissait encore le général Bugeaud dans la province d'Oran, ne permettait pas d'enlever au général Damrémont le commandement de l'armée. Il fut alors résolu que le duc de Nemours ferait la campagne en qualité de chef d'une brigade de la colonne.

A l'arrivée du prince en Afrique, on discuta, dans un conseil convoqué par le gouverneur, l'opportunité de renvoyer l'expédition au printemps de l'année suivante. Le ministre de la guerre avait poussé l'incurie si loin, que le 12ᵐᵉ de ligne, qui venait de débarquer, apportait le choléra, et l'on avait commis la faute d'ajouter ce fléau aux mauvaises chances de la saison, si funestes, en 1836, à la petite armée du maréchal Clauzel. Néanmoins, les préparatifs faits pendant le cours des négociations, et les résultats obtenus étaient si considérables, que la majorité du conseil se prononça pour l'entrée immédiate en campagne.

En effet, le colonel Duvivier, commandant supérieur de Guelma depuis la retraite de Constantine, avait fait, de ce poste, un établissement militaire imprenable pour les Arabes. Il était parvenu, en outre, avec le peu de troupes mises à sa disposition, à acquérir un ascendant moral que son intelligence et son activité extraordinaires rendaient chaque jour plus manifeste. En outre, depuis plusieurs mois, nous avions pénétré encore bien plus avant dans l'intérieur du pays : nous avions construit à Medjez-Ammar, à vingt lieues à peine de Constantine, un camp retranché, où nous étions solidement établis ; de telle sorte que la colonne n'avait plus que la moitié du chemin à faire pour arriver devant la place. A l'aide de ce camp, situé au pied du Raz-el-Akba, on avait pu protéger efficacement les soldats du génie, qui avaient pratiqué, sur la montagne, une route carrossable pour faciliter le passage à l'artillerie de siège. Du reste, ce qui démontre l'importance stratégique de ce point, c'est que les 21, 22 et 23 septembre, le général Rullière, qui en avait le commandement, y fut attaqué, avec un acharnement sans exemple, par sept à huit mille cavaliers arabes, commandés par Hadj-Hamet en personne. L'ennemi n'avait renoncé à la lutte qu'après avoir essuyé des pertes considérables. Ce succès éclatant était un gage assuré qu'Hadj-Hamet ne recommencerait pas la lutte et se tiendrait, à l'avenir, sur la défensive.

L'administration avait, en outre, réuni un matériel considérable. Indépendamment de l'artillerie et des moyens particuliers de transport dont nous parlerons tantôt, on avait prélevé, sur les crédits du budget, une somme de 2,265,580 francs, pour achats d'animaux de trait et de bêtes de somme en France, en Sardaigne et dans la régence de Tunis. Une seconde somme de 2,493,772 francs avait été affectée aux transports généraux. Néanmoins, l'intendance fit prévenir le général Damrémont, le 29 au soir, à la veille du départ de la colonne, que les moyens de transport étaient insuffisants.

Cette déclaration paraît, au premier abord, on ne peut plus étrange, car, ainsi que nous l'avons fait remarquer, la colonne, à cette date, était entrée à Medjez-Ammar, qui n'est guère qu'à deux étapes de Constantine, et l'artillerie était arrivée dans le camp depuis le 9 août. Mais ce point ne peut être sérieusement contesté. Il repose sur des témoignages indiscutables et des documents certains ; un rapport officiel adressé au ministre de la guerre, le 19 octobre 1837, par M. Arnaud, sous-intendant militaire, porte que les voitures de l'artillerie et du génie avaient été chargées d'une portion des vivres de l'armée au lieu de munitions de guerre. Ce fait donna même lieu à une vive opposition de la part du général Valée, commandant en chef l'artillerie de la colonne, qui prétendit que son approvisionnement n'était pas suffisant. Malheureusement, ces plaintes n'étaient que trop fondées. La crainte du manque absolu de munitions faillit compromettre le succès de l'expédition et fut peut-être la cause de l'acte imprudent qui coûta la vie au général en chef. Mais il faut certainement admettre qu'elle détermina le général Valée à précipiter l'assaut, et nous occasionna, par cela même, des pertes beaucoup plus douloureuses.

Quoi qu'il en soit, cette insuffisance des moyens de transport ne peut être attribuée qu'aux fausses mesures du général en chef et à la composition défectueuse de la colonne. Son effectif s'élevait à treize mille hommes et à quatre mille chevaux, qui étaient divisés en quatre brigades, sous les ordres du duc de Nemours, des généraux Trézel et Rullière, et du colonel Combes. La 1re brigade était composée de deux bataillons du 17me léger, un bataillon des 2me, du 3me régiment de chasseurs d'Afrique, d'un bataillon de zouaves, de deux escadrons de spahis, et de deux pièces de campagne et deux obusiers de montagne ; le 25me de ligne, un bataillon du 11me, un bataillon turc auxiliaire, un escadron de spahis irréguliers, un bataillon de tirailleurs algériens, deux pièces de campagne et deux obusiers, formaient la seconde ; la troisième brigade comprenait le 3me bataillon léger d'Afrique, un bataillon de la légion étrangère, deux escadrons du 1er chasseurs d'Afrique, deux escadrons de spahis réguliers et quatre pièces de montagne ; enfin, la quatrième brigade était formée par le 47me de ligne, un bataillon du 29me, deux pièces de montagne et deux obusiers.

Le matériel de siège se composait de dix-sept pièces de différents calibres, approvisionnées de deux cents coups par pièce, de cinq cents fusils de rempart, de deux cents fusées à la congrève et d'une réserve de deux milliers de poudre. Cette artillerie avait pour son service cent vingt-six voitures. Elle était sous les ordres du général Valée. Le général Caraman ne commandait qu'en second. Les munitions de l'infanterie étaient de cinq cent mille cartouches. Dix compagnies du génie et les équipages de pont marchaient avec les généraux Rohault de Fleury et Lamy. L'administration militaire, dirigée par le sous-intendant d'Arnault, conduisait un convoi de quatre-vingt-dix-sept voitures portant pour dix-huit jours de vivres. Elles étaient escortées par cinq compagnies du train. Un troupeau nombreux suivait pour les distributions de viande.

On aperçoit au premier coup d'œil que la cavalerie

était trop nombreuse pour une colonne dont l'unique objectif était la prise d'une ville fortifiée. La nécessité d'emporter les fourrages nécessaires pour la nourriture des chevaux fut la seule cause de l'insuffisance des transports. On eût compris, à la rigueur, la réunion de tant de cavaliers pour l'expédition, si le général en chef avait eu le dessein d'établir un ou deux camps retranchés entre Medjez-Ammar et Constantine, afin de maintenir les communications constantes de l'armée avec le littoral pour faire circuler librement et avec une entière sécurité des convois de vivres et de munitions. Les ressources mises à sa disposition par le ministre de la guerre lui en fournissaient largement les moyens. Nous avons déjà vu qu'une somme de près de cinq millions avait été consacrée aux transports. Il faut ajouter que l'armée d'Afrique s'élevait à ce moment à quarante-neuf mille hommes, que la garnison d'Oran avait été considérablement réduite, que, par conséquent, le général Damrémont pouvait parfaitement occuper quatre ou cinq postes avec des forces suffisantes pour escorter les convois. De cette façon, la ville eût été facilement prise, sans nous exposer aux pertes douloureuses occasionnées par un assaut, commandé par le défaut de munitions avant que l'artillerie eût terminé son œuvre.

Le 1er octobre, les deux premières brigades et le quartier général partirent du camp de Medjez-Ammar, où l'armée était réunie, et vinrent bivouaquer, la première, au sommet du Raz-el-Akba, et la deuxième, à la hauteur d'Anouna, avec le matériel de siège. Cette première journée fut pluvieuse, les voitures n'avançaient qu'avec de grandes difficultés. Le 2, le temps parut se remettre ; les deux premières brigades passèrent la nuit à Sidi-Tamtam. Elles avaient été remplacées, au Raz-el-Akba, par la troisième et la quatrième, qui gardaient le convoi. Cet ordre de marche fut observé jusqu'à Constantine. Les Arabes, à l'approche de nos colonnes, se retiraient, après avoir incendié les meules de paille éparses dans les champs.

On arriva le 5, à midi, sur les hauteurs de Soummah, après avoir écarté quelques tirailleurs ennemis. La vue du camp d'Ahmet et de Constantine, excitèrent les acclamations de l'armée, impatiente de venger l'échec subi antérieurement. Mais, dans la nuit, le temps changea. Le 6, vers trois heures du matin, une forte pluie commença à tomber. Le général en chef s'empressa alors de porter les troupes sur le plateau de Mansourah, où les deux premières brigades campaient à neuf heures. Comme l'année précédente, d'immenses drapeaux rouges flottaient sur les magasins et au sommet de la Casbah. Les femmes, montées sur les terrasses des maisons, poussaient des clameurs aiguës et encourageaient de la voix et du geste les défenseurs de la ville postés sur les remparts et sur la crête du ravin qui la sépare du Mansourah. Le souvenir de notre récent revers avait encore donné du ressort à leur courage. Ils étaient fermement résolus à nous opposer une résistance opiniâtre.

L'armée se déploya sur le plateau. Le 2me léger et les zouaves refoulèrent en quelques instants quatre cents hommes qui, après être sortis de la ville par la porte d'El-Kantara, s'étaient jetés dans le ravin pour inquiéter nos mouvements. Ben-Aïssa, lieutenant du bey, commandait la garnison, tandis qu'Hadj-Hamet tenait la plaine avec ses cavaliers.

Les généraux Valée et Fleury décidèrent, après un rapide examen, confirmé par l'expérience de la campagne de 1836, que le plateau de Koudiat-Aty, qui n'est séparé de la ville que par le mur d'enceinte, était le véritable point d'attaque. La batterie de brèche y fut placée. Trois autres batteries, construites sur le Mansourah, devaient battre de front et à revers celles de Constantine. Les deux dernières brigades laissèrent le convoi près des marabouts de Sidi-Mabroug, en arrière des deux premières, et se portèrent sur le Koudiat-Aty. La cavalerie d'Hadj-Hamet était postée à peu de distance de leur passage, sur l'espèce de promontoire qui sépare le Rummel du Bou-Merzoug. Le général Rullière gagna le Koudiat-Aty avec la 3me brigade sans recevoir un coup de fusil. Immédiatement après son arrivée, le général Fleury fit commencer la construction d'une ligne de retranchement en pierres sèches. Mais pendant cette opération, l'artillerie de Constantine avait ouvert le feu. Nous eûmes à regretter la perte de l'aide de camp du général Fleury, le capitaine Robin, tué en passant le Rummel. Le temps, qui s'était éclairci dans la matinée, se couvrit à deux heures de sombres nuages. Une pluie froide tomba jusqu'au soir et força de suspendre les travaux de la tranchée, dirigés par le capitaine de Salles.

Le général Valée fit placer la première batterie sur la gauche, un peu au-dessous du plateau du Mansourah. Elle devait battre le corps de la place, à trois cents mètres. La seconde et la troisième, établies sur la crête, furent terminées les premières. On leur donna les noms de batteries du Roi, d'Orléans et Mortier. Le duc de Nemours, qui venait d'être nommé commandant des troupes du siége, visita les travaux, le 7, au point du jour. Quelques heures après, deux sorties furent exécutées avec une grande vigueur par la garnison de Constantine. La partie de cette garnison qui déboucha par la porte d'El-Kantara, fut repoussée par les zouaves et le 2me léger ; l'autre, franchissant la porte qui fait face au Koudiat-Aty, recula devant la légion étrangère, le 3me bataillon d'Afrique et le 26me de ligne, dont une compagnie fut un moment compromise. La cavalerie du bey n'était pas restée inactive ; mais contenue par la fermeté du 17me de ligne, elle fut culbutée par les chasseurs d'Afrique, qui chargèrent plusieurs fois avec une brillante valeur. Ces escarmouches prouvèrent, une fois de plus, aux défenseurs de Constantine, qu'ils ne pouvaient lutter en rase campagne avec nos soldats.

Le 8, après une nuit pénible que nos soldats, fatigués et presque sans abri, passèrent dans la boue, les pièces que l'on conduisait à la batterie du Roi, sur une pente défoncée, furent entraînées dans le ravin. Il fallut se hâter d'établir, sur la pointe méridionale du plateau, une batterie provisoire armée de trois canons de 24 et de deux obusiers, pendant qu'une corvée d'artillerie relevait les pièces versées. Cette batterie reçut le nom de Damrémont. Un épais brouillard, qui dura tout le jour, ne permit pas de commencer le feu. La nuit suivante fut affreuse. Les troupes, en proie à des souffrances inséparables de l'intempérie de la saison, attendaient avec une cruelle impatience les effets du bombardement.

Cette opération décisive eut lieu le 9, à sept heures du matin. Des cris de joie saluèrent la première décharge de toutes nos pièces. Un tonnerre épouvantable roulait d'échos en échos, et la ville fut enveloppée d'un nuage de fumée, que dissipaient par moments de rouges éclairs. Les zouaves, troupe excellente, commandés avec distinction par M. de Lamoricière, avaient dégagé du ravin de Mansourah les canons entraînés par les éboulements du sol. La batterie du Roi, rapidement armée, tirait comme les autres, et deux obusiers, conduits au Koudiat-Aty par le commandant d'Armandy, battaient en brèche ce côté de l'enceinte. Malheureusement, le feu de Mansourah ne produisait pas tous les résultats attendus. Il est vrai que les abords de la place avaient souffert, et que l'artillerie de la Casbah et des remparts ne tirait plus que par intervalles; mais nos obus et nos fusées n'avaient allumé aucun incendie. Constantine nous opposait une résistance inerte, plus formidable qu'un combat soutenu. Le général en chef comprit alors, peut-être un peu tard, que les batteries de Mansourah épuisaient en pure perte nos munitions, dont il était grand temps de nous montrer avares, et qu'il fallait concentrer tous les moyens d'attaque sur le Koudiat-Aty. Dans la nuit du 9 au 10, le colonel Tournemine reçut l'ordre d'y amener quatre pièces des batteries d'Orléans et Damrémont avec leurs approvisionnements. Ce brave officier, pour remplir sa mission, dut traverser des terrains presque impraticables. La pluie tombait à torrents, le sol devenait une grève mouvante. Il fallut atteler à chaque canon jusqu'à quarante chevaux pour les traîner sur le plateau.

Le 10, un pont de chevalets fut construit sur le Rummel pour remplacer de simples passerelles que la crue des eaux avait emportées ; la nuit suivante, on fit arriver de Mansourah le reste des pièces qui garnissaient les batteries d'Orléans, Damrémont et Mortier. Celle dite du Roi fut conservée pour battre, au besoin, le pont d'El-Kantara. Quatre batteries nouvelles furent organisées au Koudiat-Aty ; elles étaient commandées par les capitaines Cafford, Lecourtois, Coteau et le lieutenant Beaumont. Le 11, au point du jour, un beau soleil favorisait l'activité de nos derniers travaux. Des partis considérables sortirent successivement de la ville et s'éparpillèrent en tirailleurs dans tous les plis de terrain. M. Damrémont, qui les observait du Mansourah, eut la pensée que les habitants de Constantine se préparaient à une attaque générale. Il envoya, pour les repousser, quelques compagnies de la légion étrangère, qui furent accueillies de pied ferme et par un feu si meurtrier, qu'elles eurent un moment d'hésitation ; mais M. Damrémont et les officiers de son état-major arrivèrent au galop. Les soldats, électrisés par leur présence, s'élancèrent sur l'ennemi avec un élan irrésistible et le mirent en déroute sur tous les points. On profita des instants précieux qui suivirent ce brillant succès pour établir, à cent vingt mètres de la place, une nouvelle batterie de brèche, qui devait se relier à la ligne d'arrière, éloignée de quatre cents mètres par une place d'armes retranchée où se réuniraient les troupes désignées pour l'assaut. Cette fortification, favorisée par les plis naturels du sol, fut terminée dans la matinée du 11, sous la protection du 47me de ligne.

A neuf heures du matin, le gouverneur général et le duc de Nemours, se rendirent à la batterie de brèche et le feu commença de batterie en batterie. Les canonniers arabes furent bientôt anéantis et leurs pièces démontées; mais le mur d'enceinte, bâti avec des blocs énormes, n'était pas même ébranlé, lorsqu'enfin, à deux heures et demie, un boulet, lancé par un obusier de la batterie Lecourtois, pointé par le commandant Malechard, produisit un premier éboulement. Ce succès ranima la confiance de nos troupes. Le général en chef profita de la soirée pour faire amener de nouvelles pièces à la batterie de brèche.

Ce même jour, les Arabes tentèrent une nouvelle sortie par la porte d'El-Kantara. Ils furent écrasés par la batterie du Roi et l'infanterie du général Trézel. La nuit suivante, vers deux heures, les assiégés dirigèrent du côté de la batterie de brèche une fusillade qui ralentit les travaux sans les faire abandonner. Mais, quoique réduits à ne faire usage que de leurs mousquets, il était évident que les défenseurs de Constantine se défendraient jusqu'à la dernière extrémité.

Cependant, l'heureux coup du commandant Malechard avait surexcité l'enthousiasme des troupes, qui demandèrent l'assaut à grands cris. Mais, avant de prendre cette résolution suprême, le général Damrémont, mû par le désir généreux de préserver la ville des horreurs qui en sont presque toujours la conséquence, et épargner, en même temps, le sang de nos soldats, voulut tenter les voies d'une capitulation volontaire, qui pouvait, seule, conjurer ce triste résultat. Il choisit pour parlementaire un soldat turc et le chargea d'apporter aux habitants une proclamation en langue arabe. Introduit dans la place au moyen de cordes que les assiégés lui tendirent par-dessus les remparts, notre envoyé revint, le 13 au matin, avec cette réponse verbale : « Les habitants de Constantine avaient encore du blé et de la poudre ; ils en offraient aux Français, qui n'entreraient dans la ville que sur le cadavre du dernier Arabe. » Ce sont des gens de cœur, s'écria le général en chef, il ne nous reste plus qu'à les vaincre. En effet, après cette réponse, il n'y avait plus qu'un parti à prendre : c'était d'ordonner l'assaut. Mais, avant de prendre les dernières dispositions, il eut la pensée malheureuse d'examiner personnellement l'état de la brèche. Il se porta en avant des batteries avec son état-major; il mit pied à terre, sur un point entièrement découvert; il avait fait à peine quelques pas, que le général Rullière lui représenta, avec beaucoup trop de raison, le péril auquel il s'exposait bien inutilement. C'est égal, répondit M. Damrémont. Ce fut son dernier mot. Un éclair brilla sur les remparts, et le dernier boulet, parti de Constantine, l'étendit raide mort. Le général Perrégaux, s'élançant pour le relever, reçut au visage une grave blessure dont il mourut quelques jours après.

Ce lamentable événement ne produisit aucune influence sur le moral de l'armée, dont le général Damrémont n'avait pas su gagner la confiance. Les soldats avaient compris instinctivement toute l'étendue des fautes commises. Le commandement en chef passa, de droit, dans les mains du général de division Valée, sans la moindre compétition, son grade ou son ancienneté le rendant supérieur à tous les officiers généraux de la colonne. Le nouveau général en chef, bien que d'une capacité plus que douteuse, était plein de décision et d'énergie. Il avait, en outre, donné des preuves d'une activité merveilleuse, en faisant construire, en si peu de temps, neuf batteries, malgré les difficultés du sol et de la saison.

Il n'y avait pas de temps à perdre. Aussi, ayant fait immédiatement transporter les restes du général Damrémont derrière nos lignes et après les avoir confiés à une garde d'honneur, M. Valée ordonna de recommencer le feu. Dès les premières salves, nos boulets emportent des sacs de laine et font voler en éclats des affûts et des bâts que les habitants avaient amoncelés pendant la nuit précédente pour fermer la brèche. Vers le soir, une assez large trouée apparaissant à tous les regards, l'assaut fut résolu pour le lendemain. Trois colonnes d'attaque furent organisées sur-le-champ. La première, commandée par le lieutenant-colonel de Lamoricière, comptait trois cents zouaves, deux compagnies d'élite du 5me léger et quarante sapeurs du génie ; la seconde réunissait, sous les ordres du colonel Combes, trois cents hommes du 47me de ligne, cent du 3me bataillon d'Afrique, cent de la légion étrangère, quatre-vingts sapeurs du génie et la compagnie franche du 2me bataillon d'Afrique ; la dernière colonne, formée de deux bataillons composés de détachements choisis dans les quatre brigades, devait marcher avec le colonel Corbin. En attendant le signal de l'assaut, vers trois heures et demie du matin, les capitaines Garderens, des zouaves, et Boutault, du génie, furent chargés d'aller reconnaître la brèche. Ces deux officiers, ayant rempli, avec dévouement, cette périlleuse mission, vinrent annoncer que le passage était libre.

Cette dernière nuit s'écoula dans un silence solennel, interrompu seulement par quelques coups de canon tirés des batteries, par intervalles inégaux, pour empêcher les assiégés de travailler à la réparation du rempart. L'armée, après tant de fatigues, était fermement résolue à emporter la ville d'assaut ou à s'ensevelir sous ses ruines ; car nul n'ignorait les immenses dangers d'une retraite opérée sous le coup d'un pareil échec.

Bien des relations ont été faites de l'assaut et de la prise de Constantine. J'ai cru devoir donner la préférence au récit de M. le capitaine d'état-major de Latour du Pin, que je reproduis ici, *in extenso* :

« A sept heures du matin, tout était prêt. Le lieutenant-colonel de Lamoricière et les premières compagnies de zouaves se tenaient collés contre l'épaulement de la batterie de brèche, la tête de colonne, appuyée à l'ouverture qu'on avait ménagée dans le parapet. Le duc de Nemours donne le signal de l'assaut. Aussitôt, M. de Lamoricière, et des officiers du génie et des zouaves, suivis de leurs troupes, sortent rapidement du retranchement avec une sorte d'impétuosité contenue et disciplinée, et se portent, au pas de course, jusqu'au pied de la brèche. En un instant, malgré la raideur de la pente et les éboulements des terres et décombres qui manquaient et croulaient à chaque mouvement sous les mains et les pieds des assaillants, elle est escaladée, on pourrait dire plutôt à la faveur qu'en dépit des coups de fusil des assiégés, car, dans certaines circonstances, le danger est un aide et non un obstacle. Bientôt le drapeau tricolore, que portait le capitaine Garderens, des zouaves, est planté sur la crête de la brèche. Dès que les premières têtes des Français, s'élançant de la batterie, s'étaient montrées en dehors de l'épaulement, le couronnement des remparts avait comme pris feu, une fusillade continue s'était allumée le long de cette ligne et tout l'espace que nos soldats avaient à parcourir de la batterie à la brèche, était incessamment sillonné de balles. Bien peu d'hommes, cependant, furent atteints dans ce trajet. Le pied, la pente et une petite plateforme au-dessus de la brèche, étaient garantis, à droite, des feux de flanc par un massif de maçonnerie antique, resté debout comme contre-fort du rempart moderne, au-dessus duquel il se prolongeait à une assez grande hauteur. C'était, entre deux périls, comme un petit port, où les colonnes d'attaque pouvaient se reformer. L'effort, pour gravir le rude talus, s'accomplissait au moins sans d'autres difficultés que celles qu'opposait le terrain.

« On arrive au sommet de la brèche, là on trouve quelque chose de plus terrible, de plus sinistre que la présence d'un ennemi, une énigme dévorante prête à engloutir qui ne la devinerait pas. Ce sont des constructions incompréhensibles; des enfoncements qui promettent des passages et qui n'aboutissent pas; des apparences d'entrées et qui n'amènent à aucune issue; des rentrants et saillants embrouillés comme à plaisir; des semblants de maisons dont on ne sait où prendre le sens, où prendre la face et, pour ainsi dire, à ce mirage périlleux qui offre l'image décevante d'un angle de ville, où l'on ne peut rien saisir de ce qui constitue une ville réelle. Mais les balles de l'ennemi connaissent la route, elles arrivent sans qu'on sache par où elles passent, elles frappent sans qu'on puisse leur répondre. Enfin, après avoir bien fouillé le terrain, la compagnie à laquelle avait été assigné le rôle d'opérer sur la droite, ayant traversé un petit plateau formé de décombres amoncelés, aperçoit au-dessous d'elle et au pied du grand édifice orné d'une arcade qu'on remarquait du Koudiat-Aty, une des batteries non casematées du rempart, dont les canonniers restent fermes et prêts à défendre leurs pièces. D'après l'ordre de leur commandant, le capitaine Sanzaï, tué quelques temps après, les zouaves, sans tirer un seul coup de fusil, se précipitent à la baïonnette sur l'ennemi, malgré la décharge terrible que celui-ci fait presque à bout portant, de derrière un restant de terrain qui le protégeait, et malgré le feu bien nourri qui part des créneaux de la grande maison. Plusieurs zouaves sont tués ou blessés, et le lieutenant de la compagnie a le bras fracassé de trois balles. Mais les défenseurs expient chèrement leur audace. Soit qu'étonnés par l'impétuosité de l'attaque, ils n'aient pas le temps de se reconnaître, soit qu'ils eussent résolu de mourir à leur poste, ils ne cherchent pas à fuir et se font tuer dans leur batterie. Devant elle la compagnie victorieuse voit encore des ennemis. Plus loin le long du rempart, dans un terrain inférieur, au-delà de l'angle de l'édifice et près d'une batterie, d'autres canonniers turcs se tiennent postés derrière une barricade qu'ils avaient formée avec une charrette et des affûts brisés, et semblent décidés à soutenir le choc des assaillants. Mais ceux-ci ne se laissent pas emporter par l'entraînement de leurs succès et de leurs périls récents dans le piège qui leur est offert. S'ils s'engagent plus avant dans cette voie, ils vont être pris en flanc et à dos par les feux du grand bâtiment. Ils le sentent et retournent sur leurs pas. Ils vont chercher à pénétrer dans la maison pour en débusquer les défenseurs et assurer ainsi leurs derrières avant de continuer à poursuivre l'ennemi de poste en poste dans la direction qui leur est indiquée. En effet, revenus à leur point de départ, ils finissent par découvrir, sous les débris qui l'encombrent, l'entrée de ce vaste poste dont la prise était devenue nécessaire. La porte est enfoncée : quelques Arabes sont tués en se défendant ; d'autres, et c'était le plus grand nombre, sans résister et en fuyant on ne sait par quelles issues. Maîtres de ces grandes constructions, qui se trouvaient être des magasins à grains, les zouaves et les soldats du génie ne s'amusent pas à combattre de loin les hommes de la barricade, que des créneaux nouvellement conquis ils pouvaient prendre de flanc et en écharpe.

Ils descendent par plusieurs fenêtres à l'aide d'échelles qu'on avait fait apporter et marchent sur l'ennemi, la baïonnette en avant. Celui-ci, voyant sa position tournée, se montre moins résolu à mourir fièrement que n'avaient été les canonniers de la première batterie. Quelques-uns se font tuer en combattant. Mais la plupart se dérobent par les faux-fuyants. Ce fut la dernière résistance de front qu'eut à essuyer la colonne de droite. Après ce second succès, les sapeurs du génie et les soldats des différentes armes qui suivaient cette veine, cheminent avec de grandes difficultés, perçant des pans de muraille, se créant avec la hache des communications plutôt qu'ils n'en trouvent, et recevant des coups de fusil sans pouvoir en rendre ; mais ils ne rencontrent plus l'ennemi pour leur barrer le chemin et les forcer à lui passer sur le corps. Ils venaient de parvenir à la première porte à droite de la brèche et s'apprêtaient à l'ouvrir quand les hostilités cessèrent.

» C'est en face de la colonne du centre qu'était le nœud des difficultés et le principal foyer de la résistance et du péril. Le colonel de Lamoricière dirigeait plus spécialement cette attaque. On fut longtemps à s'agiter dans l'étroit espace que nos boulets avaient déblayé au haut de la brèche sans comprendre quelle communication pouvait exister, sur ce point, entre le terre-plein du rempart et l'intérieur de la ville. Le canon avait créé un terrain factice de terre remuée et de décombres qui, se superposant au sol primitif, avait envahi les issues, obstrué les portes et défiguré entièrement l'état des localités. La direction des balles semblait indiquer que les toits étaient leur point de départ. Le colonel de Lamoricière fait aussitôt apporter des échelles, et montant sur la toiture d'une maison dont nous occupions le pied, il dispose au-dessus des combats de terre ferme comme une couche supérieure de combats aériens. Le capitaine Sanzaï, arrivant pour remplacer le colonel dans cette organisation, reçoit une balle mortelle. Après avoir sondé plusieurs couloirs qui paraissent des amorces de rue, mais qui n'aboutissent point, on finit par en trouver une qui, s'élargissant au bout de quelques pas, présente des caractères d'importance et de destination ultérieure. Des deux côtés sont pratiqués de ces enfoncements carrés qui, dans les villes d'Afrique et d'Orient, servent de boutiques ; la plupart sont à moitié formées par des planches et des espèces de volets. On pénètre dans ce passage et à peine quelques soldats y sont-ils engagés, qu'une double décharge, partant de ces niches de droite et de gauche, avertit qu'elles servent d'embuscade à l'ennemi. Mais celui-ci, qui avait cru arrêter par la fusillade la marche des assaillants, les voyant arriver droit sur lui, la bayonnette en avant, et n'ayant plus d'autre défense que son yatagan, se précipite hors de ces trous sans issue qui, au lieu d'être des abris pour lui, deviennent des pièges. Plusieurs de ces fuyards sont tués ; d'autres échappent ou disparaissent comme s'ils eussent pu s'enfoncer en terre ou percer les murs. On avance et après avoir fait quelques pas, on se trouve en face d'une porte ; une arche de maçonnerie traversait la ruelle, et de solides battants en bois ferré en fermaient le passage. Rien n'avait fait soupçonner l'existence de cet obstacle, dont on s'explique difficilement le but. Il paraît qu'une ligne de maisons, régnant le long et en dedans de la muraille, était considérée comme une seconde enceinte qui, par cette porte, se mettait en rapport avec le rempart ou s'en isolait. En frappant à coups de hache et de crosse de fusil les battants, on reconnaît qu'ils ne sont pas fixés par des fermetures permanentes et que, maintenus seulement par des étais mobiles, ils étaient destinés à donner facilement passage aux défenseurs, soit pour la retraite, soit pour un mouvement offensif. Cependant, comme on craint l'impuissance des moyens qu'on a employés d'abord pour forcer ce passage, on fait approcher des sacs de poudre dont plusieurs soldats du génie avaient été chargés pour de semblables circonstances; mais avant d'être forcés de recourir à cette ressource extrême, on parvient à entr'ouvrir un des battants. Les Arabes, réunis à flots, pressés dans la rue, en arrière de la porte, guettaient ce moment et tenaient leurs armes prêtes. Dès qu'ils voient jour à tirer, ils font une décharge générale et font pleuvoir les balles sur notre colonne. Le capitaine du génie Leblanc a la cuisse fracassée d'un coup de feu qui fut mortel, et plusieurs sont atteints. Alors le capitaine Desmoyen, des zouaves, se précipite sur le battant pour le refermer, il est frappé dans la gorge d'une balle qui le jette blessé mortellement, mais respirant encore, sous le coup d'autres périls, plus terribles, au milieu desquels il succombe bientôt.

» A quelques pas en arrière de cette scène, s'en passait une autre d'un caractère plus lugubre. Un petit bâtiment en saillie, dont le pied avait été miné par les boulets, resserrait un étroit passage tout engorgé d'une foule de soldats. Soit par l'effet de l'ébranlement qu'occasionnaient les mouvements tumultueux et irréguliers de la troupe, soit par suite d'une machination de l'ennemi et d'une pression qu'il aurait volontairement exercée par derrière sur ce pan de maçonnerie, toute une face du mur ruiné s'écroula. Cette calamité frappa, surtout, les troupes du 2me léger ; plusieurs hommes furent blessés ou entièrement ensevelis. Le chef de bataillon de Serigny, pris sous les décombres jusqu'à la poitrine, vécut encore, quelques instants après, dans une agonie désespérée, implorant à cris étouffés des secours qu'on n'eut pas le temps de lui donner, s'épuisant douloureusement en efforts impuissants pour remuer la masse sous laquelle il périssait, et sentant tout ce qui restait d'entier dans son corps, se briser peu à peu.

» A peine cet accident venait de s'accomplir, qu'un autre plus terrible éclata. Le feu des tirailleurs placés sur les toits et peut-être la crainte d'une attaque à l'arme blanche, avait dissipé la multitude d'ennemis, ramassés d'abord dans la rue en arrière de la porte. On put bientôt songer à dépasser cet obstacle et à s'avancer dans la direction centrale; déjà, pour assurer et éclairer les voies, le colonel de Lamoricière venait de lancer en avant un peloton du 2me bataillon d'Afrique. Tout à coup, ceux qui étaient sur le théâtre de ces évènements, sentent comme tout leur être s'écrouler. Ils sont étreints et frappés si rudement dans tous leurs sens à la fois, qu'ils n'ont pas conscience de ce qu'ils éprouvent; la vie, un instant, est comme anéantie en eux. Quand ils ressaisissent quelque connaissance, il leur semble qu'ils enfoncent dans un abîme. La nuit s'est faite autour d'eux, l'air leur manque, leurs membres ne sont pas libres, et quelque chose d'épais, de solide et de brûlant, les enveloppe et les serre. Beaucoup ne sortent de ce premier étourdissement qu'avec des douleurs aiguës; le feu dévore leurs chairs; le feu attaché à leurs habits les suit et les ronge; s'ils veulent faire un effort avec leurs mains, ils trouvent leurs mains brûlées ; si, reconnaissant que le jour renait autour d'eux, ils cherchent à distinguer où ils sont et ce qui les environne, ils s'aperçoivent que leurs yeux ne voient plus ou ne voient qu'à travers un nuage. Plusieurs ne font que passer des angoisses de la première secousse à celles de l'agonie. Quelques-uns, dépouillés de leurs vêtements, dépouillés presque entièrement de leur peau, sont pareils à des écorchés. D'autres sont dans le délire. Tous s'agitent au hasard et avec des clameurs inarticulées. Cependant, les premiers mots qui se font entendre distinctement, sont ceux : En avant ! à la baïonnette ! prononcés d'abord par les plus valides, répétés ensuite comme d'instinct par ceux même qui n'en comprennent plus le sens. Une explosion venait d'avoir lieu. Le premier et principal centre de cette explosion paraît avoir été auprès de la porte ; mais à en juger par l'étendue du terrain bouleversé et par le nombre d'accidents semblables qui se reproduisirent autour de différents points assez distants les uns des autres, on peut croire qu'il s'alluma dans une succession rapide de plusieurs foyers. Probablement les assiégés avaient, près du lieu où se trouvait la tête de notre colonne, un magasin à poudre, auquel le feu prit par hasard, plutôt qu'en exécution d'un dessein de l'ennemi. Lorsque l'air fut en conflagration, les sacs de poudre que portaient sur leur dos plusieurs soldats du génie, durent s'enflammer et multiplier les explosions. Les cartouchières des soldats devinrent aussi des centres ignés, dont les irradiations, se croisant et se heurtant dans tous les sens, remplirent de feu et de scènes horribles tout ce grand cercle de calamités. Sous tant de chocs, sous l'action de tant de forces divergentes, le sol avait été remué et s'était creusé; la terre en avait été arrachée et s'était élevée en tourbillons dans l'air; des pans de murs s'étaient renversés; l'atmosphère s'était comme solidifiée, on ne respirait que du sable, une poussière de débris. Le feu semblait pénétrer par la bouche, par les narines, par les yeux, par tous les pores. Il y eut quelques moments de confusion; on ne savait ou était le péril; en voulant fuir, ceux qui étaient hors de sa sphère d'action, venaient s'y jeter, et d'autres, qui auraient pu y échapper, s'en laissaient atteindre, croyant que tout le terrain était miné, que toute muraille allait s'abimer sur eux, et que se mouvoir s'était se jeter au devant de la mort. Les assiégés, qu'on venait d'écarter du cratère de cette éruption, eurent moins à en souffrir et, profitant du trouble dans lequel les assaillants étaient restés sous le coup de cette catastrophe, ils revinrent dans la rue qu'ils avaient naguère abandonnée, lâchèrent plusieurs bordées de tromblons et d'autres armes à feu sur les groupes à demi brûlés et à demi terrassés par l'explosion, qui étaient entassés autour de la porte, et après avoir ainsi achevé de briser ce qui était assez consistant pour se défendre, ils s'approchèrent et hachèrent à coups de yatagan tout ce qui respirait encore et jusqu'aux cadavres.

Tome II. 21.

» Cependant, une fois le premier instant d'étonnement passé, et dès que le voile épais de fumée et de poussière qui dérobait le jour se fut un peu abaissé, ceux qui étaient en état de se soutenir et de se servir de leurs armes, quoique bien peu d'entre eux fussent intacts, se portèrent d'eux-mêmes aux postes qu'il était le plus important d'occuper. La seconde colonne d'assaut fut envoyée pour appuyer la première, dès que celle-ci, s'étant creusé un sillon dans la ville, se fut écoulée, laissant la brèche libre et dégagée. Le colonel Combes arrivait avec les compagnies du 47me et de la légion étrangère presque au moment où ce sinistre venait d'avoir lieu. Il prit le commandement que le colonel de Lamoricière, horriblement brûlé et privé de la vue dans l'explosion, avait depuis quelques instants cessé d'exercer. Après avoir reconnu l'état des choses et disposé une partie de ses hommes de manière à assurer la conservation de ce qui était acquis, il songea à agrandir le rayon d'occupation. Les ennemis, revenus de leurs premiers élans d'audace à mesure que nous avions secoué la poussière des décombres, s'étaient retirés un peu en arrière, mais sans sortir de la rue par laquelle nous voulions nous ouvrir un passage. Ils étaient embusqués presque en face de la porte, derrière un amas de débris et de cadavres qui formaient une espèce de barricade. De là ils faisaient un feu meurtrier et il devenait nécessaire de les expulser au plutôt de cette position par un coup de vigueur. Le colonel Combes ordonne à une compagnie de son régiment d'enlever cette barrière en promettant la croix au premier qui la franchira. La compagnie se précipite contre le retranchement, et déjà le lieutenant s'élançait par dessus, lorsqu'il tombe sous une décharge générale des ennemis. Cependant cet officier n'était pas atteint; ayant trébuché contre un obstacle, il avait plongé au-dessous de la direction des balles, et ceux qui étaient un peu en arrière essuyèrent le feu. Le capitaine fut frappé mortellement et plusieurs soldats furent tués ou blessés. Ce fut à peu près en ce moment que le colonel Combes, qui veillait sur l'opération, fut atteint coup sur coup de deux balles, dont l'une avait frappé en plein dans la poitrine. Après s'être assuré de la réussite complète du mouvement qu'il avait ordonné, il se retira lentement du champ de bataille, seul, calme et froid, il regagna la batterie de la brèche, rendit compte au général en chef de la situation des affaires dans la ville et ajouta quelques simples paroles indiquant qu'il se sentait blessé à mort. A le voir si ferme dans sa démarche, si naturel dans son attitude et ses paroles, on n'aurait jamais supposé que ce fut là un homme quittant un lieu de carnage pour aller mourir. Il y avait dans cette scène quelque chose de la gravité, de la fierté sereine, de la beauté austère des trépas antiques, moins la solennité théâtrale.

» A mesure que de la batterie de brèche on observait que la colonne de troupes déjà entrées dans la ville diminuait de longueur et disparaissait des lieux qui étaient en vue, on envoyait des troupes nouvelles, par fractions peu considérables, afin qu'elles pussent remplir les vides qui se formaient et fournir aux exigences successives de la position, mais sans gêner les mouvements ni encombrer le théâtre de l'action. La troisième colonne, sous les ordres du colonel Corbin, était déjà tout entière dans la place, et cependant le cercle des opérations n'avait encore acquis qu'une extension médiocre. La disparition des deux chefs, les colonels de Lamoricière et Combes, qui, les premiers, avaient conduit le mouvement, avait laissé le commandement flottant et incertain. Les soldats ne voyant aucun but qui leur fut désigné, qui leur fut positivement indiqué, toujours audacieux à travers le péril, mais irrésolus sur la manière de l'attaquer et de le faire reculer, s'exposaient beaucoup et avançaient peu, et perdaient du temps à se faire tuer. A gauche de la rue dont on faisait la grande ligne d'attaque, débouchait une rue transversale par laquelle arrivait sur le flanc gauche des assaillants un feu terrible. On s'opiniâtra longtemps à opposer sur ce point les coups de fusil aux coups de fusil; mais, dans cette lutte, on ne pouvait parvenir à prendre le dessus sur un ennemi qui ne tirait qu'abrité par les murs des maisons ou par des saillies de bâtiments. Cependant la position sur laquelle il paraissait posté solidement, était minée sourdement et allait manquer sous lui. Une compagnie de zouaves, appuyée de sapeurs du génie, avait abandonné la guerre des rues, qui est périlleuse et infructueuse pour l'assaillant, et avait commencé à faire la guerre des maisons, où les avantages sont à peu près égaux pour les deux partis. Une autre compagnie du même corps se jetant absolument à gauche, tout en débouchant de la brèche, avait poussé une attaque entièrement symétrique à celle qui avait été, dès le commencement, dirigée contre les batteries de droite. Elle avait trouvé des canonniers turcs qui s'étaient défendus jusqu'à la mort dans une batterie casematée. De là, elle avait cheminé lentement, péniblement et souvent comme à l'aveugle, par des ruelles, des cours de maisons, des communications secrètes. Fréquemment le fil de la direction se perdait, et pour le retrouver il fallait percer des murs et briser des portes à coups de hache et de crosses de fusil, conquérir le passage sur des obstacles de nature inerte. Mais une fois que l'on eut effrayé la défense de ce côté, en lui faisant si chèrement expier ses efforts à la batterie, elle ne se montra plus sur cette route que timide et incertaine, soit que les ennemis craignissent, en s'attardant sur la circonférence, de se trouver entre les différentes lignes des Français qui se ramifiaient dans la ville, soit que les plus résolus et les plus vaillants s'étant concentrés vers le cœur, il ne fut plus resté aux extrémités que les parties des populations les moins chaleureuses, les moins vives et les moins consistantes.

» En s'avançant ainsi, sans trop trop s'écarter du rempart, les zouaves gagnaient, sans la connaissance des lieux et sous la seule influence de leur heureuse inspiration, la rue qui conduit à la Casbah, une des grandes voies de communication de la ville, celle qui passe par tous les points culminants de la position, la route stratégique au travers de ce pays ennemi. S'il leur avait été donné quelques instants de plus avant que les habitants cessassent les hostilités, ils allaient prendre à revers les assiégés dans tous les postes où ceux-ci tenaient tête à notre attaque centrale et, les menaçant de leur couper la retraite, ils jetaient parmi eux l'épouvante et leur ôtaient toute force pour résister plus longtemps.

» Enfin, une troisième compagnie de zouaves, prenant une direction intermédiaire entre le rempart et la rue centrale, pénétrait de maison en maison, continuait à éteindre ou à éloigner le feu de l'ennemi, sur la gauche de la grande attaque. Elle arriva ainsi à un vaste magasin à grain, où elle rencontra une résistance assez vive. L'opiniâtreté avec laquelle ce bâtiment était défendu, fit supposer qu'il y avait près de là quelque centre d'action. En effet, après être entré de vive force dans ce poste, en passant sur le corps de plusieurs Turcs et Kabyles, qui se firent tuer, on parvint, par des passages intérieurs et des escaliers de communication, à la porte d'une maison d'où s'échappait un bruit de voix et de pas annonçant qu'elle était fortement occupée, et une saisissante odeur de parfums indiquait que c'était là, sans doute, l'habitation d'un personnage opulent et distingué. On ouvrit la porte, et avant qu'on eut eu le temps de reconnaître que toutes les galeries de l'étage supérieur étaient garnies de canons de fusil braqués sur l'entrée, il se fit une grande décharge de toutes ces armes. Le capitaine de la compagnie était en tête de 'a colonne, entre un sous-officier et un soldat; ceux-ci furent l'un tué, l'autre blessé, le capitaine seul ne fut pas atteint. Il referma la porte et la fit percer de trous, dont on se servit comme de créneaux pour tirer sur les défenseurs de la cour intérieure. Lorsqu'on remarqua que leurs rangs étaient éclaircis et leur résolution ébranlée par les balles, on fit irruption dans la maison. La plupart des ennemis s'échappaient, quelques-uns seulement se battirent jusqu'au dernier moment et périrent les armes à la main. Ceux-ci paraissaient être des serviteurs de la maison. Ils étaient chargés d'or qu'ils venaient de puiser, sans doute, au trésor du propriétaire. Une femme même, une négresse dévouée à ses maîtres, gisait parmi les cadavres, tuée d'un coup de feu, et encore armée d'un yatagan et d'un pistolet. On trouva dans un coin des appartements un petit coffre plein d'or que, probablement, on venait de tirer de sa cachette et qu'on se disposait à emporter sous bonne escorte, lorsqu'on avait été surpris par l'attaque. Cette habitation était celle de Ben-Aïssa, le lieutenant du bey Ahmet. Lorsque les vainqueurs l'eurent fouillée et reconnue, ils s'aperçurent qu'elle longeait, par une de ses faces, une rue pleine de combattants indigènes. C'était cette rue même d'où partait le feu si bien nourri qui, arrivant sur la grande ligne d'opérations, y arrêtait la colonne des assaillants. Comme le foyer de cette fusillade était en arrière de la maison dont les zouaves venaient de s'emparer, ceux-ci pratiquèrent une ouverture dans le mur de l'étage supérieur, du côté de la rue, et jetant par là les meubles, les coussins, les tapis, les cadavres qui se trouvaient dans les appartements, ils formèrent par cet amoncellement, entre les tirailleurs ennemis et la tête de notre colonne, une espèce de barrière par laquelle fut intercepté ce feu si incommode. Notre mouvement central put donc reprendre son cours. Comme à peu de distance, au-delà du point où le temps d'arrêt avait été marqué, se trouvait une intersection de plusieurs rues divergentes, il allait devenir possible de faire rayonner nos forces dans différentes directions, de manière à couper et recouper les lignes de l'ennemi, et détendre et dénouer le réseau d'opérations sous lequel la défense tout entière devait être serrée et étouffée. Ce fut, sans doute, l'imminence de ce résultat qui amena bientôt les habitants à cesser les hostilités.

» Cependant, le général en chef, voulant donner à l'attaque plus d'unité, ordonna au général Rullière d'aller prendre le commandement des troupes qui se trouvaient dans la place. Lorsque ce général fut entré dans la ville, il reconnut que la distance à laquelle les ennemis s'étaient maintenus, était d'un rayon bien court, puisque leurs balles arrivaient à quelques pas de l'endroit où l'explosion avait eu lieu. Après s'être assuré que l'on pouvait déjà décrire un grand circuit par la droite, mais que ce moyen de tourner l'ennemi serait lent et peu efficace, parce que toute cette partie de la ville avait été presque abandonnée par les habitants armés, il se porta en avant pour dépasser la première rue de gauche, dont le feu avait jusque là marqué la limite du mouvement central. Son intention était de se rabattre ensuite vers la gauche, pour gagner la zone la plus élevée de la ville et prendre ainsi ses défenseurs dans un demi-cercle d'attaque, mais il n'eut pas le temps d'exécuter son projet. Il arrivait à la hauteur des tirailleurs les plus avancés, lorsqu'il vit venir vers lui un Maure ayant à la main une feuille de papier écrite : c'était un homme que députait le pouvoir municipal de la ville pour demander que l'on arrêtât les hostilités. Le général fit cesser le feu et conduire l'envoyé au général en chef. Celui-ci, après avoir pris connaissance de la lettre par laquelle les grands de la cité, rejetant la responsabilité de la défense sur les Kabyles et les étrangers soldés, suppliaient qu'on acceptât leur soumission, donna une réponse favorable et fit prévenir le général Rullière de prendre possession de la ville. »

Tel est le récit exact des faits mémorables de l'assaut de Constantine. J'ai tenu à reproduire la version de M. de la Tour du Pin, dont les sympathies pour la famille d'Orléans étaient connues, pour mieux faire ressortir le triste rôle du commandant des troupes du siége, pendant les différentes phases de l'assaut et que, pour être justes, il faut en attribuer exclusivement le succès au courage héroïque, à l'intelligence de nos soldats et à la fortune de la France.

V

PRISE DE CONSTANTINE. — SON ASPECT LUGUBRE APRÈS L'ASSAUT. — MESURES IMMÉDIATES PRISES PAR L'ADMINISTRATION MILITAIRE. — ORGANISATION PROVISOIRE DE LA VILLE. — ARRIVÉE DU 12ᵐᵉ DE LIGNE, IL APPORTE LE CHOLÉRA. — DÉPART SUBIT DE LA COLONNE. — LE GÉNÉRAL DAMRÉMONT ET LE COLONEL COMBES.

Le général Rullière ayant reçu l'ordre de prendre possession de la ville, se dirigea aussitôt vers la Casbah, afin d'occuper ce point important s'il était libre ou de s'en emparer par la force, si quelques Turcs ou Kabyles de la garnison avaient songé à s'y renfermer et à s'y défendre comme dans une citadelle, malgré la soumission des habitants. En entrant dans cette enceinte, il la crut d'abord déserte, mais en avançant au travers des constructions dont elle était encombrée, vers le bord des précipices qui l'entourent du côté extérieur, le général aperçut les derniers défenseurs de la cité, ceux qui ne voulaient point accepter le bénéfice de la capitulation, s'enfoncer dans les ravins à pic, la seule voie désormais ouverte à leur retraite. Quelques-uns, avant de disparaître dans ces profondeurs, se retournaient encore pour décharger leurs fusils sur les premiers soldats qui se montraient à leur portée.

Après avoir mis un poste à la Casbah, le général Rullière se rendit chez le cheick de la ville afin de s'assurer du concours des principaux habitants pour le maintien de l'ordre, et se faire indiquer les grands établissements publics et les magasins appartenant à l'État. Il parcourut ensuite les rues, rassemblant en troupes les soldats qui commençaient à se répandre de tous côtés. Il établit des corps de garde sur tous les points importants. Nous étions maîtres de Constantine. Deux ou trois heures après, le général en chef et le duc de Nemours firent leur entrée dans la ville et allèrent occuper le palais du bey Hadj-Hamet. Ainsi, tous les documents administratifs qui pouvaient nous éclairer sur la situation et les ressources de la ville et du pays, furent conservés avec le plus grand soin. Il ne se commit, fort heureusement, aucun des désordres qui avaient signalé la prise d'Alger.

Le général Rullière avait donc pris toutes les précautions afin d'atténuer l'effroyable résultat de l'assaut. Il faut, néanmoins, reconnaître que la ville offrait, à ce moment, un affreux spectacle. Des hauteurs de la

Casbah, l'œil nu aperçoit un talus extrêmement rapide, retombant de terre-plein sur une muraille de rochers verticaux, dont la base est posée sur un massif de pierres aiguës et tranchantes. Au pied de cette muraille, sur un sol de granit, gisaient, brisés et sanglants, des corps d'hommes, de femmes et d'enfants. Ils étaient entassés les uns sur les autres. A leurs teintes sombres et livides, à la manière dont ils étaient réunis par masses informes, on pouvait les prendre d'abord pour un amas de haillons. Mais quelques mouvements qui annonçaient qu'il y avait encore là des êtres vivants révélèrent bientôt l'horrible vérité. On finit par distinguer des bras, des jambes d'infortunés qui s'agitaient en proie aux convulsions suprêmes de l'agonie. Des cordes rompues, attachées aux pitons supérieurs, où on les voyait encore pendantes, expliquaient cette effrayante énigme. Arrachée, par les circonstances, à l'imprudente sécurité des premiers jours, pour tomber tout à coup dans les angoisses d'une épouvante folle, la population s'était précipitée dans la partie de la ville à l'abri de nos coups, afin de s'y frayer un chemin vers la campagne. Ces malheureux, sous l'influence de la peur, n'avaient point calculé toute l'étendue du péril avant de s'aventurer dans des lieux infranchissables. Il est vrai qu'il existait, dans différentes directions, quelques sentiers tracés par les chèvres et par les pâtres kabyles. Mais la foule s'était lancée au hasard, à travers ces pentes, sur lesquelles on ne peut plus s'arrêter. Les premiers flots, arrivant au bord de la cataracte, poussés par ceux qui suivaient, et, ne pouvant les faire reculer ni les contenir, roulèrent dans l'abime. Il se forma ainsi une effrayante cascade humaine. Quand la presse fut diminuée, ceux des fuyards qui restaient crurent trouver un moyen de continuer leur route périlleuse en se laissant glisser le long de cordes fixées aux rochers. Mais soit inhabilité ou précipitation à exécuter cette manœuvre, soit que les cordes se fussent rompues, il y eut encore un très grand nombre de chutes mortelles.

Du côté de la brèche, l'aspect était tout aussi navrant. A quelque distance du rempart, à l'endroit où avait eu lieu l'explosion, on apercevait des têtes et des bras sortant de dessous un amas de terre et de décombres. Là, quelques-uns avaient péri sous les ruines d'une maison écroulée. Plus loin, on apercevait un monceau de corps entassés les uns sur les autres, brûlés, noircis, mutilés, mélange affligeant d'Arabes et de Français, de morts et d'agonisants. Il y avait des blessés qui étaient encore engagés sous des cadavres ou à demi enfoncés dans des creux occasionnés par l'explosion. On en voyait dont la couleur naturelle avait entièrement disparue pour faire place à une teinte factice que leur avait imprimée le feu et la poudre. On en voyait d'autres que leurs vêtements, entièrement consumés, avaient laissés nus. De lusieurs, il ne restait que quelque chose qui n'a pas de nom, un je ne sais quoi, de noir, d'affaissé, de raccorni, presque réduit en charbon, avec une surface en lambeaux à laquelle le sang arrivait par tous les pores, mais sans pouvoir couler. De ces petites masses informes sortaient des cris, des gémissements, des sons lamentables, des souffles qui glaçaient d'effroi. Ce que les oreilles entendaient, ce que les yeux voyaient, ne peut se rendre dans aucun langage. En outre, une vapeur suffocante s'échappait de ces tristes lieux. Elle étreignait à la gorge et forçait à s'éloigner promptement.

D'un autre côté, un acte sauvage avait encore amoncelé de trop nombreux cadavres dans une direction opposée. Pendant que l'assaut se livrait, un mouvement extraordinaire d'émigration s'était manifesté dans la place. Du Koudiat-Aty, on voyait la foule inonder les talus suspendus entre la ville et les précipices, et bouillonner dans cet espace, soumise à des flux et reflux qu'occasionnaient sans doute les difficultés et les chutes inévitables d'une fuite trop rapide. Le rebord de la profonde vallée du Rummel dérobait la scène qui se passait au-dessous des rochers verticaux. On perdait ainsi de vue le cours des fluctuations de cette multitude. Mais elle reparaissait plus loin, lorsqu'elle sortait du ravin pour gravir les pentes qui couronnaient le camp d'Hadj-Hamet. C'est vers ce centre que se dirigeaient toutes les longues files d'hommes, de vieillards, de femmes et d'enfants, qui fuyaient les dangers de la ville pour se réfugier dans la campagne. Un ordre cruel, dont l'auteur est demeuré inconnu et qu'on ne saurait trop flétrir, fit amener deux pièces de montagne sur la lisière supérieure du front de Koudiat-Aty. Des obus furent lancés sur cette masse ...sive. Ils produisirent des effets monstrueux que la plume se refuse à tracer. L'honneur français désavoue les meurtres commis hors du théâtre de la résistance. Mais, fort heureusement, le crime d'un individu ne peut ternir l'admirable conduite de nos soldats. L'assaut de Constantine restera dans l'histoire comme un magnifique fait d'armes, pur de tout excès, car jamais ville prise ne fut, après la victoire, plus généreusement traitée.

Si tôt qu'on eut reconnu les principaux édifices de Constantine, on en choisit un des plus vastes et des mieux aérés pour y établir l'ambulance. Immédiatement après la cessation des hostilités, les blessés avaient été ramassés, arrachés de dessous les morts et les décombres et déposés à une porte de la ville. Dès que leur nouvel asile fut déblayé et garni de matelas que les habitations voisines fournirent en abondance, ils y furent transportés. En même temps, on avait placé des postes dans tous les magasins de l'Etat, afin de préserver du pillage les denrées qui pouvaient suffire aux premiers besoins de la garnison, sans grever le budget de charges nouvelles. Une partie des troupes fut installée dans la ville, tandis que le reste continua à occuper les anciennes positions. Les soldats logés dans la ville et ceux du dehors qui y pénétraient par intervalles, s'introduisaient, malgré la défense de l'autorité militaire, dans les maisons restées ouvertes, dont la plupart étaient abandonnées. Ils enlevaient les couvertures, les matelas, les tapis et les objets d'habillement qui leur tombaient sous la main. Beaucoup d'officiers firent parade, en cette circonstance, d'une sainte indignation et d'un rigorisme déplacé. Ils croyaient devoir infliger des punitions sévères à de pauvres soldats qui, après avoir subi de grandes privations, voyant sous leur main des éléments de bien-être, étaient naturellement enclins à se les approprier. Ils se croyaient absolument dans leur droit lorsqu'ils s'emparaient d'objets abandonnés, pour se préserver de l'intempérie de la saison et amoindrir un peu les inconvénients du bivouac aux dépens du luxe d'un ennemi qui n'avait cédé que contraint par la force des armes, lorsque une plus longue résistance était, à peu près, devenue impossible. Dès le matin du troisième jour de l'occupation, l'ordre était rétabli. Les soldats, casernés dans les rues assignées aux divers corps, s'occupaient à nettoyer leurs armes et leurs vêtements comme dans les cours des quartiers d'Europe. La population, d'abord fort diminuée par la fuite de cinq à six mille individus, occasionnée par la crainte de nos excès et par la fin tragique de beaucoup d'autres, se reformait déjà et augmentait à vue d'œil par la rentrée successive de nombreuses familles. On voyait les habitants dans les rues qui leur avaient été plus particulièrement abandonnées, dès le soir même de notre entrée dans la place, s'asseoir devant leurs maisons avec un calme parfait et former de petits cercles, où ils causaient avec une grave insouciance des évènements accomplis, comme s'ils s'étaient passés à une autre époque et que leur destinée ne fut pas en jeu.

Les instructions adressées, le 21 septembre, au gouverneur général, lui recommandaient de respecter et de maintenir l'administration qu'il trouverait établie dans la nouvelle conquête. Le général Valée s'y conforma rigoureusement. Il nomma caïd de la ville Sidi-Hamouda, fils du cheik El-Beled. C'était un jeune homme d'une famille ancienne et si vénérée parmi les Arabes, qu'Hadj-Ahmet, lui-même, l'avait toujours eu en grande estime. Un conseil, composé de fonctionnaires français et de notables indigènes, fut adjoint au caïd pour protéger tous les intérêts. Les vaincus furent traités avec douceur. Le général en chef se borna à exiger le paiement des fournitures et des denrées nécessaires. Ces mesures sages ne tardèrent pas à porter leurs fruits. Plusieurs tribus vinrent bientôt nous offrir leur soumission, et annoncèrent que le bey Hadj-Hamet, abandonné de la plupart de ses cavaliers, parcourait en fugitif les vallées des monts Aurès.

Tout se passait au gré du général en chef. Il est probable qu'il aurait donné tous ses soins à l'organisation qui était encore bien incomplète, lorsqu'un évènement imprévu vint le contraindre de précipiter le départ de la colonne expéditionnaire pour Bône et de s'éloigner lui-même de Constantine. Le prince de Joinville, monté sur l'*Hercule,* était arrivé à Bône le 4 octobre. Tourmenté bientôt du désir d'assister à l'expédition ou s'il arrivait trop tard, de visiter la ville, il résolut de se mettre en route pour rejoindre la colonne. Il se fit escorter par le 12me de ligne, qui avait été retenu à Bône par les symptômes du choléra, dont plusieurs soldats de ce régiment, qui arrivait de France, avait été atteints. C'est pour ce motif que le gouverneur général l'avait exclu de la colonne expéditionnaire pour la préserver du fléau. On comprend quel dut être l'effet d'une pareille imprudence dans un milieu déjà infecté par la putréfaction de tant de cadavres et qu'on n'avait pas encore eu le temps de purifier. Le choléra se propagea rapidement et fit de nombreuses victimes. Jusque-là le général en chef n'avait fait partir que les dépouilles mortelles du général Damrémont et l'artillerie de siège, sous la garde de 1,500 hommes. Ce convoi, qui avait quitté Constantine le 20, fit la route en sept jours sans être inquiété par les indigènes. Mais, dès l'apparition du fléau, il fallut se résoudre à évacuer les malades et les blessés. Le général Trézel se mit en route le 26, avec une nouvelle colonne chargée de les escorter, et trois jours après, le 29 octobre, le général en chef, inquiété par les ravages de cette maladie cruelle, — un certain nombre de soldats et le général Caraman venaient de succomber, — se hâta de ramener à Bône le reste de l'armée, laissant à Constantine une garnison de deux mille cinq cents hommes, qui lui parut suffisante pour le moment. Elle fut portée, un peu plus tard, au chiffre de cinq mille.

Cependant, le général Damrémont avait été transporté à Paris. Ses funérailles furent célébrées avec pompe, aux frais de l'État, et son corps déposé dans les cryptes des Invalides. Peu de jours après, le gouvernement fit voter par les Chambres, en faveur de la veuve du général, une pension de dix mille francs, reversible sur la tête de ses enfants. Il est probable que ces divers actes auraient reçu l'approbation générale, si les services éclatants du colonel Combes, dont l'armée entière avait admiré tantôt le courage stoïque, n'avaient été totalement méconnus, si même, sous le vain prétexte de ménager les intérêts du trésor, le ministre des finances n'avait poussé, à cette occasion, l'esprit de parti jusqu'au scandale. Le colonel Combes avait laissé sa veuve sans ressources. Avec sa modique retraite, elle pouvait à peine satisfaire les besoins les plus pressants. Dans ces circonstances, plusieurs membres de la Chambre des députés demandèrent qu'il lui fût alloué une rente viagère de trois mille francs à titre de récompense nationale. Le ministre fit rejeter la proposition. Cette parcimonie, plus que déplacée, eut l'effet regrettable de froisser l'opinion publique et de faire revivre, contre la conduite du général Damrémont, des critiques violentes que le succès de nos armes et sa mort glorieuse auraient certainement fait oublier. Ces critiques peuvent se résumer de la manière suivante : Le général Damrémont avait compromis le salut de l'armée par ses hésitations et son manque d'énergie, et son aveugle confiance dans l'issue d'interminables négociations avec le bey Hadj-Hamet.

On disait, en effet, tout haut, que, par la faute du général en chef, lors du départ des troupes, on avait dû laisser à Medjez-Ammar une grande partie des projectiles pour emporter des rations ; que le succès de la campagne était encore compromis lors de l'assaut. On allait manquer de tout. Encore quarante-huit heures, écrit le docteur Baudens, dans la *Revue de Paris* du 1er avril 1883, et pas un cheval n'aurait survécu. Prince, général et soldat, tous auraient été contraints de faire la route à pied. A peine s'il restait encore quelques coups de canon à tirer. Il aurait été tout à fait impossible d'emmener une seule voiture, une seule pièce d'artillerie, et même un seul blessé. On en concluait que l'armée entière eût péri, car elle n'aurait eu ni canons pour protéger sa retraite, ni vivres pour se soutenir; qu'elle n'aurait trouvé sur son passage que des ennemis impitoyables et les cendres des meules dont l'incendie avait éclairé sa route pendant son trajet de Medjez-Ammar à Constantine. Et on ajoutait que le *boulet qui avait* emporté le général Damrémont avait donné la ville de Constantine à la France. On donnait pour preuve de ces différentes assertions que, le 11 octobre, il avait été tenu un conseil de guerre pour discuter l'opportunité de la retraite immédiate de la colonne expéditionnaire et de sa rentrée à Bône.

La réponse des partisans du général Damrémont était d'une faiblesse désespérante. Ils furent d'une telle imprudence, qu'ils reconnurent publiquement, et la tenue du Conseil de guerre du 11, et que la question de la retraite immédiate des troupes avait été l'unique objet de sa délibération. Ils se bornèrent à prétendre que, dans le Conseil, le général en chef avait opiné pour la continuation du siège. Ce fait est établi par un entrefilet imprimé dans le journal officiel de l'époque, avec la signature du général Baraguay-d'Hilliers, beau-frère du général Damrémont. Cet entrefilet était ainsi conçu :

» Je tiens, d'une source incontestable, que, dans le Conseil du 11 octobre, le général Damrémont s'était hautement prononcé contre le projet de battre en retraite. »

M. Baraguay-d'Hilliers aurait dû comprendre que ce dernier aveu donnait raison aux adversaires du général en chef, car la tenue de ce malencontreux Conseil et l'opinion énergiquement soutenue par M. Damrémont était une preuve indiscutable qu'un certain nombre d'officiers supérieurs étaient convaincus de l'insuccès de l'expédition. On allait même beaucoup plus loin dans cette voie, on disait encore que le général en chef en était convaincu tout le premier, que sa visite imprudente à la batterie de brèche, et que sa station si pleine de périls dans un endroit découvert et exposé aux coups de l'ennemi, n'était qu'une espèce de suicide volontaire pour échapper à la honte de l'échec d'une entreprise si mal conduite.

Hâtons-nous de faire remarquer que les auteurs de ces critiques tiraient, de quelques faits indiscutables, des inductions qui frisaient le ridicule. Ainsi, dans l'hypothèse même de l'insuccès de l'assaut, la colonne expéditionnaire aurait couru bien peu de dangers, car il résulte d'un rapport officiel de l'intendant d'Arnaud, que même après la prise de la ville, les soldats avaient encore dans leurs sachets des biscuits pour huit jours ; que pour se rendre au camp retranché de Medjez-Ammar où il y avait des munitions considérables, la colonne avait tout au plus quatre-vingts kilomètres à parcourir, environ deux étapes de France. En outre, personne n'ignore qu'après les premières pluies d'automne, la terre se couvre presque instantanément d'un tapis de verdure, qui suffit quelque temps à l'extrême sobriété du cheval barbe, qu'il était donc certain qu'hommes et chevaux arriveraient sans trop de difficultés à Medjez-Ammar. Quant aux attaques des Kabyles *impitoyables*, durant le trajet, il était surabondamment prouvé par l'expérience des deux expéditions, qu'ils ne pouvaient affronter nos troupes en rase campagne. Cette affirmation serait démontrée, au besoin, par le résultat même de l'assaut. Ainsi, malgré les difficultés inhérentes à la brèche, malgré l'explosion qui avait fait un grand nombre de victimes, malgré, enfin, le désavantage immense de combattre des ennemis à couvert et connaissant très bien les lieux, en dépit même du défaut de direction si défavorable à nos soldats, nous n'avions perdu que 200 morts et nous avions un peu moins de 500 blessés. On conviendra donc que de pareils ennemis, lorsqu'ils auraient été privés de pareils avantages, ne pouvaient être bien dangereux.

Il n'est pas plus vrai de prétendre que sans la mort du général Damrémont, la ville de Constantine n'aurait pas été prise. Nous aurions bien, à ce propos, le droit de demander qu'on voulût bien faire connaître les combinaisons stratégiques de son successeur qui, malheureusement, se montra, en cette circonstance, d'une nullité absolue. Car après la disparition de MM. Combes et Lamoricière, il laissa, pendant plusieurs heures, les colonnes d'assaut sans direction. Car M. Rullière n'arriva que pour recevoir la soumission de la place. Il me paraît certain que la visite de M. Damrémont à la brèche témoigne de sa résolution inébranlable de donner l'assaut, mais dont il ne voulait donner le signal aux colonnes déjà formées qu'après avoir acquis personnellement la certitude que l'ouverture pratiquée par l'artillerie était suffisante. Il est donc plus que probable que le succès de l'assaut, sous son commandement, eût été absolument le même, et que son successeur ne fit rien pour en assurer la réussite.

Le reproche du temps perdu en négociations avec Hadj-Hamet n'est pas mieux fondé. Ainsi, il est constant que le gouverneur général n'avait fait qu'obéir aux ordres du ministre, et que pendant les pourparlers, il n'avait nullement ralenti les préparatifs de l'expédition. Il suffit de s'en référer au récit précédemment fait pour en avoir la conviction.

Néanmoins, je n'irai pas jusqu'à prétendre que sa conduite fut exempte de fautes. Car il n'est pas douteux que M. le général Damrémont s'était montré bien au-dessous de sa tâche. Je n'ai nullement le dessein de reproduire les critiques que j'ai déjà dirigées contre ses actes, mais il faut bien mentionner deux fautes nouvelles qui, avec des ennemis plus redoutables, auraient pu avoir de sérieuses conséquenses. Aussi il y a lieu de s'étonner que M. Damrémont, qui n'ignorait pas que pour se rendre maître de Constantine, il faudrait nécessairement donner l'assaut, n'eut pas songé à se procurer un plan à peu près exact de la place, qui eût mis à même les chefs des colonnes d'assaut d'éviter les attaques infructueuses et de n'exposer la vie de leurs soldats que pour les cas d'une nécessité absolue. Et cependant, lorsqu'il avait envoyé le juif Busnach comme négociateur auprès d'Hadj-Hamet, il aurait bien pu lui donner cette mission, qui aurait été parfaitement bien remplie si elle avait été bien rétribuée.

Une autre faute bien plus grave encore. C'est d'avoir nommé le duc de Nemours commandant des travaux du siége. Ce commandement devait mettre à sa charge la direction des colonnes d'assaut. Il pouvait en résulter, et il en résulta, en effet, qu'à un moment donné, ces colonnes manquèrent de direction. Car il n'y avait pas à espérer qu'il allât s'exposer, dans un moment aussi périlleux, aux balles de l'ennemi. M. Damrémont aurait dû comprendre, en outre, que la présence d'un prince dans un corps expéditionnaire ne pouvait être qu'une cause d'embarras pour le général en chef, par la nécessité de consacrer les troupes les plus solides à sa conservation.

Il est, dès lors, fort aisé de comprendre que le parallèle forcé qu'on établissait entre le général Damrémont et le colonel Combes ne pouvait être flatteur pour le général. Combes, il est vrai, n'avait pas eu l'avantage d'être bercé sur les genoux d'une comtesse. Né sur le grabat du peuple, il avait commencé sa carrière sans nom et sans fortune, mais chacun de ses grades avait été la récompense de son mérite personnel ou d'une action d'éclat, et s'il n'avait pas été nommé officier général, c'est qu'aux yeux de la cour ses états de service avaient une tache indélébile. Il avait, la nuit du 22 au 23 février 1832, fait briser les portes d'Ancône par la hache de ses sapeurs et pris possession de la ville par la force, contrairement à la politique personnelle du chef de l'État. Nous avons dit sa valeur et son indomptable énergie pendant l'assaut. Malgré qu'une balle l'eut frappé en pleine poitrine, il resta sur le champ de bataille pour s'assurer de la réussite de la manœuvre qu'il avait commandée. La pensée d'une mort prochaine, qui agit si puissamment sur les natures vulgaires, n'avait pu l'arracher au sentiment du devoir. Ainsi, après avoir contribué à la prise de la ville, il allait, ce qui est infiniment plus beau, donner à l'armée entière, ravie d'admiration, un de ces exemples de courage surnaturel qui exaltent les imaginations et enfantent les héros. J'aurais bien voulu voir cette noble tête quitter le champ de bataille pour regagner la batterie de brèche, marcher d'un pas calme et assuré, afin de venir rendre compte au général en chef de la situation des affaires de la ville, et de ne permettre en quelque sorte à la mort d'enlever son âme qu'après avoir prononcé ces simples et patriotiques paroles : « *Ceux qui ne sont pas blessés mortellement, jouiront de ce beau succès.* »

Je devais bien ces quelques lignes à sa mémoire, car il n'est que juste de signaler à la reconnaissance publique, les guerriers intrépides qui ont versé leur sang pour la conquête du pays. Mais pour célébrer dignement la vie austère de Combes et son glorieux trépas comparable aux dévouements suprêmes des premiers temps de Rome, il faudrait la mâle éloquence d'un tribun.

Il était indispensable de faire connaître les exagérations déplorables des détracteurs du général Damrémont. En représentant l'armée, pour ainsi dire, comme entièrement perdue par sa faute, et le succès de l'assaut plus que douteux, ils ont surfait, outre mesure, un homme d'une médiocreté indiscustable et fait passer le général Valée pour un sauveur. De là son élévation inévitable à la dignité de maréchal de France et au gouvernement général. Nous allons examiner son administration et le juger par ses œuvres.

Gouvernement du Maréchal Valée

I

LE MARÉCHAL VALÉE. — DIFFICULTÉS DE LA SITUATION. — CONDUITE ARTIFICIEUSE D'ABD-EL-KADER. — IL REFUSE D'EXÉCUTER LE TRAITÉ DE LA TAFNA. — OCCUPATION DE COLÉAH ET DE BLIDAH DANS LA PROVINCE D'ALGER. — SOUMISSION PROGRESSIVE DE LA PROVINCE DE CONSTANTINE. — FONDATION DE PHILIPPEVILLE. — OCCUPATION DE LA CALLE. — ORGANISATION DÉFINITIVE DE LA PROVINCE DE CONSTANTINE. — ÉTABLISSEMENT A ALGER D'UN SIÈGE ÉPISCOPAL.

La nouvelle de la prise de Constantine fut reçue en France avec enthousiasme. Notre amour-propre national, exalté encore par les prétendues difficultés de l'assaut, fit considérer le général Valée comme un homme de guerre d'un mérite tellement supérieur, que la dignité de maréchal de France et le gouvernement de la Colonie, qui lui avaient été conférés coup sur coup, parurent presque insuffisants pour récompenser un si beau triomphe. Pourtant, rien, dans le passé du maréchal, n'autorisait un pareil engouement. Comme la plupart des anciens militaires de la République et de l'Empire qui avaient eu la chance de ne pas succomber dans une des nombreuses batailles de ces temps calamiteux, il était parvenu péniblement à un grade élevé dans son arme, mais il n'avait jamais attiré sur sa personne l'attention particulière du 1er Bonaparte qui, pourtant, se connaissait en hommes et poussait rapidement au faîte de la hiérarchie les officiers dont il avait apprécié l'intelligence et la valeur. Ses états de service que je vais rappeler succinctement en font foi.

Valée, Sylvain-Charles, né à Brionne-le-Château, le 17 septembre 1773, sortit comme sous-lieutenant de l'école d'artillerie de Châlons, le 1er septembre 1792. Il fut promu lieutenant au mois de juin de l'année suivante. Il assista successivement aux sièges de Charleroi, de Landrecies, de Quesnoy, de Valenciennes, de Condé, de Maëstricht et au passage du Rhin à Neuwied. Il fut nommé capitaine le 29 avril 1795 et se trouva, l'année suivante, en cette qualité, à la bataille de Wurtzbourg. En 1800, il figura honorablement aux batailles de Maëstricht et de Hohenlinden. Lieutenant-colonel et chevalier de la Légion d'honneur en 1804, il remplit, en 1806, les fonctions de sous-chef d'état-major de l'artillerie. Il assista à la bataille d'Iéna et fut nommé colonel du 1er d'artillerie en 1807. Il se distingua,

ensuite, à Eylau et à Friedland. Après la campagne
de 1808 à la grande armée, il fut nommé commandant
de l'artillerie du 3ᵐᵉ corps en Espagne. Général de
brigade en 1810, il prit part aux sièges de Lerida, de
Mequinenza, de Taragone, de Tortose et de Valence.
Général de division le 6 août 1811, il fit la campagne
de 1812, et assista, le 13 avril 1813, à la bataille de
Guastala. Depuis cette époque, il avait constamment
rempli les fonctions d'inspecteur général de son arme
jusqu'en 1837 où il fut mis à la tête de l'artillerie du
corps expéditionnaire dirigé contre Constantine. Nous
l'avons vu, pendant l'assaut, laisser les deux colonnes
Combes et Lamoricière sans direction après la disparition de leurs chefs, et, ce que nous n'avons pas cru
devoir faire remarquer, il avait commis, dès le commencement du siège, une faute bien plus grave encore, qui
était loin de témoigner en faveur de sa capacité militaire. Nous avons déjà dit qu'après avoir étudié, de
concert avec le général Fleury, les abords de Constantine, il avait reconnu que le plateau de Koudiat-Aty
était le véritable point d'attaque de la place, et, par une
inconséquence que je ne saurais expliquer, il s'était
borné à y établir une seule batterie à une trop grande
distance, tandis qu'il en faisait élever trois autres sur
le Mansourah. Leur effet fut absolument nul. Elles ne
servirent qu'à épuiser les munitions dont on avait un
si grand besoin. Cette faute impardonnable avait, tout
autant que les fausses mesures du général Damrémont,
contribué au découragement momentané de nos troupes

et fut une des causes de la tenue du Conseil de guerre du 11 octobre, où la retraite immédiate de la colonne avait été mise en question.

Il me paraît résulter de sa notice biographique, que le général Valée, bien qu'il eut servi, tour à tour, les divers gouvernements de la France depuis notre grande République, et qu'il fut général de division depuis tantôt vingt-sept ans, était encore confondu dans la foule des anciens militaires, lorsqu'un caprice singulier de la fortune le mit tout à coup en évidence, sans qu'il eut rien fait pour le mériter. C'en est assez, je crois, pour faire comprendre, qu'à l'instar de la majorité des officiers généraux formés à l'école de Napoléon, il était brave, énergique même, bon, généreux; qu'il avait l'esprit étroit; qu'il pouvait rendre de bons et utiles services en sous-ordre, mais qu'il était d'une incapacité absolue pour occuper le premier rang; qu'il devait être très content de sa personne et fort entiché de l'importance du commandement militaire, dont il allait, malheureusement pour l'Algérie, consacrer la future prépondérance. Une anecdote, assez futile en elle-même, va achever de le faire connaître.

Il avait nommé défenseur à Bône, en 1838, un avocat qui avait une jeune femme et deux enfants en bas âge fort gentils. Le séjour de Bône était, à cette époque, funeste aux Européens en raison des marais qui avoisinaient la ville. Il eut été presque inhumain d'exposer ces pauvres petits êtres nouvellement arrivés de France, à périr des fièvres paludéennes qui décimaient, par intervalles, la population. Quelques personnes conseillèrent à la jeune mère de faire une visite avec les deux jeunes enfants, au maréchal, dans la pensée qu'il ne les verrait pas sans intérêt, et qu'il serait disposé à accorder au défenseur, un changement de résidence, unique objet de la démarche. Cette visite eut en effet un très heureux résultat. Le maréchal, visiblement attendri par la gentillesse des enfants, s'empressa d'accorder la demande, mais en ayant soin d'ajouter : « vous n'ignorez pas, madame, qu'avant toutes choses, obéisssance est due au commandement ; que votre mari parte donc au plus tôt pour Bône, et je vous donne ma parole d'honneur qu'il recevra, sous peu, une autre destination. »

Sur la foi de cette promesse dont il était loin d'espérer la réalisation immédiate, l'avocat se présenta, le lendemain de son arrivée, au parquet du procureur du roi, afin de savoir quel jour il pourrait être admis à prêter le serment professionnel exigé par la législation. Pour toute réponse, le magistrat lui donna connaissance d'une dépêche étrange apportée par le courrier. Le maréchal avait pris un arrêté, au moment même du départ du courrier, qui le nommait défenseur à Oran. Il revint à Alger par le retour du bateau. Ainsi, il avait dû faire une promenade à Bône pour prouver sa déférence envers l'autorité.

On s'était donc grandement fait illusion sur la valeur intellectuelle du nouveau gouverneur et sur sa capacité militaire. Il est même probable qu'on aurait éprouvé promptement de graves mécomptes s'il n'avait eu des auxiliaires qui avaient déjà acquis une grande expérience de nos luttes africaines, car avec des lieutenants tels que MM. Duvivier, de Lamoricière, un échec de quelque importance n'était plus à craindre. Quoi qu'il en soit, le maréchal Valée était de retour dans les premiers jours de novembre à Alger, où sa présence, comme il est facile de le prévoir, était devenue nécessaire, en raison des difficultés extérieures et de l'exécution du traité de la Tafna.

Pendant nos opérations dans la province de Constantine, le commandement de la division d'Alger fut exercé successivement par les généraux Bro et Négrier, mais avec des forces insuffisantes pour agir, surtout dans une saison où les malades encombraient les hôpitaux. Dans certains moments on n'aurait pu trouver quinze cents hommes capables de sortir d'Alger pour tenir la campagne. El-Hadj-Mustapha, frère d'Ab-el-Kader et kalifa de Médéah, en avait tiré profit, il leva des contributions sur Blidah que le traité de la Tafna nous avait réservée. Les Hadjoutes recommencèrent à piller notre territoire, et le kalifa de Millanah, sommé de mettre fin à leurs brigandages, fit répondre insolemment que les Français n'avaient qu'à s'enfermer dans les murs d'Alger. Ce même individu employait tour à tour les promesses où l'intimidation pour empêcher les tribus de commercer avec nous. Il envoya même un jour des cavaliers pour chasser des Arabes qui amenaient des bestiaux au marché de Boufarik. Ce petit coup de main n'avait qu'un but, permettre à Ben Durand de vendre un peu plus cher deux mille bœufs qu'il avait achetés à Abd-el-Kader. Ces bœufs arrivèrent à Alger au mois de septembre.

Abd-el-Kader, de son côté, se montrait peu soucieux d'exécuter les clauses du traité qui lui étaient onéreuses. Il refusa de livrer les deux mille bœufs et les soixante milles fanègues de grains qu'il s'était obligé de nous fournir suivant des clauses précises du traité de la Tafna. En outre, il avait fait irruption, plusieurs fois, sur notre territoire, sous prétexte de châtier des rebelles qu'il ne pouvait atteindre d'une autre façon.

Enfin, dans le mois de décembre de cette même année 1837, Abd-el-Kader porta ses tentes dans l'Outhan d'Ouanougha, dans le voisinage du bordj de Hamza, sur les limites de la province de Constantine. L'alarme propagée par ses agents se répandit jusqu'aux extrémités orientales de la Mitidja. Un camp de deux mille hommes fut aussitôt placé sur le Hamis pour surveiller ses projets. Mais l'émir s'étant dirigé, peu de jours après, vers Médéah, les troupes rentrèrent dans leurs positions. Cependant, le gouverneur général apprit bientôt que le puissant cheickh Abd-el-Salem avait accepté d'Abd-el-Kader le titre de khalifa de la Medjanah. Il cherchait, comme on le voit, à faire reconnaître son autorité dans cette partie de la province de Constantine. Bientôt après, l'émir tomba, sous un prétexte frivole, sur les Koulouglis de l'Oued-Zitoun. Ceux qui échappèrent au massacre franchirent l'Oued-Kaddara et les montagnes, et vinrent nous demander asile et protection. Pendant son séjour à Médéah, il nommait un caïd dans l'Outhan de Sebaou, qui s'étend, à l'est, entre l'Oued-Kaddara et les montagnes, dont le territoire était tout au moins sujet à contestation. Tous ces faits, qui dénotaient sa mauvaise foi insigne, étaient un triste présage pour le maintien de la paix.

Pendant qu'il ne cessait d'enfreindre le traité, il épiloguait encore sur ses termes. Nous avons dit combien, au fond, il était contraire à nos intérêts. Nous allons démontrer que, dans la forme, il était tout aussi défectueux. L'article 2 nous réservait la Mitidja, bornée, à l'est, par l'Oued-Kaddara, *et au-delà*. L'émir prétendait que ces trois derniers mots, ne fixant rien, n'avaient aucune valeur : nous soutenions, au contraire, qu'ils nous donnaient le droit incontestable de nous étendre dans l'est aussi loin qu'il conviendrait à notre politique. Bien que ce litige ne fut pas encore résolu du consentement des deux parties, Abd-el-Kader ne craignit point d'agir en maître. Ses continuelles apparitions sur les limites du territoire gardé par la France; les razzias qu'il exécutait contre les tribus des points contestés, établissaient jusqu'à l'évidence qu'il avait l'insolente prétention de nous imposer sa volonté. Le gouverneur, qui désirait éviter toute équivoque, fit signifier à l'émir qu'il n'accepterait d'autre interprétation du traité que celle qui nous assurait la contiguïté des deux provinces d'Alger et de Constantine, et l'occupation facultative du littoral jusqu'à la régence de Tunis, et nous attribuerait également tout le pays situé au nord d'une ligne tracée d'Alger aux Portes de Fer, en y comprenant la possession de ce défilé et du fort de Hamza.

L'émir, qui ne pouvait plus compter sur les influences secrètes qui lui avaient si bien réussi à Oran, l'intégrité du gouverneur général lui étant parfaitement connue, eut recours à une démarche auprès du pouvoir central pour faire résoudre à son profit des difficultés auxquelles il supposait que le gouvernement n'attacherait pas une grande importance. Il envoya son secrétaire intime, Miloud-ben-Harrach, à Paris, avec la charge officielle d'offrir au roi des présents, mais, au fond, dans le dessein de défendre ses intérêts. Nous ferons connaître bientôt le résultat de cette mission.

Cependant, dans la province de Constantine, l'autorité de la France faisait des progrès incessants. On avait eu l'heureuse idée de réunir les débris des milices régulières, auxquelles la dissolution du régime turc ne laissait d'autres ressources que l'émigration, pour en former, sous le commandement d'officiers français, un corps qui reçut le nom de bataillon de Constantine. Ce bataillon nous fut d'une très-grande utilité pour le recouvrement des impôts. Il parcourut, avec deux ou trois cents cavaliers français, les cercles de Bône, de Guelma, de Medjez-Ammar, et fit rentrer, sans avoir besoin de recourir à la violence, les taxes imposées aux Arabes. Aux environs de La Calle, cette colonne fut attaquée mollement par des tribus limitrophes de la province de Constantine et de la régence de Tunis. Ces tribus avaient profité, de tout temps, de l'incertitude des frontières pour piller des deux côtés.

Le caïd de Milah était un des premiers chefs dont nous avions reçu la soumission. Milah, située à douze lieues de Constantine, sur la route du port de Djidjeli, commande le chemin qui s'ouvre sur les plaines de la Medjanah pour aboutir directement aux limites de la province d'Alger. Une colonne française, qui avait la mission d'explorer le pays, trouva cette ville fermée d'une muraille construite avec des ruines romaines et entourée de jardins. L'investiture fut donnée au caïd.

Au mois d'avril 1838, le général Négrier, suivant le cours de ses explorations, reçut l'ordre de compléter la reconnaissance, commencée précédemment, du chemin de Constantine à Stora. Sa marche hardie, dans une région que les Turcs n'avaient point visitée, étonna les Kabyles. Le pays était fertile et richement boisé. On commença immédiatement une voie militaire d'une longueur de vingt-deux lieues qui, au travers des camps de Smendou et d'El-Arrouch, conduit, en trois jours de marche, de Constantine à son port naturel.

A la même époque, le commandant de Medjez-Ammar ayant, à son tour, dirigé une reconnaissance sur le pays de Guerfa pour s'assurer de l'existence présumée d'anciennes mines, fut attaqué par les Haractas et fit une retraite difficile. A cette nouvelle, le général Négrier entra immédiatement en campagne pour couper cette tentative de rébellion dans sa racine. Mais à l'arrivée de nos troupes, cette tribu demanda l'aman et se soumit à toutes les conditions qui lui furent imposées.

Pendant la sortie du général, Hadj-Hamet, ayant

rassemblé quelques partisans qui lui restaient encore, s'approchait pas à pas de Constantine, qu'il espérait surprendre. Mais le général Négrier était déjà de retour de sa rapide expédition. Il marcha à sa rencontre avec des forces imposantes. Hadj-Hamet se retira sans combattre. A ce signe non équivoque de faiblesse, il perdit, par la défection, ses derniers cavaliers et fut désormais réduit à l'impuissance.

Au mois de mai s'accomplit définitivement l'occupation de La Calle. Enfin, Ben-Aïssa, le lieutenant d'Hadj-Hamet, celui-là même qui avait commandé la place de Constantine pendant les deux sièges de 1836 et 1837, s'était rendu à Alger pour faire sa soumission en personne entre les mains du gouverneur général. La possession intégrale de la province de Constantine nous était donc irrévocablement acquise.

Entre temps, le maréchal Valée faisait les préparatifs nécessaires pour occuper les villes et le territoire de Coléah et de Blidah, réservés à la France par le traité de la Tafna. Il couvrit d'abord Coléah par un camp retranché, à l'ouest de la ville, où furent placés quatre bataillons avec de l'artillerie et quelques chevaux. En même temps il portait sur le Hamis des forces considérables, ouvrait la route de la Maison-Carrée à cette position et rendait définitivement praticable celle d'Alger à Coléah.

Le 3 mai 1838, l'armée était devant Blidah. Le hakem de la ville avec les ulémas, le caïd et les notables des Beni-Salah, se présentèrent au maréchal Valée, qui leur garantit la sécurité des habitants. Il se borna à choisir des camps fortifiés pour assurer cette position importante. Le premier fut établi entre Blidah et la Chiffa, sur un point qui domine la plaine et d'où l'on découvre Coléah et le pays des Hadjoutes. Le second fut placé sur une ligne intermédiaire, à l'ouest de Blidah, pour couvrir la route qui conduit du blockhaus de Mered au camp de l'Ouest. La position de Blidah nous rendait maître des chemins qui, de ce point central, conduisent à Médéah par les gorges de la montagne et dans toutes les directions vers l'est et l'ouest de la plaine de la Mitidja.

Pendant ces opérations militaires, Miloud-ben-Harrach était parti pour Paris. Certes, il fallait que l'émir fût totalement étranger aux convenances sociales les plus élémentaires pour concevoir la pensée que le chef d'un grand État comme la France consentirait à entrer en négociations avec un personnage aussi infime que son secrétaire. Le roi avait bien pu ratifier une convention passée entre un de ses généraux et le chef d'une troupe de belligérants. Mais de là à traiter directement avec un affidé sans caractère officiel de ce même chef, il y avait un abîme, et Louis-Philippe n'était pas homme à abaisser à ce point la majesté royale. Miloud-ben-Harrach fut donc renvoyé au maréchal Valée, qui fut chargé de terminer cette affaire. Un acte additionnel, qui fixait définitivement le sens des termes en litige, fut signé à Alger, le 4 juillet 1838. Si l'émir eût été de bonne foi, comme l'affirmait son agent, toute cause de malentendu ayant cessé pour l'avenir, la paix aurait eu quelques chances de durée. Mais, ainsi que nous le verrons tantôt, il était poussé, malgré lui, dans une voie qui devait le conduire à sa perte.

Voici le texte de cet acte additionnel :

« Article premier (relatif à l'art. 2 du traité du 30 mai). — Dans la province d'Alger, les limites du territoire que la France s'est réservé au-delà de l'Oued-Kaddara, sont fixées de la manière suivante : Le cours de l'Oued-Kaddara jusqu'à sa source au mont Tiblarin ; de ce point jusqu'à l'Isser, au-dessus du pont de Ben-Hini, la ligne actuelle de délimitation, entre l'Outhan de Krachna et celui de Beni-Dâad, et au-delà de l'Isser jusqu'au Biban, la route d'Alger à Constantine, de manière que le fort de Hamza, la route royale et tout le territoire au nord et à l'est des limites indiquées restent à la France, et que la partie du territoire des Beni-Djaad, de Hamza et d'Ouannougha, au sud et à l'ouest de ces mêmes limites, soit administrée par l'émir.

» Dans la province d'Oran, la France conserve le droit de passage sur la route qui conduit actuellement du territoire d'Arzew à celui de Mostaganem. Elle pourra, si elle le juge convenable, réparer et entretenir la partie de cette route, à l'est de la Macta, qui n'est pas sur le territoire de Mostaganem, mais les réparations seront faites à ses frais et sans préjudice des droits de l'émir sur le pays.

» Art 2 (relatif à l'art. 6 du traité). — L'émir, en remplacement des trente mille fanègues de blé et des trente mille fanègues d'orge qu'il aurait dû donner à la France avant le 15 janvier 1838, versera, chaque année, pendant dix ans, deux mille fanègues d'Oran de blé et deux mille fanègues d'orge. Ces denrées seront livrées à Oran, le 1er janvier de chaque année, à partir de 1839. Toutefois, dans le cas où la récolte aurait été mauvaise, l'époque de la fourniture serait retardée.

» Art. 3 (article 7 du traité). — Les armes, la poudre, le soufre, le plomb dont l'émir aura besoin, seront demandés par lui au gouverneur général, qui les lui fera livrer à Alger au prix de fabrication, et sans aucune augmentation pour le transport par mer de Toulon en Afrique.

» Art. 4. — Toutes les dispositions du traité du 30 mai 1837, qui ne sont pas modifiées par la présente convention, continueront à recevoir pleine et entière exécution, tant dans l'est que dans l'ouest. »

Je devais d'autant plus faire connaître ce document, d'une importance considérable, qu'il a servi de base à plusieurs écrivains arabophiles pour soutenir, contrairement à l'évidence des faits, qu'Abd-el-Kader n'a point violé le traité de la Tafna ; que cette nouvelle convention fut arrêtée entre le maréchal Valée et Miloud-ben-Harrach à l'insu de l'émir qui, étant occupé à cette époque au siège d'Aïn-Madhi, n'avait eu la possibilité de conférer ni avec son secrétaire, ni avec les officiers français qui lui furent envoyés à cet effet ; que, dès lors, elle aurait eu besoin d'une ratification expresse de la part d'Abd-el-Kader, pour qu'il eût été tenu d'en observer les clauses et conditions. Je m'expliquerai un peu plus tard sur tous ces points, mais il est nécessaire, au préalable, de raconter le siège d'Aïn-Madhi ; nous y trouverons la preuve que cet homme, dont on a essayé de faire ressortir la probité politique, se faisait un jeu de toutes les lois divines et humaines, dans l'intérêt de son ambition, et qu'en ce moment il cherchait un refuge inaccessible pour nos armes, dans l'hypothèse d'une guerre dont il désirait peut-être encore éloigner le terme, mais qui lui paraissait inévitable à cause de la grande extension que les derniers évènements avaient donnée à notre puissance.

Abd-el-Kader avait tout d'abord formé le projet de fixer le siège de son autorité à Tekedemt. Mais ayant réfléchi qu'il serait beaucoup trop exposé à nos coups, il jeta les yeux sur la ville d'Aïn-Madhi, située à quelques étapes dans le désert. Son chef, le marabout Tedjini, qui s'enorgueillissait de descendre des chérifs marocains, avait obstinément refusé de reconnaître la suprématie politique et religieuse d'Abd-el-Kader. En outre, Aïn-Madhi était fortifiée de façon à résister longtemps à toutes ses entreprises. En effet, sa forme dessine une ellipse, fermée par une muraille de deux mètres d'épaisseur et de huit de hauteur, dont les créneaux, surmontés en pyramide, présentaient un coup d'œil pittoresque. Les deux portes sont à l'est et au nord-ouest. Celle de l'est, Bab-el-Kebir, flanquée de deux tours en saillie, s'ouvre sur une petite place d'armes que sépare de la ville une seconde porte percée. Elle permettait encore d'opposer une vive résistance aux assaillants. Enfin, les jardins d'Aïn-Madhi, clôturés par une mauvaise chemise en pisé, servent à la ville de double enceinte. Bien qu'avec de pareilles fortifications la ville soit imprenable pour une armée arabe, l'émir résolut de s'en rendre maître par la force. Mais, après huit mois de vains efforts, lassé, enfin, d'un siège inutile, il eut recours à une indigne supercherie. Une députation, conduite par son beau-frère, Sidi-el-Hadj-Mustapha-ben-Tami, vint déclarer à Tedjini qu'Abd-el-Kader renonçait à toutes ses prétentions sur la ville, mais qu'il demandait l'autorisation, avant de se retirer, de faire sa prière dans la mosquée d'Aïn-Madhi. Tedjini, trompé par ses supplications hypocrites, consentit à recevoir Abd-el-Kader pendant cinq jours et se retira dans El-Arouat pour lui laisser une entière liberté pendant ce délai. Abd-el-Kader ayant réussi à faire entrer une partie de ses troupes dans la ville, prétendit la conserver sous sa domination. Mais les tribus du désert, indignées de cette odieuse violation de la foi jurée, attaquèrent avec succès les troupes qu'il avait laissées hors de la ville, pillèrent ses convois, de telle sorte, que l'émir, voyant ses communications interceptées avec le Tell, se vit dans la nécessité d'abandonner sa proie. Mais il ne sortit de la ville qu'après en avoir fait abattre les murs et ruiner les maisons.

Au mois de septembre le maréchal Valée se rendit à Constantine pour procéder à l'organisation définitive de la province. Mais avant de faire connaître cette organisation, je vais raconter succinctement les évènements militaires de la fin de 1838.

Le 6 octobre, quatre mille hommes, réunis au camp d'El-Arrouch, en partirent le lendemain et allèrent, le même jour, camper sur les ruines de l'ancienne *Rusicada*, dans le voisinage des Kabyles. Quelques coups de fusil, tirés sur nos avant-postes, protestèrent seuls contre notre prise de possession. Mais le 8, un convoi de mulets arabes, escorté par des milices turques, ayant été attaqué avec avantage, dans un défilé, les montagnards, enhardis, se jetèrent la nuit suivante sur le camp d'El-Arrouch, gardé par des Turcs. Bien que cette tentative n'eut pas eu du succès, on sentit le besoin de renforcer cette position. Au lieu d'un camp, le maréchal Valée forma le projet de fonder une ville. Le sol, couvert de débris romains, fut déblayé, et les pierres éparses de Rusicada servirent pour les premières constructions de Philippeville. On commença immédiatement les travaux pour bâtir une citadelle sur un mamelon détaché à l'ouest et tout près de la hauteur qui, s'abaissant vers le nord, forme le cap Skikda. Ce mamelon était, dans l'antiquité, le point central de défense de cette position. On le trouva revêtu, sur presque tout son contour, d'énormes pierres de grès, dérangées par le temps, mais il offrait, même dans cet état, des ressources précieuses pour la défense. Les pierres furent relevées et servirent à la construction du fort de France. A l'est et à l'ouest de cette position, s'élèvent deux mamelons qui se prolongent vers le sud en se rapprochant et renferment entre eux une vallée étroite. La défense de la place fut assurée par un système de forts détachés que relient entre eux des chemins de ronde couverts par des parapets. Les Romains avaient suivi le même système, dont on retrouva les vestiges. Le fort, qui domine la position à l'ouest, reçut le nom de fort Royal. Sur un mamelon situé sur la mer, à l'extrémité opposée du massif, a été élevé un ouvrage qui porte le nom de fort d'Orléans. A l'est, sur le mamelon qui s'avance le plus vers la plaine, on a fait un blockhaus appelé fort Valée.

La campagne d'automne se termina, dans la province de Constantine, par l'occupation définitive de Miloh et par l'ouverture d'une route tracée de cette ville à Sétif par Djemmilah, qui devait nous assurer le parcours facile de la belle plaine de la Medjanah. Ce travail préparait, en même temps, l'occupation projetée de Djidjell, dont le gouverneur s'exagérait l'importance maritime. Après le récit de ces diverses opérations, nous n'avons plus qu'à faire connaître l'organisation de la province.

Dans ce but, le maréchal prit cinq arrêtés dont je me borne, en ce moment, à faire connaître les dates. Les trois premiers sont des 30 septembre et 18 octobre 1838, et les deux autres des 1er et 20 novembre. Mais, pour en faire ressortir la portée et démontrer, en outre, qu'ils constituaient un excès de pouvoir manifeste, il faut exposer succinctement quelle était, à cette époque, la législation en vigueur. Dans les cinq premières années de la conquête, les quelques points occupés par nos troupes avaient été à peu près exclusivement régis par les arrêtés des généraux en chef. Car, pendant toute cette période, nous ne trouvons que l'ordonnance du 1er décembre 1831, qui n'eut qu'une durée éphémère, et n'avait, au surplus, d'autre objet que de réaliser la séparation des deux pouvoirs civil et militaire, et proclamer leur indépendance respective. Dans cet ordre de choses, les fonctions civiles étaient dévolues à un intendant placé, sans doute, sous l'autorité du général en chef, mais qui avait sous sa dépendance, à Oran et à Bône, des sous-intendants civils dont les pouvoirs n'avaient d'autres limites que les frontières de l'ancienne régence. De telle sorte qu'en dehors d'Alger, les généraux étaient réduits aux attributions inhérentes au commandement. Ce mode d'administrer le pays fut confirmé, à une exception près, par l'organisation de 1834. Cette organisation posait en principe qu'à l'avenir le régime des ordonnances serait substitué aux arrêtés. Elle déclarait, en outre, en termes exprès, que l'administration civile des possessions françaises du nord de l'Afrique était confiée, sous les ordres du gouverneur général, à un intendant civil résidant à Alger et à deux sous-intendants civils résidant à Oran et à Bône. Ainsi, la double unité du territoire et de l'administration avait été consacrée par la législation antérieure à 1838. Il est vrai que le premier bureau arabe, qui n'avait fait qu'apparaître sur la scène politique, et la direction instituée par le général Damrémont, étaient un premier pas vers la création d'une administration spéciale des indigènes. Mais, en l'absence d'attributions définies, on ne pouvait les considérer que comme des auxiliaires du commandement, et, à ce point de vue seulement, l'article 9 d'une ordonnance royale du 31 octobre 1838, dont nous reparlerons un peu plus loin, était venu donner à ces divers essais d'administration spéciale une force légale qu'ils n'avaient point eue jusque-là. Il est donc certain que l'administration entière du pays était exclusivement dévolue à des fonctionnaires de l'ordre civil et qu'ils étaient uniquement les subordonnés du gouverneur général. Cette situation ne pouvait être valablement modifiée que par une ordonnance royale. Mais, soit que le maréchal n'eut pas parfaitement compris le système mis en vigueur en 1834, soit qu'à l'instar des gouverneurs généraux précédents, il fit assez peu de cas de la légalité, il allait substituer au despotisme du gouverneur général l'arbitraire d'une caste. Il allait, en un mot, fonder le gouvernement militaire dans toute sa pureté. L'organisation de la province de Constantine nous en fournira la preuve.

Le premier arrêté du maréchal est ainsi conçu :

« Nous, maréchal de France, gouverneur général des possessions françaises dans le nord de l'Afrique;
» Vu l'urgence,

» Avons arrêté et arrêtons ce qui suit :

» Article premier. — Le commandement et l'administration de la province de Constantine seront confiés à un officier général qui prendra le titre de commandant supérieur de la province.

» Art. 2. — Les autorités civiles et militaires, françaises ou indigènes, relèveront directement du commandant supérieur.

» Les chefs des différents services prendront ses ordres pour toutes les affaires. Ils rendront compte à leurs supérieurs immédiats des mesures prises par lui, mais ils ne pourront, dans aucun cas, agir sans avoir pris ses instructions ou retarder l'exécution des dispositions arrêtées par lui.

» Art. 3. — Le commandant supérieur rendra compte directement des actes de son administration au gouverneur général. »

Voilà la clef de voûte de l'organisation : le commandement et l'administration de la province de Constantine réunis dans une seule main, et les différents fonctionnaires soumis, de la manière la plus absolue, à ses ordres, j'allais dire à ses caprices. Il faut, maintenant, faire connaître ses auxiliaires et les attributions qui leur sont dévolues. Pour éviter toute confusion, il faut, comme les arrêtés eux-mêmes, diviser le territoire de la province en deux parties, dont l'une sera exclusivement administrée par l'intermédiaire de chefs indigènes, l'administration de l'autre devant avoir lieu directement par des fonctionnaires français.

La première partie était confiée à des kalifas qui relevaient immédiatement du commandant supérieur. C'était une manière de royaume arabe, dont le roi absolu était le commandant supérieur de Constantine.

Les tribus des Hennenchas, celles des Haraclas, celles des Amer-Cheragas, furent placées sous l'autorité de caïds qui eurent le rang et les attributions accordés aux chefs de ces tribus sous le gouvernement des beys. Ils n'étaient en relations directes qu'avec le commandant supérieur de la province.

Le Djerid et la partie du désert qui y est annexée, fut placée sous l'administration du cheik El Arab. Ce cheik conserva les honneurs qui lui étaient précédemment attribués, avec le rang de kalifa. La ville de Constantine fut soumise à l'autorité d'un hakem. Ces différents chefs indigènes furent déclarés indépendants les uns des autres. Entre autres attributions, ils étaient chargés du recouvrement des impôts.

Parmi les chefs élus, on remarquait des indigènes notables qui avaient figuré, avec un certain éclat, dans les rangs de nos ennemis. Le cheik El-Arab fut choisi dans une famille dont le dernier bey avait recherché l'alliance. Ce fut Bou-Aziz-ben-Ganah. Ahmet-el-Mokrani, d'une race ancienne et puissante, fut nommé kalifa de la Medjanah. Telles furent les dispositions principales du deuxième arrêté.

Le troisième avait uniquement pour objet de créer un conseil d'administration. Ce conseil fut composé du commandant supérieur président, du sous-intendant militaire chargé des services administratifs, du payeur de la division, du hakem de la ville, des kalifas du cheik El-Arab et des quatre caïds déclarés indépendants. Le payeur de l'armée devait remplir les fonctions de secrétaire. C'était, comme on peut en juger, un conseil bien indépendant. Du reste, la mission qui lui fut dévolue n'était guère de nature à soulever des conflits.

Il devait principalement surveiller la rentrée des impôts, et dresser procès-verbal des versements opérés par plusieurs de ses membres qui avaient été chargés, comme nous l'avons déjà dit, de percevoir les contributions. Il devait encore administrer les propriétés du beylick, procéder à l'adjudication des baux à ferme, et faire verser au trésor les revenus qui en proviendraient.

Après avoir ainsi pourvu à l'administration du territoire arabe, le gouvernement dut s'occuper de la partie dont la France s'était réservé l'administration directe, et que l'on a appelée très improprement territoire civil. Ce fut l'objet d'un quatrième arrêté dont il importe de faire connaître les principales dispositions. Voici d'abord le considérant de cet arrêté :

« Vu les arrêtés du 30 octobre 1838, voulant pourvoir au gouvernement des populations arabes et kabyles, comprises dans la partie de la province de Constantine, dont la France conserve l'administration directe :

« Article premier. — Le territoire de l'arrondissement de Bône sera partagé en quatre cercles qui porteront les noms de cercle de Bône, cercle de la Calle, cercle de Guelma et cercle de l'Edoug.

« Art. 2. — Le commandement et l'administration de chacun de ces cercles seront confiés à un chef français qui exercera son pouvoir sous l'autorité de l'officier général commandant l'arrondissement de Bône. Le commandant de l'arrondissement de Bône relèvera du commandant supérieur de Constantine dont il recevra directement les ordres. »

Voilà encore une série d'administrateurs créés par l'arrêté. Le maréchal Valée n'avait pas craint de charger tout à la fois de simples officiers du commandement militaire et de l'administration civile, et leur subordination au commandement supérieur de Bône, placé à son tour sous la dépendance du commandant supérieur de Constantine, qui relevait uniquement du gouverneur général, ne pouvait avoir d'autre effet, en multipliant les rouages administratifs, que de rendre toute plainte inefficace, et de consacrer le plus affreux despotisme militaire qui fut jamais. Je continue l'examen de cet arrêté :

« L'autorité des fonctionnaires civils français sera successivement étendue sur tous les cercles, avec les réserves que les circonstances rendront nécessaires. »

Cette promesse, atténuée encore par une restriction qui laissait une large place à l'arbitraire, ne fut insérée dans l'arrêté que pour pallier la mauvaise impression qu'il devait produire. Elle ne peut être prise au sérieux en présence de l'arrêté du maréchal Clauzel qui interdisait toute transaction immobilière dans la province de Constantine; les propriétés de l'intérieur de la ville de Bône étant seules exceptées. La force légale de cet arrêté ayant été maintenue, avec soin, par l'autorité militaire, une barrière infranchissable était opposée à l'invasion de l'élément européen. Les cercles n'étant dès lors habités que par des indigènes, le despotisme militaire s'était ménagé des chances pour subsister pendant longtemps. Nous aurons, plus d'une foi, l'occasion de faire remarquer qu'il a toujours été l'adversaire systématique du peuplement de la colonie et que pour satisfaire une ambition effrénée, il a constamment sacrifié les plus chers intérêts de la France. »

Le dernier alinéa de cet article est bien plus étrange encore :

« Lorsqu'une ordonnance du roi ou un arrêté du gouverneur général aura placé une partie du territoire sous l'autorité des fonctionnaires de l'ordre civil et la juridiction des tribunaux, le commandant supérieur de la province ne pourra s'immiscer dans les affaires administratives et *judiciaires, qu'en vertu des ordres spéciaux* du gouverneur général, ou sous sa responsabilité personnelle, dans les circonstances intéressant la sûreté du pays. Les commandants des cercles, soumis à l'administration civile, n'auront d'autorité que sur les populations indigènes. »

J'avoue que je ne me sens pas le courage de discuter de pareilles monstruosités. Que dire, en effet, du pouvoir exorbitant conféré à un général d'intervenir dans les affaires judiciaires, sans doute pour violenter la conscience du juge et fausser, dans son principe, ce qu'il y a de plus respectable au monde, l'administration de la justice, et ne pas reculer, dans certains cas, devant cette déplorable extrémité, quand même cette administration serait confiée à des magistrats français. Le maréchal ne devait même pas s'arrêter dans cette voie, il avait probablement pensé que pour assurer l'avenir du pays, il fallait constituer le despotisme militaire à tous les degrés. C'est là l'origine de l'article 3 de l'arrêté qui est conçu de la manière suivante :

« Art. 3. — Les commandants de cercle, toutes les fois que des dispositions spéciales n'auront pas déclaré le contraire, réuniront tous les pouvoirs militaires, civils et judiciaires. Des arrêtés spéciaux détermineront les formes suivant lesquelles ils devront exercer ces différentes attributions. »

On peut demander à ce sujet quelle était la nature de leurs attributions judiciaires ? Il est impossible d'admettre que l'arrêté leur donnât juridiction sur les affaires civiles, pour deux motifs : le premier, c'est que les affaires civiles étaient soumises au jugement des cadis, et le second, que les commandants de cercle, ignorant, à cette époque, les premiers principes de la législation musulmane, il était impossible de déférer ces sortes d'affaires à leur appréciation. Il est donc permis de croire que leurs attributions judiciaires n'avaient en vue que la répression des crimes et des délits, conséquence logique de la constitution du pouvoir absolu, qui ne peut se maintenir qu'à la condition d'imposer l'obéissance par la terreur des châtiments. Ce n'est pas tout, il existe encore un puissant moyen d'action, que le despotisme ne saurait impunément négliger: la disposition, sans contrôle, de toutes les ressources du pays. A cet égard encore, le promoteur de ces arrêtés se montre conséquent avec lui-même. Il ne craignit point de donner une entorse aux lois de finance de la métropole et de la colonie. La législation de 1834 avait chargé les agents des finances de l'assiette et de la perception des impôts. Notamment les domaines étaient exclusivement chargés de la gestion des biens du beylick, qui, par le fait même de la conquête, étaient devenus la propriété de l'État. Mais il est à présumer qu'aux yeux du maréchal Valée, ces lois ne protégeaient pas suffisamment les intérêts publics, puisque par son cinquième et dernier arrêté, il organisa un mode spécial pour la perception des impôts ainsi qu'une administration nouvelle pour gérer les propriétés composant le domaine national. Cet arrêté mérite de fixer un instant notre attention. Je dois citer son intitulé et deux ou trois de ses articles :

« 1er. — 20 novembre 1838. Conseil d'administration à Bône.

» Voulant constituer définitivement l'administration de la province de Constantine, dont la France conserve le gouvernement direct,

» Article premier. — L'administration de l'arrondissement de Bône sera confiée à un conseil d'administration composé de la manière suivante : L'officier général commandant l'arrondissement, président, le sous-intendant civil, le sous-intendant militaire, le chef du service des domaines, le payeur de l'arrondissement, secrétaire. Les commandants et les caïds du cercle pourront être appelés au conseil et y auront voix consultative.

» Art. 2. — Le conseil d'administration de l'arrondissement de Bône sera chargé spécialement de surveiller la rentrée des impôts. Il dressera procès-verbal des versements faits par les commandants de cercle. — Il administrera les propriétés appartenant à l'État, procédera à l'adjudication des baux à ferme et fera rentrer au trésor les revenus qui en proviendront. »

Il importe, surtout, de faire remarquer que les attributions conférées par la législation de 1834 aux agents du service des finances étaient absorbées par ce conseil, dont le dominateur n'était autre que le général, car il n'est pas à présumer qu'il pût trouver un contre-poids dans la présence de fonctionnaires civils d'un rang inférieur, dont la position était fort précaire. En outre, le recouvrement de l'impôt était opéré par les caïds et remis entre les mains des commandants de cercle, chargés d'en opérer le recouvrement, et tout cela sans le moindre contrôle, car le conseil d'administration se bornait, comme il est facile de le comprendre, à dresser procès-verbal des versements.

Les côtés les plus saillants de cette organisation, étaient donc la division de la province en deux territoires, l'établissement d'une administration spéciale pour les indigènes, l'absolutisme militaire constitué à tous les degrés, la soumission absolue de tous les fonctionnaires civils au commandement, la perception des différents revenus de l'État sans contrôle sérieux, et, pour tout dire en un mot, la violation flagrante de la législation de 1834, renversée de fond en comble par ces arrêtés.

Le maréchal Valée, qui était au fond un très-honnête homme, n'aurait pas commis un pareil excès de pouvoir, s'il n'avait été d'une nullité profonde comme administrateur. Il me paraît superflu de répéter ici dans quelles circonstances et à quelles conditions le gouverneur général était investi du droit de prendre des arrêtés, mais il y a lieu de s'étonner que le maréchal n'ait pas compris que ses arrêtés ne pouvaient avoir pour objet que des mesures provisoires et urgentes; que l'organisation définitive d'une province conquise depuis plus d'un an et dont l'ancienne administration avait fonctionné sans obstacle, sous le commandement de nos généraux, dépassait les limites de son pouvoir. Je suis donc fort enclin à croire que non-seulement le maréchal n'avait pas suivi le sens et la portée de la législation de 1834, mais qu'il n'avait même pas pris la peine de la lire. Un fait extraordinaire a fait naître dans mon esprit cette croyance.

Nous avons vu dans le cinquième arrêté, des 1er et 20 novembre, que nous avons reproduit à dessein, que le maréchal avait fait entrer dans le conseil d'administration du cercle de Bône le sous-intendant civil. Or, le 20 novembre, au moment de la publication de l'arrêté, il n'existait plus de sous-intendant civil. Car le 31 octobre précédent une ordonnance royale avait été rendue pour définir les attributions des chefs de service placés sous l'autorité du gouverneur général.

Or, aux termes de cette ordonnance, dont il faut donner une analyse succincte, l'administration des services civils en Algérie demeurait placée sous l'autorité du gouverneur général, qui avait sous ses ordres un directeur de l'intérieur, un procureur général, un directeur des finances. Le directeur de l'intérieur prenait la place de l'intendant civil. Il avait dans ses attributions l'administration *générale*, provinciale et communale, les travaux publics, le commerce, l'agriculture, etc. Des sous-directeurs devaient administrer, sous ses ordres, les provinces de Constantine et d'Oran. Si j'ajoute qu'aux termes de cette ordonnance, le domaine de l'État, c'est-à-dire la gestion des biens du beylick, était exclusivement dévolue aux agents des finances, on en conclura que les attributions administratives conférées par le maréchal Valée au commandant supérieur de Constantine, à l'officier général commandant à

Bône et aux divers commandants de cercle, en un mot, que l'administration entière du maréchal Valée dut crouler comme un château de cartes. Néanmoins, bien que cette ordonnance, qui abrogeait incontestablement les arrêtés du maréchal Valée, puisque son article 11 était ainsi conçu : « Toutes dispositions contraires à la présente ordonnance sont abrogées, » l'organisation nulle et illégale du maréchal Valée n'en continua pas moins à être exécutée. Elle fut, en outre, ainsi que nous le verrons plus tard, successivement étendue aux deux autres provinces. La volonté du gouverneur prévalut ainsi sur une décision du chef de l'État, et l'ordonnance du 31 octobre serait à peu près restée à l'état de lettre morte si, par les dispositions de ses articles 3 et 9, elle n'eût ajouté deux beaux fleurons à la couronne déjà si riche du despotisme militaire.

Aux termes de l'article 3, dans toutes les parties du territoire administré par l'autorité française, il pouvait être institué des commissaires civils ou des commandants, investis des attributions conférées aux juges de paix de France, des fonctions d'officiers de police judiciaire et de juges d'instruction, et même, à raison de la difficulté et de la rareté des communications, l'article permettait de leur conférer tout ou partie de la juridiction des tribunaux civils et des tribunaux de commerce. Et l'article 9 déléguait au gouverneur général la faculté de pourvoir au commandement des populations indigènes, de déterminer par des règlements particuliers l'assiette et la levée des tributs auxquels elles devaient être assujetties.

Bien que ce résultat paraisse fort étrange, il est cependant facile d'en indiquer la cause. L'ordonnance du 31 octobre avait été conçue dans l'ignorance des projets du gouverneur général ou de son entourage. Mais lorsque le mode d'administration imposé à la province de Constantine fut connu, comme il avait pour effet immédiat de placer un certain nombre d'officiers de tout grade, qui étaient loin de se montrer insensibles aux bonnes aubaines que procure l'exercice du pouvoir absolu, on comprit que c'était un excellent moyen pour récompenser les dévouements subalternes et attacher l'armée à la dynastie. Cette conviction fut certainement une des causes qui donnèrent de la consistance aux vues nouvelles du pouvoir central, que l'augmentation de l'effectif des troupes, la prise de possession de presque tout le littoral, depuis Tunis jusqu'à Alger, et un évènement d'une autre nature, que je dois raconter, faisaient déjà pressentir.

Après la soumission de l'intégralité de la province de Constantine, le gouvernement français résolut d'organiser dans la colonie le culte catholique. Sur sa demande, le pontife de Rome donna, le 9 août 1838, une bulle pour l'érection et la circonscription d'un évêché à Alger. Enfin, aux termes d'une ordonnance royale, du 25 du même mois, les possessions françaises du nord de l'Afrique formèrent un diocèse, suffragant de la métropole d'Aix. Le 13 octobre suivant, M. Dupuch, prêtre de Bordeaux, fut nommé évêque d'Alger. Je n'ai cité ces deux ordonnances que pour mieux faire comprendre que déjà, en 1838, le pouvoir central avait fermement résolu de donner à nos possessions du nord de l'Afrique une extension beaucoup plus considérable. A partir de ce moment une ère nouvelle va commencer. Nous verrons se produire une série de combats glorieux pour nos armes, dont le récit fera l'objet des chapitres suivants.

II

SUITE DES OPÉRATIONS MILITAIRES DANS LA PROVINCE DE CONSTANTINE. — OCCUPATION DE DJIDJELI. — EXPÉDITION DES BIBANS OU DES PORTES DE FER. — PRISE DE POSSESSION DU FORT DE HAMZA. — BANQUET DONNÉ PAR LE DUC D'ORLÉANS AUX OFFICIERS ET SOUS-OFFICIERS DE SA DIVISION ; LE DISCOURS, PRONONCÉ PAR LE PRINCE, REFLÈTE L'ÉVOLUTION POLITIQUE DU CHEF DE L'ÉTAT.

Le maréchal étant de retour à Alger dans les premiers jours de novembre 1838, s'occupa immédiatement de former une colonne expéditionnaire pour aller prendre possession du fort de Hamza qui, suivant les termes précis de l'acte additionnel du 4 juillet, était reconnu appartenir à la France. Tout les préparatifs pour une prompte entrée en campagne furent bientôt terminés, mais les grandes pluies de décembre étant prématurément survenues, firent ajourner l'expédition au printemps de 1839. Le général Galbois, commandant supérieur de Constantine, s'était porté du côté de Sétif, en laissant des renforts à Milah et une garnison à Djimmilah. Le mauvais temps le força de rétrograder après une marche pénible et quelques combats partiels dont il ne put recueillir les fruits.

L'hiver se passa en négociations nouvelles avec l'émir qui était enfin revenu du siège d'Aïn-Madhi. Sa persistance, de mauvaise augure, à garder le silence le plus absolu sur la convention supplémentaire, signée par son secrétaire, Miloud ben Harrach, dont il connaissait alors l'existence, était une preuve manifeste qu'il ne cherchait qu'à gagner du temps pour compléter son organisation militaire avant de recommencer la lutte qui lui était imposée par le fanatisme aveugle de ses partisans.

L'année 1839 ne fut marquée par aucun évènement sérieux dans la province d'Alger. Les tribus du territoire d'Oran, en butte aux exactions de l'émir qui sentait le besoin de réunir des ressources pour faire face aux nécessités de la guerre, subissaient le joug de fer qui leur était imposé. Les populations de Constantine seules étaient relativement paisibles. Le désir de repos ne les dominait pas moins que la présence de nos troupes. Lorsque les émissaires de l'émir essayaient de les soulever, leurs tentatives demeuraient infructueuses. L'émir comprenait très bien que cet exemple pouvait devenir contagieux pour les tribus soumises à sa domination.

Au mois de février, le brick français l'*Indépendant* ayant fait naufrage sur la rade de Djidjeli, les Kabyles des montagnes voisines capturèrent l'équipage. A la nouvelle de ce sinistre, le maréchal Valée résolut de s'emparer de cette ville. Le 17 mai, un bataillon de la légion étrangère, cinquante sapeurs du génie et quatre pièces d'artillerie détachées de Philippeville, débarquèrent à Djidjeli sans rencontrer de résistance. Les habitants avaient fui à l'approche de nos troupes. La petite garnison, laissée dans la place, improvisa à la hâte des fortifications suffisantes pour la mettre à l'abri d'un coup de main.

Une seconde colonne, dirigée par la voie de terre pour assurer le succès de cette petite expédition, fut détournée de son but pour porter des secours immédiats à notre kalifa de la Medjanah, qui venait d'être attaqué par des partisans de l'émir. Le général Galbois, agissant sur tous les points avec une activité infatigable, déjoua les projets d'Abd-el-Kader qui, sans déclaration de guerre préalable, avait le dessein secret de marcher sur Bougie, et se retira découragé du côté de Médéah. Mais ses émissaires ne cessaient de parcourir le pays. Dans la province d'Oran, ils empêchaient les Arabes d'approvisionner nos marchés. En outre, dans la province de Constantine, ils négociaient la soumission de plusieurs chefs indigènes qui nous avaient juré fidélité. A toutes ces intrigues dont le caractère d'hostilité était évident, venait se joindre le refus de l'émir de payer les contributions en nature qui lui étaient imposées. Tous ces faits faisaient présager le réveil de la guerre sainte. Le maréchal Valée comprit l'urgence de se tenir prêt pour faire face aux évènements. Il songea d'abord à assurer la communication par terre entre les provinces d'Oran et de Constantine. La reconnaissance des défilés des Bibans fut définitivement résolue.

L'arrivée du duc d'Orléans fit hâter les préparatifs de cette entreprise. Il devait commander une division sous les ordres du maréchal Valée. Après avoir visité Constantine, le prince se rendit avec le gouverneur à Djemmilah où se trouvait la division qui devait marcher sous ses ordres, tandis que le général Galbois se portait à Sétif.

Le 25 octobre, à huit heures du matin, les divisions d'Orléans et Galbois se mirent en marche dans la direction d'Aïn-Turk, et vinrent camper sur les bords de l'Oued-bou-Sellam, près de l'endroit où il pénètre entre les montagnes de Summah et d'Annissi, pour former le principal affluent de la montagne de Bougie. Le bruit se répandit qu'on marcherait le lendemain sur Zamorah, petite ville occupée par des Turcs que nous devions rallier à notre cause, pour nous diriger ensuite vers Bougie. Le 26, à six heures du matin, on quitta le bivouac de l'Oued-bou-Sellam, encore éclairé par les dernières lueurs de la lune, et après deux heures de route, un murmure joyeux s'éleva dans la colonne. Quelques soldats qui avaient déjà fait une reconnaissance sur le chemin de Zamorah, s'aperçurent qu'on s'en écartait pour appuyer vers le sud. L'imagination de chacun s'exaltant, le nom mystérieux des Portes de Fer fut bientôt dans toutes les bouches; toutes les fatigues furent bientôt oubliées ; l'armée ne songea plus qu'à la grandeur de l'entreprise. Du reste, les difficultés consistaient beaucoup plus dans la nature et la configuration du sol qu'il fallait traverser, dans les pluies qui pouvaient survenir, que dans les ennemis qu'on aurait à combattre ; mais l'armée, dans son enthousiasme, était prête à ne reculer devant aucun obstacle.

Toutefois, il était important de devancer, par la rapidité de nos manœuvres, la saison pluvieuse qui, venant en aide à nos ennemis, aurait pu exposer la colonne à subir de grandes pertes dans des défilés inconnus. Le duc d'Orléans ayant fait reposer sa division, la conduisit jusqu'au camp de Bou-Aréridj, en vue du fort de la Medjanah, à près de dix lieues du camp de l'Oued-bou-Sellam. La division Galbois suivit de près ce mouvement. En renonçant au détour de Zamorah, on gagnait déjà une journée de marche. El-Mokrani, notre kalifa de la Medjanah, avait parcouru depuis peu cette vaste contrée, pour s'assurer de la soumission des tribus qui habitaient le territoire confié à son commandement ; son autorité avait été reconnue avec empressement, surtout par les Turcs et les Kou-louglis de Zamorah qui, à l'exemple de ceux de Constantine, étaient fort désireux d'entrer à notre service. Dans ces circonstances, le général Galbois fut autorisé à les prendre à la solde de la France et de leur donner une organisation régulière pour les mettre provisoirement à la disposition d'El-Mokrani. Cette mesure allait permettre aux populations de la Medjanah, que la présence des agents d'Abd-el-Kader, dans cette partie de la province, avait fait fuir, de rentrer dans leurs douars. Des ordres furent donnés pour que le fort de Bou-Aréridj fût réparé et sa garde confiée à cinquante Turcs.

Le 27, à six heures du matin, les deux divisions se mirent en marche à travers une plaine parsemée de mamelons couverts d'épais brouillards. Sur un avis reçu par le maréchal, qu'Omar, kalifa d'Abd-el-Kader, cherchait à prendre possession des Portes de Fer, la cavalerie de la seconde division fut lancée à sa poursuite sans pouvoir le rejoindre. Il abandonna son camp à l'approche du colonel Miltgen et de ses chasseurs. L'on apprit, un peu plus tard, que le kalifa, ayant craint de se risquer dans les gorges des Bibans, s'était dirigé, par une marche rapide, vers les régions qui avoisinent le désert.

La colonne fit halte sur un des plateaux du Djebel-Dahr-el-Hamar, dernière limite de la plaine, où quelques sources jaillissent des plis de la montagne. De l'un de ces sommets, on peut voir se dérouler les chaînes imposantes et les vallées multiples au milieu desquelles il fallait aller chercher les Portes de Fer. Un vieux spahis qui, dix ans auparavant, s'était rendu d'Alger à Constantine, servait de guide à la colonne, et désignait les deux montagnes éloignées, au milieu desquelles se trouvait le passage des Bibans que la colonne devait franchir. Le duc d'Orléans se mit alors à la tête de l'avant-garde de sa division, formée par le 2ᵐᵉ léger, cent cinquante chasseurs et spahis et deux obusiers, et ayant laissé le surplus des troupes sous les ordres du colonel Gueswiller, prit les devants pour éclairer la marche.

Mais, après avoir descendu le versant du Dahr-el-Hamar et traversé une petite plaine, nos troupes rencontrèrent des contre-forts dont les crêtes offraient de grandes difficultés pour une marche régulière. Le pays avait entièrement changé d'aspect. Au lieu de terrains sûrs et accidentés que la colonne parcourait depuis plusieurs jours, le regard était attiré par une vallée plantureuse, qui avait pour limites des montagnes couvertes de pins, de mélèzes, d'oliviers, de genévriers très-beaux, qui rappelaient les sites les plus pittoresques des Pyrénées et des Alpes. Un peu plus loin, sur le flanc de notre ligne de direction, s'étendaient quatre grands villages kabyles, dont les maisons, bâties en pierre et couvertes en tuiles, offraient l'aspect des bastides de la côte de Provence. Dans les plis du terrain, des bouquets d'arbres fruitiers d'essences diverses, annonçaient des cultures perfectionnées. Sur les plateaux inférieurs, on voyait paître de nombreux troupeaux. Et pas un coup de fusil ne vint signaler les intentions hostiles des habitants de cette riche vallée. Ses habitants, les Beni-bou-Khetem et les Beni-Abbès, virent passer nos troupes sans manifester la moindre appréhension.

Après avoir quitté les grès ferrugineux du Dahr-el-Hamar, l'armée descendit le Cheragrag pour atteindre le lit de l'Oued-bou-Khetem, qu'il faut suivre afin d'arriver aux Portes de Fer. Les difficultés de ce passage sont très-grandes. Le chemin, dont la largeur n'est que de quelques pieds, est entouré de ravins profonds. L'avant-garde arriva à six heures au plateau de Sidi-Hassan, situé près de la rivière. Il était impossible d'aller plus avant à une pareille heure. Toutes les dispositions furent prises pour y camper. A dix heures du soir seulement l'arrière-garde put rejoindre la colonne après d'extrêmes fatigues, mais sans avoir éprouvé des pertes. Un trajet de plus de vingt lieues avait été franchi en deux jours, depuis le camp de l'Oued-bou-Sellam, et nous n'étions plus qu'à une très-petite distance des Bibans. Des feux brillants de mélèze éclairaient nos bivouacs, et les chants des soldats étaient répercutés par les échos de ces lieux que les Turcs n'avaient jamais visités. La voie romaine de Carthage à Césarée, qui laisse en dehors les Portes de Fer, se perdait au loin vers la gauche, et tout vestige de constructions romaines avait disparu depuis le départ du bordj de la Medjanah. Malgré la proximité du confluent de l'Oued-bou-Khetem et de l'Oued-Malah, dont les flots réunis ont creusé les Portes de Fer, la colonne manquait d'eau, car ces rivières coulent sur des mornes bleues, qui produisent une grande quantité d'efflorescences de magnésie, dont elles sont imprégnées, à tel point que leur amertume les rend impropres à la boisson. Mais les tourments de la soif furent promptement apaisés, car les Beni-Kethem apportèrent au camp français du lait, des raisins et autres denrées, qui leur furent payés généreusement. Leurs cheiks, surnommés les gardiens des Portes de Fer, avaient déjà reconnu l'autorité d'El-Mokrani, notre kalifa, dont la famille est des plus anciennes et fort vénérée dans le pays. Ils firent l'offre spontanée de servir de guides à la colonne. Ils reçurent des mains du duc d'Orléans les burnous d'investiture et jurèrent fidélité à la France.

Le lendemain, 28, était le jour fixé pour la séparation des deux divisions d'Orléans et Galbois. Cette dernière rentra dans la Medjanah pour rallier les Turcs de Zammorah et terminer les travaux nécessaires pour l'occupation de Sétif. Il avait plu le matin, ce ne fut qu'à deux heures et demie que la division d'Orléans put se remettre en marche. Elle cheminait depuis une heure, tantôt dans le lit de l'Oued-bou-Khetem, tantôt sur l'une ou l'autre de ses rives, ayant en tête les deux cheiks arabes pour guides, lorsque la vallée, assez large jusque-là, se retrécit tout à coup pour plonger au pied d'immenses murailles de granit, dont les crêtes, pressées les unes contre les autres, dessinaient sur l'horizon leurs silhouettes fantastiques. Il fallait gravir un rude sentier sur la rive gauche du torrent, et après des montées et des descentes pénibles, où les sapeurs durent travailler avec effort pour frayer un passage aux mulets, la colonne arriva enfin au milieu de cette gigantesque formation de roches escarpées qu'elle avait admirées quelques pas auparavant.

Ces masses calcaires, de huit à neuf cents pieds de hauteur, orientées de l'est 10° nord, à l'ouest 10° sud, se succèdent, séparées par des intervalles de quarante à cent pieds, qu'occupaient des parties marneuses détruites par le temps, et vont s'appuyer à des sommets qu'elles brisent en ressauts infranchissables et qu'il serait presque impossible de couronner régulièrement. Une dernière descente presque à pic, aboutissait au milieu du site le plus sauvage. Après avoir marché près de dix minutes à travers les roches, dont le surplomb s'exhausse de plus en plus, elle tourna brusquement à droite, dans le torrent. L'avant-garde se trouva alors dans une espèce d'entonnoir, où il eût été facile de la fusiller à bout portant du haut des rochers, sans qu'il lui fût possible de se défendre.

On voyait en face la première porte, tranchée large de huit pieds, faite perpendiculairement, dans une de ces grandes murailles, rouges dans le haut et grises dans le bas. Des ruelles latérales, formées par la destruction des parties mousseuses, se succèdent jusqu'à la seconde porte, où un mulet chargé peut à peine passer. La troisième est à quinze pieds plus loin en tournant à droite. La quatrième porte, plus large que les autres, est à cinquante pas de la troisième, puis le défilé, toujours étroit, s'élargit un peu et ne dure guère plus de trois cents pas. C'est, du haut en bas, des murailles calcaires, où, par la suite des siècles, les eaux, en les franchissant, ont opéré ces déchirures étroites auxquelles leur aspect extraordinaire, dont aucune description ne peut donner l'idée, a fait donner le nom de Portes de Fer. Le duc d'Orléans et le maréchal Valée, notre avant-garde, les franchirent sans obstacles au son des musiques militaires et aux cris de joie des soldats, qui saluaient ces roches sauvages. Au sortir du défilé, un soleil radieux éclairait de ses rayons une luxuriante vallée. Bientôt chaque soldat gagna la grande halte à peu de distance de là, portant à la main une palme arrachée au tronc d'un vieux palmier des Bibans.

Le duc d'Orléans avait ordonné à l'avant-garde d'occuper immédiatement les crêtes de sortie. Trois compagnies d'élite en devaient faire autant à droite et à gauche pendant le passage du reste de la division et du convoi. Ces dispositions avaient été prises pour déjouer, au besoin une attaque que fort heureusement rien ne faisait prévoir. Quatre coups de fusil, qui n'atteignirent personne, furent seuls tirés à de grandes distances par des maraudeurs. Le passage de la colonne, bien qu'opéré sans encombre, ne dura pas moins de trois heures et demie. Une nouvelle halte eut lieu sous un ciel étincelant. Nos baïonnettes couvraient les hauteurs voisines. Un orage éclatant au loin, à notre droite, des éclairs sillonnaient les nues pendant que notre musique militaire faisait entendre ses bruyants accords. Officiers et soldats étaient ravis d'enthousiasme à l'aspect de cette scène grandiose. Ils comprenaient que la partie la plus périlleuse de l'entreprise était opérée, car la moindre crue d'eau, qui ne s'élève pas à moins de trente pieds entre les portes, pouvait la rendre désastreuse.

A quatre heures, la colonne se remit en marche et suivit, dans une large vallée, le cours de l'Oued-bou-Khetom ou l'Oued-Biban, nom que prend ce torrent après avoir franchi les portes. Mais, attardée par un violent orage, elle ne put atteindre, le même soir, Beni-Mansour, et dut bivouaquer à deux heures des Bibans, sur les bords de la rivière, au lieu nommé El-Ma-Kalou. La rivière, qui prend alors le nom de l'Oued-Malah, est encore salée. La colonne dut trouver cruellement juste le dicton arabe qui appelle *chemin de la soif* celui qu'elle venait de parcourir.

Le lendemain, 29, le temps était éclairci. Après avoir traversé une forêt, l'avant-garde couronna un mamelon devant lequel se déployaient deux magnifiques vallées dominées par le Djurjura, et qui, se réunissant en une seule au confluent de l'Oued-Beni-Mansour et de l'Oued-Malah, se dirige vers Bougie. On voyait en face et à peu de distance, six grands villages bien construits, entourés de jardins et pittoresquement groupés sur les pointes des dernières hauteurs. Au loin, à gauche, apparaissait, sur le revers opposé, une ville à laquelle deux minarets faisaient supposer une certaine importance. La vallée, couverte d'oliviers, et cultivée avec soin, témoignait de l'industrie et de la richesse des populations. Les nombreux habitants des villages étaient par groupes devant leurs maisons, évidemment surpris de l'arrivée d'une colonne française dont ils n'avaient même pas soupçonné l'approche. Un mouvement rapide de notre cavalerie ne leur permit pas de prendre la fuite. Les chefs vinrent offrir leur soumission. On les menaça de tout détruire chez eux si un seul coup de fusil était tiré sur la colonne. Notre armée défila entre deux villages, les Arabes venaient offrir les denrées que les soldats achetaient sans commettre un seul acte de violence ou d'indiscipline. L'aspect de ces villages, habités par une population laborieuse, de nombreux pressoirs, ainsi que l'examen des innombrables oliviers de la vallée, donne lieu de croire que les Beni-Mansour produisent, en grande partie, l'huile apportée sur les marchés d'Alger. Une halte faite sur l'Oued-Hakal permit, enfin, de faire boire les chevaux qui, depuis cinquante-deux heures, n'avaient pas trouvé d'eau. Une heure après, la colonne, après avoir traversé cette rivière, dont le lit est très-large et plein de cailloux roulés, se remit en marche par la rive gauche, dans la direction d'Hamza, qu'il fut impossible d'atteindre le jour même. Des courriers d'Abd-el-Kader, faits prisonniers par notre avant-garde, apprirent au maréchal que le camp d'Hamet-ben-Salem, bey de Sebaou et kalifa de l'émir, était établi sur le revers des montagnes de la rive droite, vers le pays d'Ouannougha. On saisit sur ces courriers des lettres d'Abd-el-Kader, adressées aux habitants de Djidjeli, qui prêchaient un soulèvement général contre les chrétiens. Elles étaient datées de Mascara, le 17 octobre. L'avant-garde hâta sa marche pour prendre position avant la nuit. L'armée franchit l'Oued-Rejellah (même cours d'eau que l'Oued-Hamza), et le camp fut établi, à six heures du soir, sur la rive droite de ce torrent. La colonne avait suivi, depuis Sétif, la grande voie qui conduit de Constantine à Médéah, à travers les plaines élevées de la Medjanah et de l'Oued-Beni-Mansour. Pour se rapprocher d'Alger et franchir la première chaîne de l'Atlas, elle devait tourner au nord, à la hauteur du fort de Hamza, pour se porter ensuite de la vallée de ce nom à celle de l'Oued-Beni-Djaad qui, réuni à l'Oued-Zitoun, forme la rivière des Issers. Dans l'hypothèse où le kalifa Ben-Salem aurait eu le dessein d'attaquer la colonne, il aurait occupé le plateau du fort de Hamza pour faire appuyer sa droite sur les tribus soumises à Abd-el-Kader et nous barrer la route d'Alger. Pour en prévenir, au besoin, l'exécution, le maréchal Valée donna l'ordre au duc d'Orléans de réunir les compagnies d'élite de sa division, toute la cavalerie et deux obusiers de montagne, de partir de Kef-Redjillah, le 30, une heure avant le jour, et de se porter rapidement sur Hamza. Il devait conduire lui-même le reste de la colonne, afin de se trouver en mesure de soutenir le duc d'Orléans en cas de nécessité. Au moment où nos premières troupes débouchaient dans la vallée de Hamza, Ahmet-ben-Salem traversait l'Oued-Rougah pour aller prendre position, sur la crête opposée à celle suivie par nos soldats. Le prince ayant fait occuper par son infanterie les hauteurs qui dominent l'Oued-Hamza, lança sa cavalerie dans la vallée. Les chasseurs et les spahis, conduits par le colonel Miltgen, gravirent rapidement la berge au-dessus de laquelle paraissaient les cavaliers de Ben-Salem. Ceux-ci ne tardèrent pas à se replier sans tirer un coup de fusil, et le kalifa, dont on apercevait les drapeaux, averti par ses éclaireurs que la colonne se dirigeait sur Alger, se porta vers l'ouest, du côté de Médéah.

Dès que notre cavalerie eût couronné les hauteurs abandonnées par les Arabes, le prince donna l'ordre à son infanterie de remonter la vallée et d'occuper Hamza. L'avant-garde s'établit promptement autour de ce fort qu'elle trouva abandonné. Ce fortin formait un carré à angles saillants. Les revêtements étaient détruits en partie. Les logements intérieurs, construits par les Turcs, n'existaient plus. Onze pièces de canon, presque toutes enclouées, gisaient sur le sol, et l'armée ne trouva, dans l'enceinte, aucun approvisionnement de bouche ni aucune espèce de munitions. Cependant la position du bordj Hamza est excellente. Il commande une vaste plaine fermée par de grandes montagnes où viennent aboutir trois chemins qui mènent à Alger, à Bougie et aux Portes de Fer, et un sentier qui traverse un col aboutissant à Médéah.

A midi, le maréchal Valée arriva avec le reste de la division. Après avoir laissé une petite garnison pour la garde du fort, l'armée se remit en marche vers deux heures. Elle se dirigea vers le nord, en contournant l'extrémité occidentale du Djurjura, pour descendre vers le bassin de l'Isser. La route ne tarde pas à devenir très-difficile. Le camp fut établi au bas du défilé, sur un plateau inférieur, que l'on fit garder par plusieurs postes avancés. On était sur le territoire des Beni-Djaad, dépendant d'Abd-el-Kader. Le maréchal donna l'ordre de resserrer le plus possible la marche de la colonne pour la journée du lendemain.

Le 31 octobre, la colonne reprit son mouvement à six heures du matin. Elle eut d'abord à franchir le défilé de Dahra-el-Abagal. Les habitants des nombreux douars qui garnissaient ces crêtes, la regardèrent passer sans faire de manifestations hostiles. Lorsqu'à dix heures, notre arrière-garde descendit les derniers contre-forts du défilé, quelques cavaliers parurent sur les hauteurs, et plusieurs coups de fusils furent tirés sur nos soldats. Le prince s'étant porté rapidement à l'arrière-garde, reconnut bientôt qu'une faible partie de la population prenait part à cette attaque; il fit répondre par quelques coups de feu pour venger le sang français qui venait de couler et ordonna à la colonne de continuer sa route.

La division fit halte à Ouldja-Daly-Batta, près d'une rivière qui prend le nom du lieu et est l'un des affluents de l'Isser. Des cavaliers arabes, en assez grand nombre, ne tardèrent pas à se montrer sur nos derrières et sur les hauteurs, à droite du plateau où notre colonne était arrêtée. Des coups de fusils commençaient à partir de ces divers groupes, au milieu desquels se glissaient des Arabes à pied. On reconnut les burnous écarlates du bey de Sebaou. Il était évident qu'il fallait se résoudre à combattre et que dès lors, l'expédition ne conserverait pas jusqu'au bout son caractère entièrement pacifique. Le maréchal se chargea d'emmener le convoi avec les 17me et 23me régiments. Un ravin profond et boisé traversait le plateau occupé par la colonne ; le prince le fit franchir par le 2me léger et garnit les crêtes de tirailleurs. Trois compagnies d'extrême arrière-garde furent cachées dans le ravin pour marcher de front à l'ennemi. Les quatre-vingts chevaux du colonel Miltgen furent divisés en trois pelotons, dont deux devaient tourner les Arabes par la droite et par la gauche, et le troisième pour courir sus aux traînards. A un signal donné, le mouvement s'exécuta avec un élan et une précision admirables. Les Arabes furent culbutés par la charge de notre cavalerie et les compagnies embusquées les atteignirent au pas de course et en tuèrent plusieurs à bout portant. Nos pertes furent presque nulles : un chasseur tué et quelques blessés. Cette démonstration suffit pour ralentir l'attaque des ennemis. Ils continuèrent cependant à suivre pendant deux heures les lignes de nos tirailleurs, échangeant, par intervalles, quelques coups de fusil. Le prince voulant faire cesser le combat, fit avancer un obusier qui envoya, avec une justesse de tir remarquable, deux obus au milieu des groupes les plus nombreux. Le résultat fut atteint : les Arabes, découragés, se retirèrent. La retraite de la colonne ne fut plus inquiétée.

L'armée arriva le soir sur l'Oued-ben-Hini, l'un des principaux affluents de l'Isser, et campa sur un plateau qui domine la rive gauche. On n'était plus qu'à un jour de marche du Fondouk. On allait donner la main à la division Rullière dont un ordre du jour annonçait la marche sur l'Oued-Kaddara, et cependant il y avait encore quelques difficultés à surmonter avant que l'expédition fût arrivée à son terme. Il fallait franchir les contreforts du Djebel-Hammal et imposer de nouvelles fatigues à de pauvres soldats qui venaient de faire près de cent vingt lieues, dans des chemins à peine frayés, et dont un très grand nombre avaient été atteints de la fièvre, résultat ordinaire de la mauvaise qualité des eaux.

Le 1er novembre, à sept heures du matin, l'avant-garde commença à gravir la pente escarpée qui séparait le dernier bivouac d'Aïn-Sultan. Afin de mieux couvrir la marche du convoi, le colonel Corbin resta en position à Ben-Hini avec le 17me léger, cinquante chasseurs et deux obusiers. Le duc d'Orléans conduisait l'avant-garde, elle était sur le point d'atteindre Aïn-Sultan, lorsqu'on entendit la détonation de quelques coups de fusil à l'arrière-garde. Il s'y rendit aussitôt en remontant un long défilé encombré par nos bagages et par un convoi arabe se rendant aux Bibans, que l'attaque de notre arrière-garde avait rejeté au milieu de nos troupes. Le prince arriva sur la ligne des tirailleurs au moment où les ennemis venaient d'éprouver des pertes assez considérables, au passage du ravin qui séparait le camp de Ben-Hini du défilé, où se trouvait maintenant la division. On avait remarqué la chute d'un cavalier à burnous rouge, l'un de ceux qui dirigeaient l'attaque des Arabes, son cheval avait été tué sous lui. Le prince resserra la ligne des tirailleurs et la restreignit aux crètes qui couvraient immédiatement le défilé. Il reforma les réserves, les réunit et fit porter, près du convoi et sur le chemin suivi par la colonne, la cavalerie qui n'était d'aucun secours dans un terrain aussi accidenté. Enfin, le prince voulut mettre fin à ces attaques sans résultat possible, qui ne faisaient qu'augmenter les fatigues des soldats. Après avoir placé ses deux obusiers dans un pli de terrain pour battre un point que les Arabes devaient suivre en se retirant, il lança deux compagnies du 17me contre les ennemis, qui firent des pertes nombreuses. Deux coups des obusiers tirés sur les masses confuses des Arabes, au commencement de leur retraite, achevèrent de les mettre en déroute. Dès lors la marche de l'arrière-garde put reprendre son allure régulière. A la fontaine d'Aïn-Agha qui coule dans un endroit resserré par les hauteurs environnantes, les Arabes essayèrent encore, mais en vain, une nouvelle agression. L'armée atteignit bientôt un mamelon élevé dont la vue embrassait, dans le lointain, Alger et la mer. On fit halte et des fanfares guerrières se firent entendre pour célébrer l'heureux terme de l'expédition. Quelques heures plus tard, sur la rive gauche de l'Oued-Kaddara, la colonne opéra sa jonction avec la division du général Rullière composée d'un bataillon de zouaves, de deux du 62me, d'un autre du 48me, de deux escadrons de chasseurs, d'un de spahis, d'une compagnie du génie et de quatre obusiers. Les soldats, après avoir fraternisé, se remirent en route, et le soir toute l'armée bivouaquait sous le camp du Fondouk.

Le lendemain, 2 novembre, à la Maison-Carrée, le prince adressait à sa division de touchants adieux. Il m'a paru intéressant de faire connaître les paroles prononcées ce jour-là, ainsi que celles beaucoup plus significatives qui s'échappèrent, pour ainsi dire, de ses lèvres, le surlendemain, car elles sont, à mon avis, la préface d'une nouvelle politique du chef de l'État, qu'on peut considérer comme la contre-partie de graves événements qui avaient eu lieu dans la Métropole. Cette nouvelle politique était peut-être encore à l'état d'incubation, mais elle allait éclore promptement, et, quoique dans son principe elle ne fut pas moins égoïste que la précédente, elle devait avoir pour effet la prise de possession intégrale du territoire de l'ancienne régence. Disons un mot de ces événements.

Le triste ministère du 6 septembre, que nous avons pu apprécier à l'occasion du déplorable traité de la Tafna, avait donné lieu à une vive opposition dans le Parlement. Une coalition puissante, composée des hommes éminents de divers partis de la Chambre des députés, lui porta le coup fatal. Mais ce coup avait frappé plus haut: Le gouvernement personnel en fut gravement atteint. La défection éclatante de MM. Thiers et Guizot, qui étaient l'âme de la coalition, avait laissé le pouvoir royal sans appui. Quoique l'insurrection du 12 mai 1839, qui en fut la suite, eut été promptement réprimée, la situation n'était pas exempte de périls. Le chef de l'État sentit alors le besoin de gagner à tout prix l'affection de l'armée dans l'espérance que ses chefs deviendraient, dans un moment donné, les défenseurs ardents de son trône. Les paroles de son héritier présomptif n'étaient qu'un premier pas manifeste pour atteindre ce résultat. Il s'exprima en ces termes, en présence des officiers de tout grade réunis autour de lui :

« Messieurs, au moment d'une séparation que je vois arriver avec regret, je suis heureux de pouvoir vous remercier du concours que vous m'avez prêté et du dévouement que vous avez apporté à la belle entreprise que l'habileté consommée du chef illustre qui nous commande nous a permis d'accomplir avec un si éclatant succès. L'honneur d'avoir marché à votre tête dans cette circonstance mémorable sera toujours un des plus beaux souvenirs de ma vie. Votre campagne est finie. Aujourd'hui, messieurs, ma tâche, à moi, va commencer : c'est de faire connaître les titres que vous acquérez, chaque jour, à la reconnaissance de la patrie et aux récompenses du roi, dans ce pays difficile où tout s'use, excepté le cœur des hommes énergiques comme vous. En cessant d'être votre chef et le compagnon de vos travaux, je resterai l'ardent défenseur de vos droits. La cause est bonne, puissé-je la gagner !

Je dirai toutes les grandes choses que l'armée a faites en Afrique, toutes les épreuves qu'elle subit avec un dévouement d'autant plus admirable qu'il est souvent ignoré, et quelquefois méconnu. Dans les pays que nous avons traversés ensemble, je ne me suis pas cru absent de la France, car la patrie est, pour moi, partout où il y a un camp français. Je ne me suis pas cru éloigné de ma famille, car j'en ai trouvé une au milieu de vous et parmi les soldats dont j'ai admiré la persévérance dans les fatigues, la résignation dans les souffrances, le courage dans le combat. La plupart d'entre vous ont déjà presque entièrement payé, dans ce pays, la dette que leur a imposée le service de la patrie, et si de nouvelles circonstances me rappelaient en Afrique, je n'y trouverais que de nouveaux régiments auxquels vous avez montré l'exemple. Mais, partout où le service de la France vous appellera, vous me verrez accourir au milieu de vous, et là où sera votre drapeau, là sera toujours ma pensée. »

A part l'exagération par trop manifeste de ses hyperboles, cette allocution ne manquait pas d'une certaine habileté. Comme si le prince eût appris, par une longue expérience, tout ce qu'une armée française de cette époque recélait dans son sein de vanités secrètes et d'ambitions mal contenues, il commence par montrer la grandeur de l'entreprise exécutée en commun, non pas, il est vrai, en raison de l'éclat des victoires, — quelques rares coups de feu avaient à peine été tirés sur les arrière-gardes, — mais à cause des fatigues inséparables de huit jours de marche et des difficultés du chemin. Après avoir rehaussé ainsi les auditeurs à leurs yeux et flatté adroitement leur amour-propre, il ajoute, avec une gravité qui ne paraît, aujourd'hui, que bouffonne, qu'ils ont acquis des droits à la reconnaissance de la patrie et aux récompenses du roi. Mais, craignant, sans doute, de ne pas avoir suffisamment gagné les cœurs de cette partie de l'armée, il réunit, le 5 novembre, les officiers, sous-officiers et soldats de sa division, dans un grand banquet qui eut lieu sur l'esplanade Bab-el-Oued, entre le fort Neuf et celui des Vingt-Quatre-Heures.

Au dessert, après une salve d'artillerie, le maréchal Valée, ayant porté un toast au chef de l'État, le duc d'Orléans, par un mouvement sans nul doute calculé à l'avance, s'élance sur une table, et, promenant ses regards sur les officiers qui l'entouraient, s'exprima en ces termes :

« Au nom du roi, je porte cette santé à l'armée d'Afrique et à son général en chef, le maréchal Valée, sous les ordres duquel elle a accompli de si grandes choses !

» A cette armée qui a conquis à la France un vaste et bel empire, *ouvert un* champ illimité à la civilisation, dont elle est l'avant-garde ! à la colonisation, dont elle est la première garantie !

» A cette armée qui, maniant tour à tour la pioche et

le fusil, combattant alternativement les Arabes et la fièvre, a su affronter, avec une résignation stoïque, la mort sans gloire de l'hôpital, et dont la brillante valeur conserve les traditions de nos légions les plus célèbres !

» A cette armée, compagne d'élite de la grande armée française, qui, sur le seul champ de bataille réservé à nos armes, doit devenir la pépinière des chefs futurs de l'armée française, et qui s'enorgueillit justement de ceux qui ont déjà percé dans ses rangs !

» A cette armée qui, loin de la patrie, a le bonheur de ne connaître les dissensions intestines de la France que pour les maudire, et qui, servant d'asile à ceux qui les fuient, ne leur donne à combattre, pour les intérêts généraux de la France, que contre la nature, les Arabes et le climat !

» Au chef illustre qui a pris Constantine, donné à l'Afrique française un cachet ineffaçable de permanence et de stabilité, et fait flotter nos drapeaux là où les Romains avaient évité de porter leurs aigles !

» C'est au nom du roi, qui a voulu que quatre de ses fils viennent prendre leur rang de bataille dans l'armée d'Afrique, que je porte ce toast !

» C'est au nom de deux frères dont je suis justement fier, dont l'un vous a commandés dans le plus beau fait d'armes que vous ayez accompli et dont l'autre s'est vengé au Mexique d'être arrivé trop tard à Constantine, que je porte cette santé !

» C'est aussi, permettez-moi de vous le dire, comme lié d'une manière indissoluble à l'armée d'Afrique, dans les rangs de laquelle je m'honore d'avoir marché sous les ordres de deux maréchaux illustres, que je porte cette santé : A la gloire de l'armée d'Afrique et au maréchal Valée, gouverneur général ! »

Ce discours n'a pas besoin de commentaires : il assignait à l'armée d'Afrique un beau rôle qui ne pouvait se jouer que sur un vaste territoire et dans des combats multiples et prolongés. Avant d'en commencer le récit, je dois raconter un dernier incident qui me paraît avoir été concerté entre ses auteurs pour donner du cachet à la réunion.

Après les dernières paroles du prince, le plus ancien lieutenant de la division des Portes de Fer s'approcha de lui et lui présenta, au nom de ses compagnons d'armes, une palme verte cueillie sur les roches des Bibans. Le prince parut touché de ce simple et sympathique hommage et ajouta ces dernières paroles :

« Mes amis, je contracte envers vous une dette immense. Mais, dans les moments difficiles, je me rappellerai que j'ai reçu cette palme de ceux dont l'héroïque persévérance emporta Constantine d'assaut. Dans les privations, je me rappellerai qu'elle me fut donnée par des hommes dont aucune souffrance ne lassa l'énergie, et, quand au jour du danger je vous représenterai cette palme, vous vous souviendrez, à votre tour, que vous l'avez recueillie dans des lieux réputés inaccessibles, et vous saurez prouver, alors, que rien n'est impossible à des soldats français ! »

III

RUPTURE DU TRAITÉ DE LA TAFNA. — CAUSES ÉVIDENTES DE CETTE RUPTURE. — IMPRÉVOYANCE DU MARÉCHAL VALÉE. — SES CONSÉQUENCES FACHEUSES. — LA GUERRE DANS LES TROIS PROVINCES. — PLAN DE CAMPAGNE DÉFECTUEUX DU MARÉCHAL POUR L'ANNÉE 1840. — OPÉRATIONS MILITAIRES. — PRISE DE POSSESSION SUCCESSIVE DE CHERCHEL, DE MILIANAH ET DE MÉDÉAH. — DIFFICULTÉS DE LA SITUATION. — LE MARÉCHAL DEMANDE DE RENTRER EN FRANCE. — IL EST REMPLACÉ PAR LE GÉNÉRAL BUGEAUD.

L'occupation du fort de Hamza, au dire de certains auteurs, ayant été considérée, par l'émir, comme une grave atteinte au traité de la Tafna, fut la cause unique de sa déclaration de guerre à la France. Cette opinion ne me paraît pas fondée. Je reconnais que l'acte additionnel ne portait que la signature de Miloud-ben-Harrach, et que, pendant les pourparlers qui précédèrent sa rédaction, l'émir, occupé au siège d'Aïn-

Madhi, ne put conférer avec son représentant. Mais le défaut de toutes règles diplomatiques dans la société arabe, et le peu d'importance du conflit, donnent lieu de croire qu'Abd-el-Kader avait définitivement chargé son secrétaire de sa solution. Dans l'hypothèse contraire, je ne saurais admettre que l'émir ne se soit pas enquis du résultat de la mission donnée à Miloud-ben-Harrach, et qu'ayant connu, par ce moyen, la teneur de l'acte additionnel, il n'eût pas immédiatement déclaré au gouverneur général qu'il ne pouvait consentir à son exécution. La conduite de l'émir, en cette circonstance, doit donc être attribuée à une tout autre cause. J'ai établi, à l'aide de faits indiscutables, que le traité de la Tafna n'avait jamais été qu'un leurre ; qu'on n'avait jamais pu amener l'émir à se conformer à ses clauses et conditions ; que, depuis plus de trois mois, ses émissaires ne cessaient de parcourir la province de Constantine pour exciter les tribus à la révolte et s'opposer ainsi aux progrès de notre domination. Certes, Abd-el-Kader n'ignorait pas que ces manœuvres incessantes aboutiraient à un résultat fatal. Et, cependant, il avait un bien grand intérêt au maintien de la paix. Il savait, par expérience, qu'avec leur organisation incomplète, ses troupes ne pouvaient résister à nos colonnes ; que, dans une ou deux campagnes, ses réguliers seraient taillés en pièce, ses cavaliers dispersés, ses établissements détruits. S'il avait pu éprouver quelque illusion, les récits de Miloud-ben-Harrach, qui, pour se rendre à Paris, avait traversé tant de cités riches et populeuses, et acquis, dans son voyage, une idée vraie de la puissance militaire de la France, les auraient promptement dissipées. Mais toutes choses, en ce monde, périssent par l'abus ou les vices de leur principe. Abd-el-Kader ne pouvait échapper à la loi commune. Il devait son élévation au fanatisme religieux, et le fanatisme religieux allait précipiter sa chute en le poussant à une guerre inégale dont le résultat ne pouvait être douteux. Aussi, je suis profondément convaincu qu'il disait vrai, lorsqu'il écrivait au maréchal Valée, *que tous les musulmans voulaient se rallier de nouveau sous l'étendard de la guerre sainte.*

En présence de cette déclaration si précise de l'émir, si le maréchal Valée avait eu la moindre notion de nos luttes africaines, si même il se fût rendu compte de l'extrême mobilité des Arabes, il aurait pris des mesures promptes pour couvrir nos établissements agricoles de la Mitidja et mettre les environs d'Alger à l'abri d'un coup de main. Son incapacité fut cause de lamentables revers. Au premier signal donné par les émissaires arabes, toutes les tribus que l'on croyait soumises à notre autorité, se levèrent en armes autour de nos postes mal gardés et de nos colons endormis dans une sécurité funeste. Dès les premiers jours de novembre, la plaine fut couverte d'assaillants. Nos convois furent enlevés, nos camps surpris, les récoltes des Européens livrées au pillage, leurs fermes brûlées ou rasées. Les beys de Miliánah et de Médéah se montraient sur tous les points avec des partis de cavaliers qui passaient comme la foudre et semaient en tous lieux la désolation. Le maréchal Valée sortit enfin de sa léthargie : plusieurs combats dans lesquels les 62me et 23me de ligne, le 2me léger et le 1er chasseurs d'Afrique firent preuve d'une grande vigueur, parvinrent à ramener l'avantage de notre côté. Le 31 décembre, après une rude affaire, les ennemis s'éloignèrent de nos postes. Mais leurs masses frémissantes occupaient encore les versants septentrionaux des montagnes les plus voisines. La plaine de la Mitidja était dépeuplée d'Européens, leurs habitations avaient été détruites. Des partis arabes se glissaient, à la faveur des plis du terrain, jusqu'aux abords d'Alger. Nulle part la campagne n'était sûre. Le maréchal Valée n'avait même pas su organiser des colonnes mobiles pour protéger le Sahel. Les communications d'un poste à l'autre ne pouvaient s'effectuer qu'à l'aide de colonnes composées de soldats assez nombreux pour résister à des attaques incessantes. Les troupes, jusqu'à l'arrivée des renforts demandés par le maréchal, se tenaient sur la défensive. Toutefois, divers engagements avaient eu lieu dans l'intérieur de la province, et les Arabes avaient toujours été complètement battus. Le 31 septembre, les réguliers d'Abd-el-Kader et quinze cents de ses cavaliers, rejoints par une de nos colonnes aux environs du camp supérieur de Blidah, avaient été mis en pleine déroute. Mais ces rencontres ne pouvaient être décisives, la perte de quelques hommes était sans conséquence pour l'émir en raison de ses nombreux partisans.

La division d'Oran, dès le 13 décembre 1839, avait eu à soutenir, de son côté, des attaques très vives à Mostaganem et à Mazagran. Cette province était le centre de la puissance de l'émir. Pour prendre l'offensive sur ce point, il eût été nécessaire de disposer de troupes considérables et d'en donner le commandement à un militaire énergique et capable. Le maréchal n'y avait même pas songé.

Dans la province de Constantine, les intrigues des agents d'Abd-el-Kader avaient réussi à fomenter une insurrection redoutable parmi les tribus de la Medjanah et celles de la zone méridionale. Le Zab, le Bled-el-Djerid, la lisière du Sahara, le territoire situé entre les Portes de Fer et Sétif, étaient dominés par les agents de l'émir. Nos kalifas ne pouvaient, sans le secours de troupes françaises, briser leur résistance. En outre, la frontière orientale était troublée par la présence d'Hadj Hamet, l'ex-bey de Constantine, qui avait encore quelques adhérents. Dans cette même contrée, plusieurs tribus puissantes faisaient des préparatifs pour échapper à notre domination. C'était donc la guerre dans les trois provinces à la fois, et il faut bien reconnaître que ce résultat n'était dû qu'à la politique insensée du gouvernement et au traité honteux de la Tafna. Car il n'est pas douteux que si le général Bugeaud, à la tête de ses quinze mille hommes, au lieu d'employer le printemps de 1837 en négociations stériles, avait combattu avec son incontestable valeur les troupes de l'émir, il eût, sinon anéanti sa puissance, il l'eût du moins mis, pendant assez longtemps, dans l'impossibilité de tenir la campagne, et la longue guerre qui nous a coûté tant de sacrifices d'hommes et d'argent n'aurait pas eu lieu.

Pour faire face à toutes ces difficultés, nous allions opposer à l'émir un vieux général incapable qui, par des fautes que n'eût pas commises le dernier de ses lieutenants, allait encore agraver la situation. Voici en effet ses projets d'opérations pour la campagne qui allait s'ouvrir. Il commença par déclarer au gouvernement que la destruction de la puissance de l'émir n'était pas une œuvre qui pût être accomplie rapidement; qu'une campagne ne suffirait pas pour la consommer. Il proposa d'employer l'année 1840 : 1° à refouler et anéantir les Hadjoutes, ce qui entraînerait la prise de possession de Cherchel; 2° d'occuper Médéah et Miliânah, en construisant une route qui conduirait de la plaine de la Mitidja dans la vallée du Chélif; 3° d'opérer ensuite, dans cette vallée, de manière à détruire les établissements nouveaux de l'émir et à donner la main à la division d'Oran. Les deux premières parties de ce projet devaient s'exécuter avant la saison des grandes chaleurs; la troisième dans une campagne d'automne. On pouvait, dans le cours de cette dernière, si les circonstances étaient favorables, trouver l'occasion de marcher sur Mascara. Mais dans tous les cas, toute opération sur Tlemcen devait être ajournée au printemps de 1841. La division de Constantine ne devait pas rester inactive pas plus que celle d'Oran. La première se porterait sur Sétif, où tout en assurant une protection efficace à la Medjanah, elle tiendrait en échec le kalifa de l'émir et paralyserait le recrutement de ses auxiliaires dans la province de Tittery. La seconde, presque immobile jusqu'à l'automne, ne devait entrer en ligne qu'au mois de septembre. S'appuyant sur la place de Mostaganem, elle porterait la guerre au sud du Chélif, au cœur même de la puissance de l'ennemi, pendant qu'une colonne française, ayant Millanah pour base d'opérations, descendrait le cours du fleuve à travers un pays fertile et peuplé, afin de communiquer avec les troupes de Mostaganem.

Si le ministre avait été plus au courant des affaires algériennes, loin de donner son approbation à de pareilles insanités, il aurait répondu au maréchal que depuis les temps les plus reculés, les populations turbulentes de l'ouest s'étaient montrées beaucoup plus accessibles que celles des deux autres provinces aux prédications fanatiques des marabouts; que le foyer de la puissance d'Abd-el-Kader ne pouvait être anéanti que par une action vigoureuse dans cette province, où se trouvaient ses plus intrépides partisans; qu'il fallait surtout au plus vite couper ses communications avec le Maroc, où il trouvait de précieuses ressources en hommes et en munitions afin de continuer la lutte; que l'occupation de Mascara et de Tlemcen, pour atteindre ce résultat, serait infiniment préférable à la prise de Médéah et de Millanah qui nécessiterait, en pure perte, l'emploi de plusieurs milliers d'hommes pour former leurs garnisons et de plusieurs colonnes mobiles pour les ravitailler, à mesure de leurs besoins ; qu'Abd-el-Kader vaincu dans la province d'Oran, sa capitale occupée par nos troupes, son prestige serait complètement amoindri. D'un autre côté, la ville de Tlemcen étant dans nos mains, ses communications avec le littoral et le Maroc seraient facilement empêchées par nos troupes, et que dans ces conditions, faute de ressources et de munitions de guerre, il serait promptement réduit à l'impuissance ; que la pacification des deux autres provinces en serait la suite inévitable, et s'opèrerait avec bien moins de difficultés ; qu'il fallait donc pour le moment se tenir sur la défensive ; dans les deux autres provinces, reporter les troupes destinées aux garnisons de Cherchel, Médéah et Milianah, à Oran ; supprimer les postes inutiles dans la province de Constantine, tels que Djidjeli, La Calle et autres, qui immobilisaient leurs garnisons en pure perte ; réunir en un mot des contingents assez nombreux pour former deux ou trois colonnes et poursuivre Abd-el-Kader sans trêve ni merci ; que c'était le seul moyen d'obtenir un résultat définitif. Mais ces idées, si simples et si naturelles, avaient peu de chance d'être adoptées par le gouverneur qui était à ce point dominé par la routine, qu'il avait cru devoir faire élever quatre forts pour défendre Philippeville contre des ennemis incapables de s'emparer de la moindre bicoque.

Cependant, l'ennemi qui ne s'était pas montré dans la Mitidja depuis le combat du 21 septembre 1839, y reparut à la fin de janvier 1840, s'approcha de Beni-Méred et chercha à s'établir près de Blidah. Mais il fut chassé de chacune de ces positions. Une autre tentative faite un peu plus tard sur le camp du Fondouk fut également repoussée.

Les hostilités recommencèrent aussi dès le mois de janvier dans la province d'Oran, où la tranquillité n'avait pas encore été troublée. A des tentatives faites les 17 et 22 janvier sur les Douairs et les Smélas, ainsi qu'au pied de la montagne des Lions, succéda une lutte acharnée contre Mazagran. Le 2 février, un des kalifas de l'émir, Mustapha-ben-Tami, attaqua ce petit poste qui est situé à quatre kilomètres de Mostaganem. Il était défendu par cent vingt-trois hommes du 1er bataillon léger d'Afrique. On croit que Mustapha-ben-Tami avait sous ses ordres une dizaine de mille hommes dont quatre mille fantassins. Pendant quatre jours, cette nombreuse troupe enveloppa le réduit de Mazagran, qui fut ainsi séparé de Mostaganem. Un premier assaut fut énergiquement repoussé; un deuxième, tenté le 6 au matin, par deux mille Arabes suivant les documents officiels, ne fut pas plus heureux. L'ennemi se retira emportant une quantité relativement considérable de tués et de blessés ; la garnison de Mazagran n'eut que trois morts et seize blessés.

La défense de Mazagran donna lieu à un bulletin fantaisiste que les journaux de l'époque reproduisirent avec enthousiasme et dont la crédulité par trop naïve du maréchal fut la première dupe. Le capitaine Lelièvre, qui commandait la compagnie de Mazagran, fut nommé chef de bataillon, et quelque temps après mis en non-activité à la suite d'indiscrétions qui révélèrent l'exacte vérité.

Les 5 et 12 mars, d'autres entreprises sur le camp du Figuier et en avant de Misserghin, furent repoussées avec non moins d'énergie. Le colonel Yousouf trouva l'occasion de s'y distinguer. Mais revenons à la province d'Alger.

Dans la journée du 26 décembre 1839, des pirates sortis de Cherchel s'étant emparés d'un bâtiment de commerce français. L'occupation de ce port, qui menaçait de devenir un nouveau foyer de piraterie, fut résolue. Le maréchal Valée réunit à Blidah et à Coléah, dans les premiers jours de mars, un corps expéditionnaire qui se mit en marche le 12. Dans les deux premières journées tous les douars des Hadjoutes furent dispersés ou détruits. Le 14, l'avant-garde, composée du 17ᵐᵉ léger et du 2ᵐᵉ bataillon d'Afrique, traversa l'Oued-Hachem devant huit cents cavaliers qui se retirèrent et elle bivouaqua sur la rive gauche de cette rivière. Le 16, le corps expéditionnaire prit possession de Cherchel qui avait été abandonné à notre approche par ses habitants; le 19, il se remit en marche pour revenir à Blidah; le 21, il était rentré dans ses cantonnements.

Cependant la tranquillité dont semblait jouir la province de Constantine, où cette année, comme la précédente, les intrigues d'Abd-el-Kader avaient eu peu de succès, devait être protégée et maintenue. Si la plupart des tribus paraissaient disposées à se soumettre, quelques-unes, au contraire, plus éloignées des centres où s'exerçait notre autorité, cédant d'ailleurs à des habitudes de pillage et de désordres séculaires, rendaient l'emploi de la force indispensable, et appelaient sur leur tête un châtiment qui se faisait rarement attendre.

Dès le mois de février, notre kalifa de la Medjanah, avec le secours de plusieurs caïds voisins, poursuivit Ben-Omar, un des adhérents d'Abd-el-Kader, et lui fit éprouver des pertes sensibles. Les Beni-Abbès, gardiens des Portes de Fer, demandèrent, à cette même époque, l'autorisation de commercer avec Constantine.

Dans le courant du mois de mars, les tribus kabyles des Beni-Saak et des Beni-Oualban, ayant commis quelques brigandages sur la route de Philippeville à El-Arrouch, quelques uns de leurs membres furent traduits devant la justice militaire et sévèrement condamnés. Le fils du cheik des Gulma vint nous apporter des excuses de la part de son père, et les cheiks des tribus voisines s'empressèrent de faire leur soumission.

Sétif, occupé par des indigènes et par un petit nombre de Français, commençait à sortir de ses ruines. Les Aamer-Gharabah offrirent des cavaliers au commandant français et leurs familles pour otages comme garantie de leur fidélité. Les Kabyles vinrent cultiver autour de Guelma et recommencèrent à approvisionner Djidjeli.

Mais un évènement d'une bien plus grande importance attestait les progrès de notre domination. Les fonctions de Cheik-el-Arab avaient été confiées, comme on l'a vu, à Bou-Aziz-ben-Gannah. Depuis le commencement de la guerre, Abd-el-Kader cherchait à faire soulever, contre l'autorité de la France, les tribus qui habitaient à l'entrée du Sahara, dans le Bled-el-Djerib. Il avait envoyé, dans ce but, à Biskra, son kalifa, Ben-Azouz, avec un bataillon d'infanterie, huit cents cavaliers et deux pièces de canon, dans l'espérance que ces forces suffiraient pour l'accomplissement de la mission. Ben-Ganah, à la nouvelle de l'approche des troupes de l'émir, courut à leur rencontre le 24 mars; il les atteignit et engagea le combat avec une telle vigueur, que le kalifa d'Abd-el-Kader fut mis en pleine déroute, après avoir perdu près de cinq cents hommes, ses canons, trois drapeaux et tous ses bagages. Ainsi, pour la première fois, un chef arabe au service de la France, marchait contre nos ennemis à plus de quatre-vingts lieues du siège de notre puissance. Bientôt après, les Haractas, excités par les émissaires d'Hadj-Hamet, ayant attaqué des tribus placées sous notre domination, une colonne française, partie de Constantine, pénétra jusqu'à l'extrémité de leur territoire et leur enleva une grande quantité de bétail. Les cavaliers de cette tribu furent culbutés, et les cheiks vinrent demander grâce. A la même époque, les Kabyles de Beni-Moussa, qui avaient dépouillé plusieurs habitants de Djidjeli, furent l'objet de représailles énergiques, et les chefs de ces montagnards, renonçant à une guerre sans résultat possible, reconnurent notre autorité.

La situation générale de la province de Constantine s'améliorait de jour en jour. Les populations, qui avaient un besoin pressant de repos, n'accueillaient qu'avec la plus grande indifférence les excitations des émissaires d'Hadj-Hamet et de l'émir. Plus de six cents familles se réfugièrent dans le Ferdjiouah, pendant que leurs chefs, sous les ordres du kalifa de la Medjanah, observaient les mouvements de l'ennemi, et se tenaient prêts à déjouer toutes les tentatives de Ben-Omar. Il était donc certain que notre influence allait en croissant, et que les efforts de nos ennemis se briseraient contre notre supériorité devenue manifeste par l'épreuve de tant de combats.

La prise de possession de Médéah et de Milianah étant résolue, une colonne forte de neuf mille hommes entra en campagne le 25 avril et prit position sur la Chiffa, au camp de Blidah. Les renseignements recueillis sur les dispositions d'Abd-el-Kader, annonçant qu'il avait fait un appel pour la guerre sainte à tous les cavaliers du Chélif, et que son infanterie régulière était en marche pour nous fermer le passage de l'Atlas, nous devions trouver devant nous dix à douze mille adversaires. Le 27, l'armée franchit la Chiffa, et marcha sur quatre colonnes. Le duc d'Orléans formait l'avant-garde avec la première division. Il avait reçu l'ordre de se diriger du côté de Bordj-el-Arbah, de passer l'Oued-Ger, et de prendre position à la tête du lac Alloulah, de manière à déborder le bois de Kharizas, dans lequel les autres colonnes devaient pénétrer.

Le prince parvint au poste indiqué sans rencontrer l'ennemi.

A l'extrême droite, le colonel de Lamoricière partit de Coléah avec les zouaves et les gendarmes maures, un bataillon du 3me léger et un escadron de cavalerie de réserve. Il avait pour mission de s'avancer dans le Sahel et les Kharizas, de pénétrer dans les bois et d'y détruire tous les repaires des Hadjoutes.

Au centre, le général de Rumigny, avec trois bataillons de la 2me division et deux escadrons, devait appuyer le mouvement du colonel de Lamoricière et prendre position au confluent de l'Oued-Ger et du Bou-Roumi.

Le maréchal Valée se porta lui-même avec la réserve entre la première et la deuxième division pour envelopper le bois de Kharizas. Il avait laissé le convoi au camp de la Chiffa, sous la garde d'un bataillon du 24me de ligne.

Vers quatre heures, au moment où la réserve arrivait au centre du bois, toute la cavalerie de M'Barek, kalifa de Millanah, déboucha par la gorge de l'Oued-Ger, et se développa parallèlement à notre flanc gauche. L'armée était alors presque entièrement réunie. Quoiqu'il fut déjà tard, le maréchal ordonna de marcher à l'ennemi et de l'aborder vigoureusement. Les troupes se formèrent à gauche en bataille; la réserve se plaça entre la première et la deuxième divisions, et la colonne de Lamoricière vint prendre position en arrière de la division Rumigny.

Le duc d'Orléans, prévenu que le maréchal se proposait de déborder l'ennemi par ses deux ailes pour le rejeter sur les montagnes de Mouzaïa, était déjà en marche dans la direction de la gorge de l'Oued-Ger. Dès qu'il fut à portée des Arabes, il fit charger par un escadron de chasseurs d'Afrique à la tête duquel marchait le jeune duc d'Aumale. L'ennemi fut refoulé dès le premier choc sur la rive gauche de l'Oued-Ger. La cavalerie, suivie de près par l'infanterie, passa la rivière et se porta, par une marche rapide, en avant. Notre aile droite se trouvait alors à la hauteur et à peu de distance de la gorge de l'Oued-Ger. Le corps du général Schramm, composé de la deuxième division de la réserve et de la colonne Lamoricière qui avait servi de pivot au changement de front de l'armée, devint aile marchante à son tour. Ce général lança contre l'ennemi le premier régiment de marche; la cavalerie arabe fut culbutée. Après un engagement très vif, l'ennemi recula jusqu'au pied des hauteurs d'El-Affroun où le kalifa de Milianah avait établi son camp. Le maréchal Valée, pressant alors le mouvement de l'infanterie, quoiqu'il fut déjà six heures du soir, dirigea le duc d'Orléans sur la gauche des Arabes pendant que le 17me léger abordait le centre de la position, et que le général Blanquefort avec les zouaves reprenait l'offensive. En arrivant au pied des montagnes, l'infanterie jeta ses sacs à terre; la charge battit sur toute la ligne et l'ennemi fut attaqué à l'arme blanche, avec un tel élan, que malgré les difficultés de terrain, la cavalerie arriva en même temps que l'infanterie sur les crêtes d'El-Affroun. Les Arabes furent renversés dans la vallée du Bou-Roumi. Nous n'avions eu dans cette affaire que six hommes tués et trente blessés; parmi ces derniers se trouvait le colonel Miltgen des chasseurs d'Afrique, qui succomba quelques jours après. Les troupes, fatiguées par une marche de seize heures, purent enfin goûter un moment de répit. L'exiguïté de nos pertes, dans ces divers engagements, m'a toujours fait croire que ce récit, extrait presque littéralement du rapport du maréchal Valée, avait été singulièrement embelli par l'état-major, dans le silence du cabinet.

Le 28, l'ennemi avait complètement disparu par la vallée de l'Oued-Ger. Le 29, la colonne quitta El-Affroun à six heures du matin. La division d'Orléans formait l'avant-garde. Vers neuf heures on aperçut un corps de cavalerie arabe qui se replia sans combattre. Des forces considérables nous attendaient plus loin. Le prince fit déployer sa division sur deux lignes. Peu à peu toutes les troupes de l'émir se montrèrent dans la direction de l'ouest. Vers midi, les deux armées étaient en présence. Le maréchal ordonna une halte pour observer les mouvements des Arabes. La cavalerie ennemie se réunit en masse, exécuta une manœuvre par sa gauche, et se prolongea, à une lieue environ de nous, entre notre flanc droit et le lac Alloulah. Sitôt que ce mouvement fut prononcé, la colonne fit face en arrière et marcha à l'ennemi, les divisions distribuées en échelons, de façon à occuper toute la plaine. Le 17me, qui avait été d'arrière-garde depuis le matin, formait le premier échelon. Appuyé par la cavalerie de réserve, il reçut l'ordre de se rapprocher des montagnes, d'en occuper les premières crêtes et de gagner, avant les Arabes, la gorge de l'Oued-Ger. Le général Schramm, qui commandait, comme le 27, un corps composé de la deuxième division et de la réserve, fit appuyer le mouvement par la brigade du général de Rumigny qui forma le deuxième échelon. En même temps, le prince se portait rapidement sur le lac Alloulah, dans l'espérance d'atteindre la cavalerie arabe sur les bords et de lui faire éprouver des pertes considérables. Mais les Arabes marchèrent si promptement et la première division était si éloignée du lac, qu'il fut impossible de les rejoindre. Abd-el-Kader passa devant nous à une grande distance et se prolongea ensuite du nord au sud, dans la direction des gorges de l'Oued-Ger. La tête de la colonne y arriva au moment où le 17me léger couronnait les hauteurs. Le général Schramm fit attaquer par ce régiment. Toute la cavalerie arabe se jeta sur ce corps et sur quelques escadrons des régiments de marche qui avaient appuyé son mouvement; mais elle fut culbutée, et la deuxième division, entrant en ligne, refoula ces masses sur la rive droite de l'Oued-Ger. Abd-el-Kader disparut dans la direction de la Chiffa. L'armée française s'arrêta pour prendre du repos.

Dans la nuit du 29 au 30, le maréchal reçut de Blidah une dépêche télégraphique qui annonçait l'attaque de Cherchel par des forces nombreuses. Il apprit, en outre, que toute l'infanterie régulière de l'émir s'était fortifiée sur le col de Mouzaïa. Voyant qu'il concentrait toutes ses attaques dans la province d'Alger, le maréchal résolut d'aborder le col de front, d'enlever par un coup de vigueur cette position redoutable afin de jeter le découragement dans les masses ennemies. Mais avant d'exécuter ce dessein, dans son ignorance des difficultés réelles de la situation, il songea à courir au secours de Cherchel et à faire venir une partie des troupes de la province d'Oran qu'il avait le tort grave de laisser dans l'inaction. Il envoya au général Gehenneux, commandant supérieur de la province, l'ordre de diriger trois bataillons sur Cherchel, pendant que l'intendance devait envoyer cent mille rations pour ravitailler la place. En attendant l'exécution de ces ordres, il prescrivit de construire un camp à la ferme de Mouzaïa, pour mettre en sûreté le matériel et les approvisionnements qu'il avait réunis en vue de l'occupation de Médéah, et afin de tenir en échec la cavalerie arabe qui, dans sa pensée, ne pouvait, faute de vivres, tenir longtemps la campagne.

Le 30 avril, à sept heures du matin, l'armée quitta son bivouac de Fum-Oued-Ger, et se dirigea vers le gué près de Haouch-K'nrl. Après avoir traversé la rivière, le duc d'Orléans forma sa division sur la rive droite, pour protéger le passage du convoi et la deuxième division que l'ennemi se préparait à attaquer. En effet, un engagement très vif eut lieu quelques moments après. Les Arabes, qui avaient campé dans le bois de Kharizas, et tous les cavaliers accourus de l'ouest, se ruèrent sur les troupes du général de Rumigny. Le choc fut soutenu avec une énergie remarquable. Un bataillon de la légion étrangère, contre lequel l'ennemi s'acharnait particulièrement, repoussa cette agression avec un admirable sang-froid. Un très grand nombre de cavaliers arabes furent tués ou blessés par le feu de ce bataillon qui passa la rivière le dernier. Au début de l'affaire, le maréchal avait arrêté la marche de la colonne et déployé le 17me léger sur la gauche, pendant que le prince prenait position sur le flanc droit. L'engagement avait duré deux heures. Les Arabes s'éloignèrent après avoir éprouvé des pertes sensibles.

L'armée passa la nuit sur le Bou-Roumi, à une lieue du champ de bataille. Le 1er mai, elle arrivait, à midi, dans le camp de la Chiffa, où elle fut arrêtée par un parti considérable de cavalerie, en tête duquel marchait Abd-el-Kader. Le prince royal, ayant en seconde ligne la cavalerie de réserve, fit charger l'ennemi, qui ne soutint pas le choc. Une partie du 2 mai fut employée à évacuer sur Blidah les malades et les blessés. Après cette opération, l'armée vint s'établir à la ferme de Mouzaïa, où furent immédiatement commencés les travaux d'élargissement et de fortification. Le 4, le maréchal se porta sur la Chiffa en laissant au camp un bataillon du 48me et les sapeurs du génie. La cavalerie arabe vint attaquer l'arrière-garde formée par la division d'Orléans. Le prince prit position et les zouaves culbutèrent les assaillants que quelques obus achevèrent de disperser. Le bivouac fut établi, le soir, sur le bord de la rivière.

Le 5 mai, arriva un convoi de matériel destiné pour Médéah. Les travaux du camp de Mouzaïa étant très avancés, le 6, le maréchal y laissa tous les approvisionnements de l'armée et se porta, le 7, sur le Bordj-el-Arba, et, le 8, sur Cherchel. Au passage de l'Oued-Nador, un engagement eut lieu avec les cavaliers arabes qui suivaient tous nos mouvements. Mais ils furent contenus par le feu de l'artillerie, et la colonne atteignit sans obstacle les bords de l'Oued-el-Hachem, dont la berge opposée était défendue par une masse de Kabyles. Le prince royal prescrivit au général Duvivier de les faire attaquer par la droite et par la gauche. Quatre compagnies du 2me léger enlevèrent la position avec beaucoup d'entrain. Mais, lorsqu'elles eurent dépassé la première crête, elles furent chargées avec fureur par les Kabyles, qui se formèrent en demi-cercle pour les envelopper. Le colonel Changarnier fit mettre les sacs à terre et plaça ses hommes derrière la crête du mamelon. Au moment où les montagnards allaient gagner le plateau, il fit sonner la charge. On se battit à la baïonnette, corps à corps, et, après une lutte acharnée, l'avantage nous restait, lorsque cinq compagnies du 23me, commandées par le colonel Gueswiller, vinrent compléter le succès.

Pendant que l'avant-garde était ainsi engagée, l'ennemi attaquait nos derrières. Mais, malgré son ardeur, nous n'eûmes que cinquante-deux hommes tués ou blessés. Lorsque l'armée arriva, le 9, devant Cherchel, que le commandant avait énergiquement défendu pendant six jours, les ennemis avaient disparu. Les travaux de fortification, élevés à la hâte, mettaient la ville à l'abri d'un coup de main. La marche si pénible de la colonne avait donc été inutile et les mesures qui en furent la conséquence sans objet. Le maréchal se remit en route le 10, à la pointe du jour, emmenant deux mille hommes de renfort venus d'Oran.

Après plusieurs combats partiels, la colonne se retrouva, vers cinq heures du soir, à son ancienne position de Bordj-el-Arba. Le lendemain, elle rentra au camp de la ferme de Mouzaïa, sans tirer un coup de fusil. Des ordres furent donnés immédiatement pour que le passage de l'Atlas pût être opéré le 12.

Le prince royal réclama l'honneur d'enlever cette position formidable. Sa division fut augmentée de trois bataillons. Le reste de la deuxième division et le 17me léger formèrent une réserve prête à soutenir, au besoin, la première. La cavalerie, inutile en cette circonstance, devait rester au camp de Mouzaïa, où tous les préparatifs étaient faits pour recevoir les blessés.

Le plan d'attaque était dicté par la configuration du terrain. L'occupation du piton de Mouzaïa était indispensable. Il fallait y arriver par la gauche, de manière à protéger la marche de la colonne qui devait suivre la route. Mais il n'était pas moins nécessaire de soutenir cet assaut en faisant déborder par la droite les positions des Arabes, c'est-à-dire en portant des troupes sur la hauteur par une des arêtes qui commencent au sud-ouest du piton. Quelques explications topographiques sont indispensables pour bien faire ressortir l'admirable bravoure de nos soldats.

Le col de Mouzaïa se trouve dans un enfoncement de la chaîne principale, à peu de distance d'un piton élevé qui domine la position. Il ne peut être abordé de front, et, lors même qu'on pourrait y arriver, il est tellement surplombé par des roches à pic, qu'il serait impossible de s'y maintenir. On y aboutit au moyen d'une route, suivant une arête qui se dirige du sud au nord. On arrive ainsi, sans de grandes difficultés, au tiers de la hauteur. La route se développe, ensuite, sur le versant occidental de la montagne, en contournant quelques points saillants. Elle est constamment dominée par les crêtes qui se rattachent, d'un côté, au piton, et de l'autre, au col lui-même. A droite de la route, se trouve un ravin profond, qui prend naissance au col et dont la berge occidentale est presque inabordable.

Ces difficultés naturelles, qui rendaient la prise du piton très périlleuse, avaient été accrues par de grands travaux qu'Abd-el-Kader avait fait exécuter depuis plus de six mois pour le rendre inattaquable. Des redoutes, reliées entre elles par des retranchements, couronnaient toutes les parties saillantes de la position, et, sur le point le plus élevé du piton, un réduit presque inaccessible avait été construit. D'autres ouvrages se développaient ensuite jusqu'au col. Les points saillants, contournés par la route, n'avaient point été négligés. De nouvelles redoutes les couronnaient. Le col lui-même était défendu par plusieurs batteries. Enfin, l'émir avait réuni, sur ce point, toutes ses troupes régulières. Les bataillons d'infanterie de Médéah, de Milianah, de Mascara et de Sebaou, ainsi que les Kabyles des deux provinces d'Alger et de Tittery, avaient été convoqués pour la défense du passage.

Le duc d'Orléans forma sa division en trois colonnes. Celle de gauche, commandée par le général Duvivier et forte de mille neuf cents hommes, était composée de deux bataillons du 2me léger, d'un bataillon du 24me et d'un bataillon du 41me. Elle avait pour mission d'attaquer le piton par la gauche et de s'emparer de tous les retranchements que les Arabes y avaient élevés. La seconde colonne, sous les ordres du colonel de Lamoricière, comptait deux bataillons de zouaves, un bataillon de tirailleurs et un bataillon du 15me léger, en tout dix-huit cents hommes. Elle devait, dès que le mouvement de gauche serait prononcé, gravir la montée par une arête de droite, afin de prendre à revers les retranchements et se prolonger ensuite jusqu'au col. La troisième colonne, conduite par le général d'Houdetot, formée du 48me, était destinée à aborder le col de front aussitôt que le mouvement par la gauche aurait chassé l'ennemi des crêtes. La deuxième division et le 18me léger devaient soutenir la première, protéger l'artillerie qui suivrait la route et repousser les attaques probables des Kabyles sur nos derrières.

Le 12 mai, à quatre heures du matin, dès que le général de Rumigny eut couronné le mamelon qui domine l'entrée de la route, le duc d'Orléans se mit en marche.

Les Arabes n'opposèrent d'abord aucune résistance jusqu'au plateau situé à la naissance de l'arête. On apercevait distinctement sur les hauteurs les mouvements des troupes d'Abd-el-Kader. De tous les points de l'horizon, les bataillons réguliers et de nombreux Kabyles arrivaient dans les retranchements; tout faisait présager un rude combat. A midi et demi, le prince fit faire tête de colonne à gauche au général Duvivier. Les soldats s'élevèrent vers le piton par un terrain d'un accès extrêmement difficile et sur lequel ils ne pouvaient souvent se tenir qu'en s'accrochant avec les pieds et les mains aux broussailles. Dès que cette colonne commença à gravir les pentes du piton, elle fut accueillie par une vive fusillade qui la prenait de front et en flanc. Les Kabyles étaient embusqués derrière les roches presque à pic sur lesquelles il fallait monter. Ils avaient profité avec beaucoup d'intelligence, pour cacher leurs tirailleurs, des ravins infranchissables qui découpaient le sol, et ils avaient construit trois retranchements successifs, dont les parapets formaient un abri sûr. Le général Duvivier fit rapidement avancer sa colonne vers la crête, à gauche du piton, sans s'inquiéter des retranchements, qui furent débordés et enlevés par ses flanqueurs pendant que le gros de ses troupes, profitant de la présence d'un nuage qui empêchait l'ennemi de les apercevoir, firent une halte de quelques instants. Elles continuèrent ensuite leur mouvement, et en sortant du nuage, elles essuyèrent, à demi-portée, le feu de trois autres retranchements, dont le dernier était protégé par un réduit qui se reliait au sommet du pic, où se trouvait un bataillon régulier. Le 2ᵐᵉ léger, électrisé par l'exemple de ses chefs et la vigueur du colonel Changarnier, se précipita sur les retranchements et les enleva en un tour de main. Les Arabes qui occupaient le pic, essayèrent de tenter un retour offensif, mais, abordés eux-mêmes avec une furie toute française, ils furent précipités dans les ravins, et le drapeau du 2ᵐᵉ flotta glorieusement sur la plus haute cime de l'Atlas. Le général Duvivier échelonna alors sur la route qu'il venait de parcourir les bataillons du 24ᵐᵉ et du 41ᵐᵉ, et porta le 2ᵐᵉ léger dans la direction du col.

Pendant ce combat, le prince royal avançait avec les deux autres colonnes. A trois heures, on atteignit une crête boisée qui prenait naissance à droite du piton, et que dut gravir la deuxième colonne. Cette escalade, exécutée par le colonel de Lamoricière, fut tout d'abord arrêtée au pied d'un retranchement, dominé par un plateau formé par des roches à pic, et d'où partait un feu terrible. On eut un moment d'anxiété que fit cesser promptement l'arrivée du 2ᵐᵉ léger sur les derrières de l'ennemi. Les zouaves s'élancèrent dans la redoute où tout fut massacré, et, quelques minutes après, les deux colonnes firent leur jonction au point où l'arête suivie par M. de Lamoricière se détache de la chaîne. Les troupes des divers corps s'élancèrent ensuite à la poursuite des fuyards, en se dirigeant vers le col au milieu d'accidents de terrain presque infranchissables.

Dès que la deuxième colonne eut accompli sa mission, le prince royal marcha vers le col avec le 23ᵐᵉ et le 45ᵐᵉ. L'ennemi tenta de l'arrêter en démasquant, à l'ouest, une batterie qui battait d'écharpe la direction de la route. Le maréchal Valée fit alors avancer une contre-batterie qui éteignit le feu des Arabes. Le duc d'Orléans, déployant aussitôt un bataillon du 23ᵐᵉ en tirailleurs sur la gauche, se porta à la tête des deux autres droit au col qu'il atteignit au moment même où la colonne de gauche, qui avait marché à sa hauteur, couronnait les crêtes. Il fit ensuite poursuivre les Arabes par les trois colonnes. Les réguliers d'Abd-el-Kader se retirèrent du côté de Milianah, et les Kabyles disparurent à travers les anfractuosités des montagnes.

Je puis affirmer, en dépit de l'optimisme des bulletins officiels, que le succès de la journée ne répondit point à l'intensité de nos pertes et au brillant courage de nos soldats. Nous n'avions ni fait un prisonnier, ni pris un canon, et les attaques ultérieures, dont la colonne fut l'objet, étaient loin d'attester le découragement des ennemis.

L'infanterie de la division d'Orléans avait perdu plus de deux cent quarante hommes. Le général de Rumigny, le général Marbot, aide-de-camp du prince royal, et le chef de bataillon Grosbon, des tirailleurs, étaient blessés. Le colonel Changarnier avait reçu sept balles dans les vêtements.

L'armée ayant passé quatre jours à fortifier le col et à rendre le chemin praticable, trouva les Arabes ralliés dans le grand bois d'oliviers traversé par la route de Médéah, au pied du versant méridional de l'Atlas. Il fallut les en débusquer dans la journée du 16. On vit encore, le 17, l'ennemi prendre position à une petite distance de Médéah, dont les habitants avaient fui à notre approche et que nous occupâmes sans tirer un nouveau coup de fusil. Une garnison de deux mille quatre cents hommes y fut laissée, et le reste du corps expéditionnaire commença, le 20, son mouvement de retraite. Les Arabes s'étaient reportés sur la route de Milianah dans la pensée que l'armée française continuerait ses manœuvres dans cette direction. Néanmoins, leur extraordinaire facilité de locomotion les fit retrouver, comme par enchantement, sur le passage de la colonne.

L'infanterie ne comptait plus que trois mille hommes. Cinq bataillons formaient l'avant-garde sous le commandement du prince royal. L'arrière-garde en avait quatre. Entre les deux marchaient la cavalerie et l'immense convoi des subsistances et des bagages. Arrivée au bois des Oliviers, l'avant-garde couronne rapidement toutes les hauteurs en avant des passages difficiles pour défendre le convoi qui était escorté par un bataillon. Lorsque le convoi fut engagé dans le défilé des mines de cuivre où deux hommes peuvent à peine passer de front, l'arrière-garde fut attaquée par trois bataillons de réguliers et deux mille hommes de cavalerie qui, arrivés sur le terrain au galop, mettent pied à terre, se jettent en avant de l'infanterie et commencent un combat furieux contre nos troupes. Jamais on n'avait vu des Arabes déployer un pareil acharnement. Les positions sont successivement prises, perdues et reprises plusieurs fois ; en définitive nous ne les emportons à la baïonnette qu'en les couvrant de cadavres. Les combattants étaient si animés les uns contre les autres, que les blessés français et arabes se jetaient encore des pierres. Le 17me léger et le 48me de ligne firent des prodiges de valeur. Le deuxième bataillon de zouaves, envoyé au secours de l'arrière-garde, se jeta sur les flancs des réguliers qui menaçaient le convoi et leur fit un mal affreux. Le prince royal ordonna à ses quatre bataillons de se prolonger en arrière, le long des crêtes qu'il avait fait garnir, sans trop affaiblir les positions occupées en avant et tout autour du convoi. Enfin, par un dernier effort, un champ de bataille jonché de morts et baigné du sang le plus généreux, resta décidément aux Français. Mais il fallait compter ses pertes. Depuis l'ouverture de la campagne, l'armée n'en avait pas subi de plus douloureuses : cent quarante tués et deux cent douze blessés presque tous mortellement. Ce fut toutefois notre dernière lutte, la colonne avait regagné, le 21, la ferme de Mouzaïa.

Pendant le cours de l'expédition, divers engagements sans intérêt avaient eu lieu dans l'est de la province d'Alger et dans les provinces d'Oran et de Constantine. Nous avons cru devoir les passer sous silence pour reporter notre attention sur les combats divers qui furent la conséquence directe des projets du maréchal et sur les efforts inouïs des troupes de l'émir pour en empêcher l'exécution.

Pour compléter les opérations de la campagne du printemps, il restait à occuper Milianah, située plus avant à l'ouest de l'ancienne province de Tittery, qui, suivant la pensée du maréchal, devait servir de base à nos projets ultérieurs sur la vallée du Chélif.

Pendant les préparatifs de l'expédition de Milianah, Abd-el-Kader combinait de nouveaux moyens de défense. Ben-Salem, kalifa de Sebaou, dut rester dans l'est d'Alger. El-Berkani, kalifa de Médéah, fut chargé de la surveillance de la population émigrée, pour l'empêcher de rentrer dans la ville. Sidi-Mohamed, kalifa de Milianah, campa entre cette ville et le Chélif, avec ordre de suivre tous nos mouvements. Mustapha-ben-Tami, kalifa de Mascara, devait occuper le pont du Chélif. Tous ces lieutenants de l'émir, ayant chacun un bataillon de réguliers, sans compter les contingents des tribus, reçurent la mission de s'opposer au ravitaillement de Médéah et à la prise de Milianah.

Dans les premiers jours de juin, dix mille hommes étaient réunis à Blidah. Le 5, la colonne se mit en marche. Elle se dirigea, par le territoire de Beni-Menad, vers le col des Gontas qu'elle franchit le 7. La veille, un léger engagement avait eu lieu avec les Kabyles. Le 8, la colonne était en vue de Milianah d'où s'élevait un nuage de fumée, signe certain que l'ennemi avait incendié la ville. Mais heureusement, le feu ne fit que très peu de ravages. Toute la cavalerie de l'émir paraissait réunie dans la plaine ; elle se retira aux premiers coups de canon. Milianah fut occupée le soir même. Comme Cherchel et Médéah, la ville fut trouvée déserte. On employa trois jours à la mettre en état de défense et à installer la garnison qui fut composée de deux bataillons. Le 14, le corps expéditionnaire commença son mouvement de retraite. Les Arabes ayant pour auxiliaires les Kabyles des montagnes voisines tentèrent de s'opposer à son passage : nos troupes les repoussèrent aisément. L'armée marchait parallèlement à la chaîne des montagnes, se dirigeant vers le col de Mouzaïa où, après s'être mise en communication avec Médéah, elle devait redescendre dans la plaine. Les Arabes la suivaient à distance. Le 15, on marcha sur le col de Mouzaïa. Les attaques de l'ennemi et particulièrement des réguliers de l'émir, furent très vives, et les engagements meurtriers. On se battit des deux parts avec acharnement ; mais l'impétuosité de nos soldats et le feu bien dirigé de notre artillerie jetèrent, à la fin, le désordre parmi ces masses confuses et indisciplinées. Nous comptâmes, de notre côté, trente morts et trois cents blessés ; mais la perte de l'ennemi fut bien plus considérable ; on l'évalue à mille tués et à un nombre égal d'hommes hors de combat.

Le col fut fortement occupé pendant que le convoi des blessés était dirigé sur Blidah et qu'on faisait venir de la ferme de Mouzaïa les approvisionnements destinés au ravitaillement de Médéah. Tout était prêt le 20. Le corps expéditionnaire se porta sur cette ville, où il arriva vers midi. L'ennemi se montra de nouveau, mais en petit nombre, et borna ses tentatives à quelques coups de fusil tirés sur l'arrière-garde.

Pendant que le maréchal Valée s'occupait de mettre Médéah en état de défense, cinq mille hommes étaient envoyés à Milianah pour compléter l'approvisionnement de la place et pour faire, en route, le plus de mal possible aux Arabes. Le 23, cette colonne, sous les ordres du général Changarnier, communiqua avec le commandant supérieur de Milianah, qui était venu au devant du convoi. Une attaque, conduite par l'émir en personne à la tête de toute sa cavalerie, fut refoulée avec succès. Le 24, une masse de cavaliers étaient encore en vue au moment où M. Changarnier se portait sur la rive gauche du Chélif. Mais, cette fois, les ennemis se tinrent hors de portée. Le 25, l'arrière-garde fut légèrement inquiétée. Le 26, la colonne, revenue au pied du Djebel-Nador, fit sa jonction avec le maréchal Valée, et, le 30, un nouveau convoi put entrer, sans encombre, dans Médéah.

Les chaleurs ne permettant plus de continuer les opérations dans la province de Tittery, le gouverneur général ramena ses troupes sur le territoire d'Alger. Mais il fit, auparavant, razer les Kabyles de Mouzaïa, qui, depuis le commencement de la guerre, s'étaient montrés très hostiles, et avaient, à plusieurs reprises, attaqué nos convois. Les Beni-Salah ne furent pas traités avec moins de rigueur. Il fit évacuer le camp de Mouzaïa, qui n'avait été défendu que par des fortifications provisoires, et ordonna les travaux préliminaires à l'établissement d'une route qui permettrait de tourner, à l'est, le col de Mouzaïa, comme on l'avait déjà tourné à l'ouest. L'armée était rentrée, le 5 juillet, dans ses cantonnements.

Cherchel, Médéah, Milianah, occupés; le territoire des Hadjoutes balayé, les plus turbulentes tribus de la montagne atteintes et châtiées sur leur propre territoire, l'ennemi repoussé dans toutes ses attaques, tels étaient les résultats matériels de la campagne. Ils ne pouvaient, ainsi que nous le verrons bientôt, avoir le moindre effet pour la pacification du pays.

Le gouverneur général, de retour à Alger, s'occupa immédiatement des mesures à prendre pour la campagne d'automne. Au milieu du mois d'août, il avait fait approuver, par le ministre de la guerre, de nouvelles dispositions, dont quelques-unes s'éloignaient, en plusieurs points, des projets annoncés au commencement de la campagne du printemps. Elles peuvent se résumer ainsi :

1º Dans la province de Constantine, achever la soumission des tribus indécises et compléter l'approvisionnement de toutes les places jusque dans les premiers mois de 1841 ;

2º Dans la province de Tittery, ravitailler pour six mois Médéah et Milianah, opérer autour de Médéah pour amener la soumission des tribus dont cette ville est le centre, détruire l'établissement d'Abd-el-Kader à Taza ;

3° Dans la province d'Alger, couvrir le Sahel, manœuvrer dans la Mitidja, pour tenir les Arabes en respect et maintenir les communications ;

4° Transporter dans la province d'Oran le théâtre de la guerre, occuper Mascara, détruire l'établissement de l'émir à Tekdemt.

Quelques évènements d'une certaine importance précédèrent l'ouverture de la campagne d'automne. Médéah avait été très vivement attaquée, dans la nuit du 2 au 3 juillet, par Abd-el-Kader et El-Berkani, que la garnison repoussa et mit en pleine déroute. Milianah, souvent attaquée aussi jusqu'au 1er août, s'était vaillamment défendue, malgré les maladies qui décimaient nos soldats. Vers le mois de juillet, la cavalerie arabe avait fait des incursions menaçantes dans la Mitidja. Cherchel avait eu à repousser, les 15 et 16 août, les agressions d'El-Berkani. Le camp de Kara-Mustapha, évacué momentanément à cause de la maladie des soldats, avait été le théâtre d'un engagement avec Ben-Salem, dont les troupes furent sabrées et dispersées, le 19 septembre.

Vers la fin d'août, les dispositions étant faites pour les approvisionnements des places et pour ceux des expéditions projetées, une colonne partit, le 26, de Blidah, pour se rendre à Médéah. Pendant sa marche, le 27 et le 28, elle exécuta des razzias sur les tribus hostiles. A son retour, elle fut assaillie, au Bois des Oliviers, par des rassemblements kabyles, qui furent aisément repoussés à la baïonnette.

Le ravitaillement de Milianah se fit tout aussi heureusement. La colonne chargée de cette mission partit de Blidah le 1er octobre et arriva le 3, sans opposition, jusqu'à l'Oued-Ger, ayant laissé à sa gauche le Teniah. Le 4, elle se trouva devant Milianah, en présence de quatre à cinq mille Arabes. Mais, par des manœuvres habiles, elle communiqua, le même jour, avec la place, et rentra, sans pertes sensibles, le 7, à Blidah.

Le corps destiné à opérer dans la province de Tittery s'ébranla, le 29 octobre, et se dirigea sur Médéah, avec un convoi destiné à sa garnison. La colonne n'eut, pendant sa marche, qu'une seule rencontre avec les Arabes, au Bois des Oliviers. Elle fut de nouveau attaquée au retour, le 1er novembre. Mais ces deux engagements eurent assez peu d'importance.

Le 5 novembre, le gouverneur se remit en marche pour se porter sur Milianah. Il devait approvisionner la place pour six mois. Il espérait, d'ailleurs, rencontrer l'émir, qu'on disait avoir pris la direction du Chélif avec ses bataillons réguliers. La route fut prise par le col des Goulas. L'armée n'aperçut qu'une fois des cavaliers qui s'éloignèrent sans combattre. Des Kabyles, dont on traversait le territoire, tirèrent, seuls et de fort loin, quelques coups de fusil sur la colonne. On arriva, le 8, à Milianah. L'émir avait congédié ses troupes, parce qu'on était à l'époque des semailles, et s'était lui-même retiré dans l'ouest. La place fut trouvée dans un excellent état de défense et ravitaillée avec abondance. Mais la garnison avait beaucoup souffert. Elle fut relevée. Des mesures furent prises pour assainir la ville, faciliter la culture de ses nombreux jardins, et assurer, en tout point, le bien-être des troupes.

Le 7, le corps expéditionnaire reprit la route de Blidah, divisé en trois colonnes pour mieux parcourir le pays et châtier les tribus qui, de ce côté, bordaient la Mitidja et infestaient la plaine de maraudeurs depuis longtemps impunis. On reconnut, le 10, l'ancien poste romain de *Aquæ Calidæ*, où se bifurquait la voie conduisant de Cherchel à Milianah et Médéah. Le 11, l'armée était rentrée à Blidah. Les Kabyles de Beni-Menad avaient une seule fois tiré quelques coups de fusil sur notre colonne. Une autre fois, au passage de l'Oued-Ger, on avait aperçu un corps de cavalerie précédé d'une ligne de tirailleurs, sans pouvoir l'amener à combattre.

Du 15 au 22 novembre, le gouverneur s'occupa de relever la garnison de Médéah et de ravitailler cette place dans la prévision des entreprises renvoyées au printemps de 1841. Les opérations s'accomplirent sans difficultés.

Je ne puis passer sous silence que le maréchal, pendant les trois années de son administration, n'avait même pas eu la pensée de se transporter dans la province d'Oran. Il n'avait pas compris que, pour porter un coup fatal à l'émir, il fallait l'attaquer vigoureusement dans cette province. Par suite de cette imprévoyance, la division n'ayant pas reçu de renforts, les troupes restèrent sur la défensive. Toutefois, le général de Lamoricière, qui venait d'être mis à la tête de cette division, put atteindre des tribus ennemies à une assez grande distance de nos postes. Les Beni-Amar, les Beni-Yacoub, les Beni-Chouicha, les Ouled-Gharaba et les Ouled-Khalfa, furent successivement frappés sur leur propre territoire.

Il était nécessaire de raconter en détail les divers incidents de la campagne d'automne pour établir que les plans du maréchal, afin de détruire la puissance d'Abd-el-Kader et amener la pacification des deux provinces d'Alger et de Tittery, étaient mal conçus et peu propres à nous faire atteindre ce but. Pour en fournir la preuve, il suffit de signaler le contraste frappant du résultat négatif des opérations militaires exécutées pour l'occupation de Médéah et de Milianah, avec les progrès incessants de notre domination dans la province de Constantine. Dans cette province la sécurité générale était à peu près complète. Une expédition, dirigée du côté de M'silah, avait pu traverser les montagnes sans coup férir. Les Beni-Abbès avaient fermé les Portes de Fer aux partisans de l'émir. Bou-Akkas, un des principaux chefs du pays, offrait ses services à notre khalifa de la Medjanah. Les troupes de l'émir qui s'étaient approchées de Sétif avaient été refoulées au loin. Les Haractas rapportaient, toutes cachetées, les lettres répandues par ses émissaires. Les Nemencha repoussaient l'ex-bey Hadj-Hamet. Enfin, Biskra demandait que le cheick El-Arab, institué par nous, vînt s'établir dans ses murs, tandis que l'occupation de Médéah et de Milianah, qui ne s'était accomplie qu'après des combats sanglants et de douloureux sacrifices, n'avait ni amené la soumission d'une tribu, ni empêché les excursions fréquentes des partis hostiles jusqu'aux portes d'Alger. Il était pourtant bien facile de se rendre compte que l'occupation de quelques points fortifiés peut être un excellent moyen pour mettre sous le joug des populations sédentaires et à demeures fixes, mais ne saurait avoir le même effet sur des nomades qui se transportent si facilement dans d'autres lieux. Au reste, un gouverneur intelligent eût bien vite acquis la conviction que la puissance d'Abd-el-Kader et sa rapide extension avaient certainement leur principe dans le fanatisme religieux, mais que le maintien de son pouvoir, malgré le succès de nos armes, était dû à une autre cause, à l'habileté de sa politique et de son organisation ; qu'il avait su donner à ses troupes la cohésion des soldats européens, sans leur ôter cette mobilité extrême, qui lui permettait de frapper, avec la rapidité de l'éclair, les tribus qui auraient tenté de se soustraire à son obéissance. Il était, dès lors, incontestable que la possession de Médéah et de Milianah étant pour nous sans nul avantage, ne pouvait être qu'une cause d'affaiblissement, qu'elle nous privait, sans compensation, de troupes nombreuses nécessaires, afin de défendre les places et pour les ravitailler; que le seul moyen d'abattre les ennemis et d'améliorer la situation, était de poursuivre l'émir, sans trêve ni merci, de détruire son infanterie régulière, disperser sa cavalerie, lui enlever ses établissements et, enfin, lui couper toute communication avec le littoral et le Maroc. Il fallait, en outre, empêcher le recrutement de ses troupes et lui ravir tous les moyens de se procurer des munitions. Mais pour concevoir et exécuter les combinaisons stratégiques propres à atteindre ce résultat, M. Valée était d'une insuffisance notoire. Il sentait, du reste, si bien lui-même que le poids du gouvernement général était au-dessus de ses forces, qu'à l'occasion d'un simple dissentiment avec le ministre de la guerre il s'empressa de résigner ses fonctions. Il fut remplacé par le général Bugeaud. Mais pour clore le récit de son administration, je dois encore faire connaître deux ou trois arrêtés qu'il prit *in extremis* et dire quel était à cette époque l'état de la colonisation.

IV

ARRÊTÉS DU MARÉCHAL VALÉE POUR COMPLÉTER L'ORGANISATION DE LA PROVINCE DE CONSTANTINE. — FONDATION D'UNE COLONIE AGRICOLE MILITAIRE A COLÉAH. — NÉANT DE LA COLONISATION CIVILE. — CHANGEMENT RADICAL DANS LA POLITIQUE DU POUVOIR CENTRAL. IL ARRIVE ENFIN A LA POLITIQUE DE L'OCCUPATION CONTINUE. — SES CAUSES.

Il y avait à peine trois ans que Constantine était tombée dans nos mains et déjà la province était soumise à notre domination. Les cercles de Bône, de l'Edough, de La Calle, de Guelma et un rayon fort étendu aux environs de Philippeville, jouissaient d'une parfaite tranquillité. Notre influence même se faisait sentir jusque dans le désert. La ville saharienne d'Aïn-Madhi était retombée sous la puissance du marabout Tedjini, dont les dispositions pacifiques à notre égard étaient connues. Et le chef de Tuggurt nous envoyait une députation avec la mission de solliciter notre alliance.

Les circonstances étaient dès-lors très favorables pour ouvrir à deux battants les portes de la province à l'immigration européenne et tenter quelques essais de colonisation. Le gouvernement en avait certainement les moyens. Dans la province de Constantine, les biens du beylik étaient considérables. Il était par conséquent très facile de distribuer une certaine quantité de terre, à des colons européens sans léser les indigènes. Mais, malheureusement, l'administration algérienne avait pour chef un esprit étroit pour lequel le beau idéal de tout gouvernement était la hiérarchie militaire, appliquée à la société civile, avec ces deux conditions essentielles : la concentration de tous les pouvoirs dans une seule main, et l'obéissance passive des administrés. Le maréchal Valée était donc un ennemi inconscient de la colonisation. Ses actes pour compléter l'organisation de la province de Constantine, qui devaient porter l'empreinte de ces idées rétrogrades, étaient malheureusement en trop parfait accord avec les tendances nouvelles du chef de l'Etat, pour ne pas obtenir une entière approbation du pouvoir central.

Le premier de ces arrêtés porte la date des 1er et 6 octobre 1840. Il avait pour objet la création d'un nouveau cercle à Philippeville, et de le placer sous la direction d'un officier français. Je me bornerai à citer les considérants qui le précèdent et un ou deux de ses articles pour bien faire comprendre que M. Valée se proposait uniquement de développer, dans une certaine mesure, l'organisation militaire de 1838 :

» Considérant que le développement de la domination française dans la province de Constantine exige qu'une partie des tribus soit placée sous l'autorité directe de chefs français. Que les relations commerciales qui se sont établies entre les indigènes et la population européenne de Philippeville exigent qu'un officier français soit chargé du commandement des tribus qui habitent autour de cette place ;

» Vu notre arrêté des 30 septembre et 1er novembre 1838, etc.

» Art. 3. — Le commandement et l'administration du cercle de Philippeville seront confiés à un officier supérieur français qui exercera son pouvoir sous l'autorité du lieutenant-général, commandant supérieur de la province de Constantine.

» La ville de Philippeville et le port de Stora seront placés sous l'autorité des fonctionnaires civils et la juridiction des tribunaux de l'Algérie.

» Le commandant du cercle de Philippeville ne pourra s'immiscer dans les affaires administratives de cette ville, qu'en vertu d'ordres spéciaux du gouverneur général, ou sous sa responsabilité personnelle dans des circonstances intéressant la sécurité de la place.

» Art. 4. — Le commandant du cercle de Philippeville, dans toute l'étendue du territoire rural soumis à son autorité, sera investi des pouvoirs militaires, civils et judiciaires. »

Bien que je n'ai pas le dessein de reproduire les critiques précédemment dirigées contre l'organisation de 1838, je ne puis m'abstenir de faire observer que la part faite à l'administration civile était plus que médiocre.

Un second arrêté des 19 et 20 octobre 1840 fut pris dans le même but. Il avait pour objet la formation d'un arrondissement et d'une subdivision à Sétif. Il va sans dire que cette division fut placée sous les ordres d'un officier général français, et que des attributions administratives et judiciaires, absolument identiques à celles des commandants des cercles, lui furent dévolues.

La province de Constantine était donc soumise à l'arbitraire de quelques officiers français et de deux ou trois grands chefs indigènes. Mais le mode d'administration qui lui était imposé permit au chef de l'Etat, ainsi que je l'ai déjà dit, de récompenser un certain nombre de dévouements, qui ne pouvaient atteindre les grades supérieurs de l'armée. C'était plus que suffisant à ses yeux pour mériter son approbation. S'étant ainsi concilié l'affection des chefs, il songea à gagner à sa cause les sous-officiers et les soldats. Ce dessein est à mon avis le principe et la source du premier essai des colonies militaires, qui devint l'objet d'un arrêté des 1er et 6 octobre 1840. Cet arrêté a une certaine importance, il ne doit pas passer inaperçu. Voici le considérant qui le précède, et ses principales dispositions :

« Considérant que les habitants indigènes de la ville de Coléah, qui sont absents depuis une année, ont abandonné leurs propriétés pour se joindre aux ennemis ; que les maisons non encore occupées dans la ville de Coléah, et les terres et jardins qui entourent cette place ne peuvent rester dans un état complet d'abandon ; que l'Etat possède sur le territoire de Coléah des propriétés qu'il importe de mettre en culture :

» Art. 2. — Il sera formé à Coléah une colonie militaire de trois cents soldats. Chaque soldat recevra, dans la ville de Coléah, une maison ou un emplacement destiné à recevoir des constructions. Il lui sera, en outre, accordé, sur le territoire environnant, une concession en terres qui pourra avoir jusqu'à dix hectares.

» Ces concessions seront faites dans les formes prescrites dans les règlements en vigueur dans l'Algérie, et à la charge de construire des maisons ou de réparer celles qui seront délivrées.

» Les soldats qui ont atteint ou qui auront atteint, avant le 1er janvier 1842, le terme de leur service, seront susceptibles d'être admis dans la colonie de Coléah.

» Les demandes de concession devront être adressées avant le 1er novembre prochain, par l'intermédiaire des chefs de corps, à l'état-major général.

» Les soldats qui demanderont à être placés comme colons à Coléah, devront s'engager à rester dans la colonie pendant une année, à dater de l'expiration de la durée de leur service. Ils deviendront propriétaires des terres et des maisons qui leur auront été concédées, à la fin de la troisième année de séjour à Coléah.

» Les colons militaires qui voudront quitter la colonie seront tenus d'en faire la déclaration six mois avant le terme de leur engagement.

» Art. 3. — Les militaires établis à Coléah recevront, tant qu'ils seront liés au service, la solde et les vivres auxquels ils ont droit dans les corps auxquels ils appartiennent. Ils seront soumis à la discipline militaire et placés sous l'autorité du commandant de place. Un nombre suffisant de charrues attelées de bœufs sera mis à la disposition du commandant de Coléah pour les travaux de culture.

» Art. 4. — La colonie de Coléah sera placée dans le ressort de la juridiction des conseils de guerre.

» Art. 5. — Les Européens qui justifieront, devant M. le directeur des finances, par des titres légaux antérieurs au présent arrêté, de la propriété de terres ou de maisons situées sur le territoire de Coléah, seront admis à faire partie de la colonie établie dans cette place, à la charge de cultiver les terres et de réparer les maisons. Ils seront soumis aux règles de police et de discipline établies dans la colonie.

» Toutes les propriétés du territoire de Coléah qui n'auront pas été mises en culture au 1er janvier 1842 seront réunies au domaine de l'État et données à des concessionnaires nouveaux.

» Art. 6. — Les Européens non militaires qui demanderont à s'établir à Coléah en déclarant se soumettre aux règles prescrites par le présent arrêté, pourront obtenir des concessions, aux charges et conditions indiquées par les articles précédents. »

J'ai la conviction qu'on ne saurait, sans injustice, attribuer à M. Valée l'initiative de la fondation de cette colonie. Car ses successeurs n'hésiteront pas à suivre son exemple, malgré l'insuccès de cette première tentative. Mais, ce qui est l'œuvre personnelle du maréchal, dans son arrêté, ce sont les règles prescrites pour être admis à la colonie, la discipline et les conditions diverses imposées à ses habitants, la violation indigne des droits de propriété déjà acquis, le pouvoir exorbitant conféré à l'administration des finances, d'apprécier, en souveraine, la validité des titres de propriété, au mépris de nos lois fondamentales; c'est, enfin, la confiscation de ces mêmes propriétés dans le cas de l'inculture du sol. Ces atteintes graves à notre droit public et privé mériteraient assurément un blâme sévère, si le maréchal n'eût péché par ignorance. Mais il était d'une incapacité telle, qu'il avait cru, de bonne foi, que, pour acquérir une maison arabe en ruine et quelques hectares de peu de valeur, un certain nombre d'Européens, colons ou soldats, iraient se soumettre, pendant plusieurs années, au caprice d'un commandant de place. Il y aurait bien mieux à dire à l'encontre de cette ridicule tentative. Je me borne à faire remarquer que la colonie militaire de Coléah, comme celles qui furent établies dans la suite, ne pouvait aboutir qu'à une affligeante négation. Je n'ai, du reste, raconté, avec quelques détails, l'établissement de cette colonie militaire, que pour faire connaître sa véritable signification. Il faut, surtout, bien se garder de croire que le promoteur de cette institution ait eu pour objet la culture du sol de l'Algérie : c'était uniquement l'essai d'un moyen nouveau pour attacher l'armée à la personne du chef de l'Etat. Il fut remplacé, plus tard, par la promesse de concessions directes à faire aux soldats à l'époque de leur libération.

Quoi qu'il en soit, cet arrêté prouve jusqu'à l'évidence le peu de sympathie de l'administration de cette époque pour les colons européens. Et, cependant, la colonisation méritait toute sa sollicitude.

C'était par son imprévoyance que les colons de la Mitidja avaient été ruinés par les ennemis. L'incendie des bâtiments ruraux, la dévastation des récoltes, la perte des animaux de labour, leur avaient porté un coup fatal. Les pointes des partis dissidents jusques aux portes d'Alger, jetaient l'alarme dans tout le Sahel et rendaient la culture impossible par le défaut de main-d'œuvre. Dans les provinces d'Oran et de Constantine, la fausse politique du gouvernement avait fermé tout accès à la colonisation. Nous avons exposé que dans la province de Constantine les transactions immobilières entre Européens et indigènes étaient interdites, et, malgré l'immense étendue des biens du beylick, on n'avait même pas songé à faire une seule concession. Dans celle d'Oran, la zone réservée à la France par le traité de la Tafna était si étroite, que le domaine n'avait point de terres disponibles. D'ailleurs, on ne pouvait s'aventurer en dehors des murs d'enceinte de la ville sans courir de graves dangers. Je puis donner pour preuve de tous ces faits qu'à la fin de 1840, après onze ans d'occupation, le nombre d'Européens établis en Algérie ne s'élevait qu'à vingt-huit mille. Maintenant, si l'on considère que dans tous les points occupés par nos troupes, depuis La Calle jusqu'à Oran, les diverses fournitures militaires et la vente des menues denrées aux soldats, avaient attiré un certain nombre de personnes ; que Philippeville, fondée depuis deux ans à peine, avait une population de quatre mille âmes ; enfin, que la législation de 1834 avait créé un très-grand nombre de fonctionnaires, on acquiert la conviction que les Européens, adonnés à la culture du sol, ne dépassaient pas un millier. Ainsi, par la faute ou la mauvaise volonté du pouvoir, la colonisation était nulle, et les faits que j'ai racontés tantôt démontrent qu'elle devait se résigner pendant un certain temps encore à subir les mauvaises grâces de l'administration.

Il est vrai, néanmoins, qu'un concours de circonstances qui paraissaient tendre vers le même but, faisait présager un changement radical dans la politique du gouvernement. Mais, quoique fort dissemblables dans leur objet, les nouvelles tendances et la politique ancienne procédaient de la même cause. Il est facile de l'établir.

L'intérêt dynastique avait lourdement pesé sur les affaires algériennes, depuis 1830 jusqu'à la conclusion du traité de la Tafna. C'était le principal mobile du monarque, quand il résolut de restreindre notre occupation à quelques points du littoral. Mais dix années écoulées, sans nul conflit extérieur, ayant donné à la royauté de Louis-Philippe la consécration du temps, les alarmes semées sur ses pas, au début de son règne, par l'attitude froide et réservée des puissances du Nord, s'évanouirent sans retour. Il n'avait atteint ce résultat que par l'abaissement continu de notre diplomatie et par une constante soumission aux exigences de l'étranger. Mais on ne froisse pas en vain le sentiment national d'un grand peuple. Cette politique sans scrupules et sans dignité, souleva une violente opposition à la tribune et dans la presse. Ne pouvant en venir à bout, faute de moyens coërcitifs autorisés par nos lois, Louis-Philippe eut recours à la plus dégoûtante corruption. Les fonctions élevées de l'État devinrent l'apanage d'une servilité aveugle ou le salaire des plus immorales défections. Un pareil mode de gouvernement ne pouvait subsister qu'à l'aide de la force. Il forma, dès lors, le projet de gagner à tout prix l'affection de l'armée et de l'attacher irrévocablement à sa dynastie. Dans ce but, l'occupation intégrale de l'Algérie fut résolue. Elle lui fournirait les moyens de satisfaire l'ambition de ses généraux, et d'exercer, par l'appât d'un certain nombre de postes lucratifs, une influence décisive sur l'esprit des officiers et des soldats. Ainsi, les traditions d'honneur et de dévouement à la patrie, qui étaient, jadis, le fond des armées françaises, allaient faire place aux plus dangereuses convoitises, imprudemment surexcitées par le mélange impur des récompenses pécuniaires et des distinctions honorifiques. Cette corruption sacrilège de toutes les forces vives de l'État devait avoir les plus fatales conséquences. Les mœurs publiques furent bientôt perverties. La soif immodérée du bien-être étouffa dans les cœurs les principes éternels de la morale et du droit, et, malheureusement, la nation ne se trouva que trop bien préparée pour subir, avec une coupable indifférence, les hontes du second empire !

ERRATA

Page 74, ligne 5, au lieu du pluriel *suivaient les colonnes*, lisez *suivait la colonne*.

Page 161, ligne 11, au lieu de *général Petit*, lisez *général Pelet*.

Page 162, ligne 6, au lieu de *prescricait*, lisez *prescrivit*.

Page 165, ligne 13, au lieu de *1ᵉʳ septembre*, lisez *1ᵉʳ décembre*.

Page 181, ligne 4, au lieu du nom *Petit*, lisez *Pelet*.

Page 181, ligne 21, au lieu des mots *des vivres*, lisez *de vivres*.

Page 228, ligne 17, au lieu de *conduite*, lisez *conduits*.

Page 261, ligne 28, au lieu de *celle*, lisez *celles* au pluriel.

Page 288, ligne 10, au lieu de *bénéfice*, lisez *des bénéfices*.

Page 339, ligne 11, au lieu de *les besoins*, lisez *ses besoins*.

Page 340, ligne 4, au lieu de *1883*, lisez *1838*.

Page 375, ligne 20, au lieu de *suivi*, lisez *saisi*.

Page 380, ligne 14, au lieu de *tourna*, lisez *tourné*.

Page 410, ligne 9, au lieu de *la mission*, lisez *sa mission*.

Page 419, ligne 28, au lieu de *les difficultés de terrain*, lisez *les difficultés du terrain*.

TABLE DES MATIÈRES

CONTENUES

DANS LE 2ᵐᵉ VOLUME

GOUVERNEMENT DU MARÉCHAL CLAUZEL.

   Pages

Nomination du maréchal Clauzel comme gouverneur des possessions françaises du Nord de l'Afrique. — Motifs qui avaient déterminé le gouvernement à faire ce choix. — État de la colonie à l'arrivée du maréchal. — Mesures diverses. Nomination de beys. — Expédition de Mascara. — Entrée de nos troupes dans la ville, qui est livrée aux flammes. — Organisation de la province d'Oran. . . . . 1 à 36

Expédition de Tlemcen. — Délivrance des Turcs et Coulouglis assiégés dans le Méchouar. — Contribution imposée à la ville. — Sévices exercés contre les habitants pour recouvrer la contribution. — Auteurs probables de ces sévices. — Plaintes des habitants. — Mesures prises par le gouvernement . . . . 36 à 62

	Pages
Suites fatales de la politique du maréchal Clauzel. — Désordres dans la province d'Alger. — Départ du gouverneur général pour France, le 14 avril 1836. — Le général d'Arlanges est bloqué au camp de la Tafna. — Première apparition du général Bugeaud en Afrique. — Bataille de la Sicka	62 à 78
Évènements de Bougie et de Bône pendant le séjour en France du maréchal Clauzel. — Fin tragique de M. Salomon de Muzis, chef du 3e bataillon d'infanterie légère d'Afrique, commandant supérieur de Bougie. — Administration de la ville de Bône par Youssouf, en qualité de bey. — Razzias opérées par ce personnage sur les tribus voisines de la ville. — Arrêté du 20 juillet 1836 qui prohibe l'exportation des bestiaux de la province de Bône	78 à 85
Projet de la première expédition de Constantine. — Hésitations du gouvernement français. — Conduite équivoque du général Bernard, ministre de la guerre. — Politique du roi. — Motifs probables qui déterminèrent le maréchal à entreprendre l'expédition. . . .	86 à 106
Mesures prises par le maréchal Clauzel en vue de l'expédition de Constantine. — Arrêté du 23 octobre 1836 portant organisation de la milice africaine. — Arrêté du même jour qui interdit provisoirement les transactions immobilières dans les provinces de Bône et de Constantine. — Illégalité flagrante de ces deux arrêtés. — Les restrictions à la liberté individuelle ont toujours été contraires au développement des colonies. — Opinion d'Enfantin sur ce point.	106 à 128
Expédition de Constantine. — Formation de la colonne expéditionnaire. — Souffrance des troupes pendant le trajet de Bône à Constantine. — Attaques infructueuses contre la place. — Causes réelles de cet insuccès .	128 à 152
Retraite de Constantine. — Défaillance inexplicable du général de Rigny. — Conduite énergique du comman-	

dant Changarnier. — Occupation de Guelma. — Rentrée des troupes à Bône. — Pertes subies pendant les différentes phases de l'expédition. — Critiques dirigées contre le maréchal Clauzel à la nouvelle du triste dénouement qui en fut la suite. . . . . 152 à 163

Suites de l'expédition de Constantine. — Le général de Rigny se plaint au ministre de la guerre de prétendus procédés calomnieux du maréchal Clauzel. — Réponse de ce dernier. — Conduite artificieuse du ministre de la guerre. — Le général de Rigny est traduit devant un conseil de guerre. — Protestation des officiers du 62me contre un ordre du jour du maréchal. — Attitude du gouvernement. — Responsabilité du mauvais succès de l'expédition. — Disgrâce du maréchal Clauzel. — Youssouf, par contre, est promu à un grade supérieur. 164 à 188

GOUVERNEMENT DU GÉNÉRAL DAMRÉMONT

État des affaires à la chute du maréchal Clauzel. — Gravité de la situation. — Le général Damrémont, gouverneur général. — Ses antécédents militaires. — Limites imposées aux attributions du gouverneur par l'envoi du général Bugeaud à Oran avec une mission spéciale. — Vues du chef de l'État et politique de l'occupation restreinte. . . . . 188 à 211

Mesures prises par le général Damrémont au début de son commandement. — Création d'un service de transport entre Alger, Bône et Oran. — Établissement de la direction des affaires arabes. — Succès des manœuvres d'Abd-el-Kader pour l'extension de son pouvoir. — Opérations militaires dans la province d'Alger. . . . . 211 à 233

Négociations du général Bugeaud avec Abd-el-Kader. — Traité de la Tafna. — Entrevue du général Bugeaud avec Abd-el-Kader. — Portrait des deux interlocuteurs. — Le traité est ratifié, malgré l'engagement pris par le comte Molé, président du conseil à la Chambre des députés, et avant d'avoir reçu les observations du gouverneur général. — Opinion de ce fonctionnaire sur le traité. — Accusation portée par M. Bugeaud contre le général De Brossard. — Le général est traduit devant un conseil de guerre et condamné. . 231 à 294

Négociations pour amener Hadj-Hamet à reconnaître l'autorité de la France. — La seconde expédition contre Constantine est résolue. — Formation de la colonne expéditionnaire. — Son départ. — Travaux du siége. — Mort du général Damrémont. — La ville est prise d'assaut. 295 à 336

Prise de Constantine. — Son aspect après l'assaut. — Mesures immédiates prises par l'administration militaire. — Organisation provisoire de la ville. — Arrivée du prince de Joinville avec le 12ᵉ de ligne qui apporte le choléra. — Départ subit de la colonne. — Le général Damrémont et le colonel Combes . . . . 336 à 346

GOUVERNEMENT DU MARÉCHAL VALÉE

Le maréchal Valée. — Difficultés de la situation. — Conduite artificieuse d'Abd-el-Kader. — Il refuse d'exécuter le traité de la Tafna. — Occupation de Coléah et de Blidah dans la province d'Alger. — Soumission progressive de la province de Constantine. — Fondation de Philippeville. — Occupation de La Calle. — Organisation définitive de la province de Constantine. — Établissement à Alger d'un siège épiscopal. . 346 à 380

TABLE DES MATIÈRES

Pages

Suite des opérations militaires dans la province de Constantine. — Occupation de Djidjeli. — Expédition des Bibans ou des Portes de Fer. — Prise de possession du fort de Hamza. — Banquet donné par le duc d'Orléans aux officiers et sous-officiers de sa division. — Le discours prononcé par le prince reflète l'évolution politique du chef de l'État . . . . 380 à 405

Rupture du traité de la Tafna. — Causes évidentes de cette rupture. — Imprévoyance du maréchal Valée. — Ses conséquences fâcheuses. — La guerre dans les trois provinces. — Plan de campagne défectueux du maréchal pour l'année 1840. — Opérations militaires. — Prise de possession successive de Cherchell, de Milianah et de Médéah. — Difficultés de la situation. — Le maréchal demande à rentrer en France. — Il est remplacé par le général Bugeaud . . . . 409 à 443

Arrêtés du maréchal Valée pour compléter l'organisation de la province de Constantine. — Il consacre de nouveau la prépondérance de l'élément militaire. — Fondation d'une colonie agricole militaire. — Visées absurdes du maréchal. — Néant de la colonisation civile. — Changement radical dans la politique du pouvoir central. — Il arrive enfin à la politique de l'occupation continue. — Causes probables de cette évolution . . . . 443 à 453

FIN DU TOME II

Reliure serrée

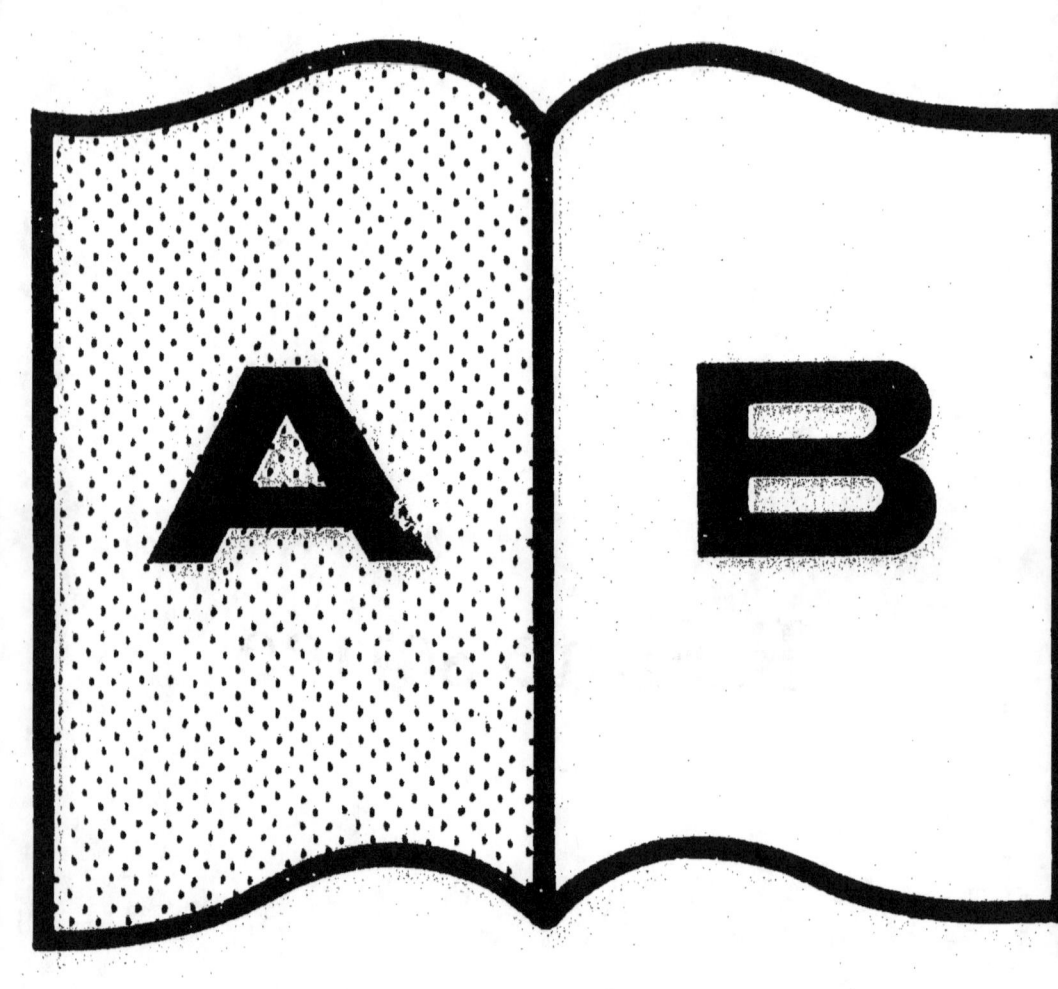

Contraste insuffisant

NF Z 43-120-14

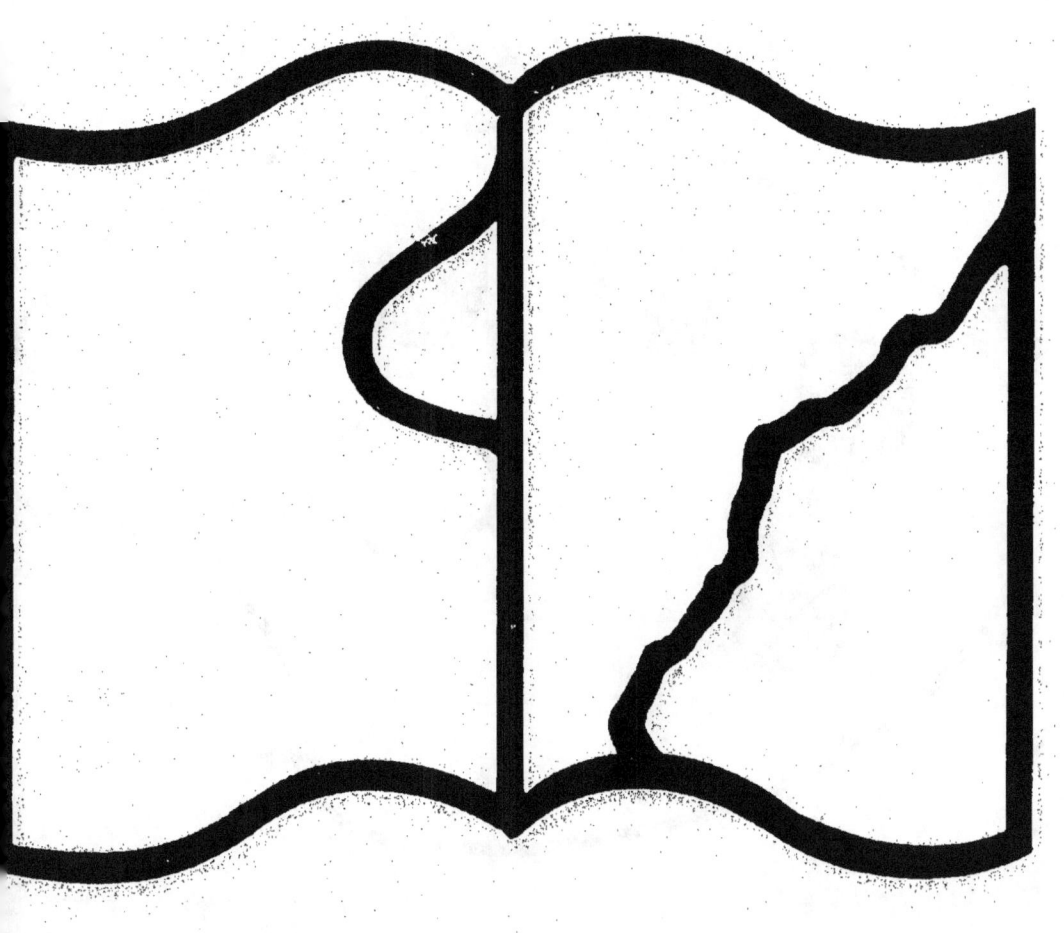

Texte détérioré — reliure défectueuse

NF Z 43-120-11

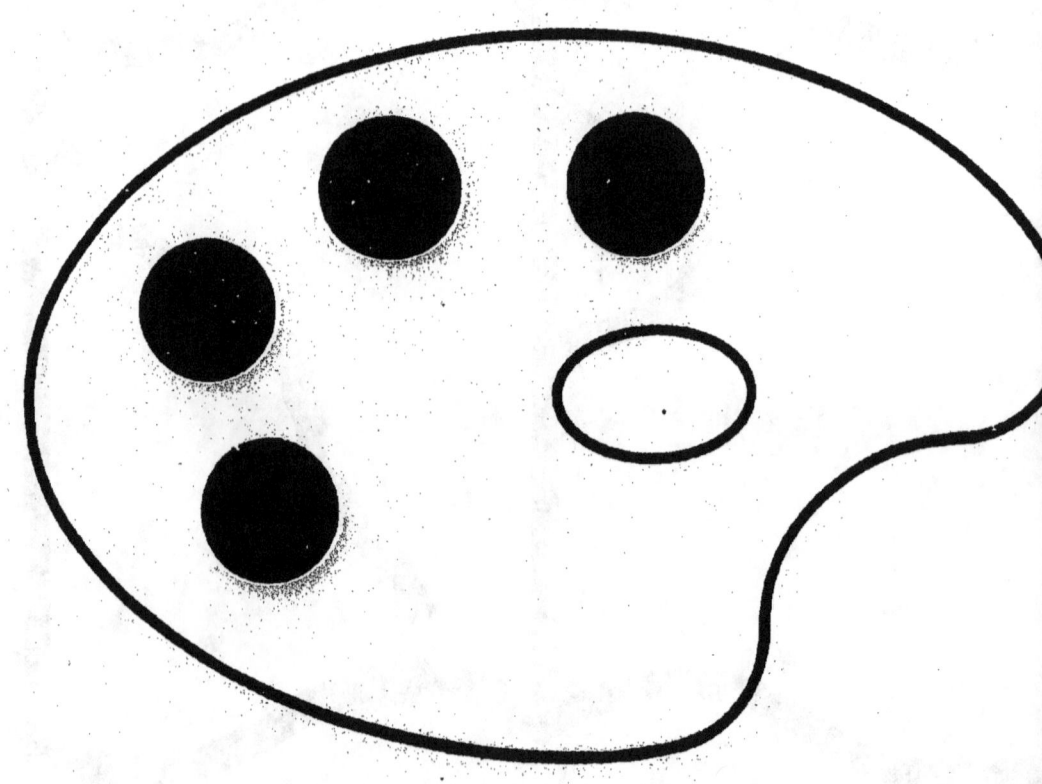

Original en couleur
NF Z 43-120-8

www.ingramcontent.com/pod-product-compliance
Lightning Source LLC
Chambersburg PA
CBHW070206240426
43671CB00007B/570